# 一张年表读懂中国史

路吉善 ◎ 编著

中国致公出版社

## 图书在版编目（CIP）数据

一张年表读懂中国史 / 路吉善编著. -- 北京：中国致公出版社，2022（2022.10重印）

ISBN 978-7-5145-1721-7

Ⅰ.①一… Ⅱ.①路… Ⅲ.①中国历史—历史年表 Ⅳ.①K208

中国版本图书馆CIP数据核字（2020）第219917号

---

**一张年表读懂中国史 / 路吉善　编著**
YI ZHANG NIANBIAO DUDONG ZHONGGUO SHI

| | |
|---|---|
| 出　　版 | 中国致公出版社 |
| | （北京市朝阳区八里庄西里100号住邦2000大厦1号楼西区21层） |
| 发　　行 | 中国致公出版社（010-66121708） |
| 责任编辑 | 颜士永　王福振 |
| 责任校对 | 邓新蓉 |
| 策划编辑 | 仪雪燕 |
| 封面设计 | 末末美书 |
| 印　　刷 | 三河市嘉科万达彩色印刷有限公司 |
| 版　　次 | 2022年3月第1版 |
| 印　　次 | 2022年10月第2次印刷 |
| 开　　本 | 889 mm × 1194 mm　1/24 |
| 印　　张 | 17.25 |
| 字　　数 | 260千字 |
| 书　　号 | ISBN 978-7-5145-1721-7 |
| 定　　价 | 59.80元 |

---

（版权所有，盗版必究，举报电话：010-82259658）

（如发现印装质量问题，请寄本公司调换，电话：010-82259658）

# 序 言

中华民族的历史源远流长，有史记载的要从远古传说时代开始，历经夏朝、商朝、西周、东周、秦朝、西汉、东汉、三国、西晋、东晋、南北朝、隋朝、唐朝、五代、辽宋夏金、元朝、明朝和清朝等王朝。各个王朝无论是从兴起到强盛，还是从衰败到灭亡，都为华夏民族的历史写下了不朽的篇章。

在漫长的历史长河中，中华民族祖祖辈辈一直以不屈不挠、顽强奋进、勇于进取的精神创造出浩荡磅礴、可歌可泣的中华文明。同时，也给后人留下了无数值得深思、借鉴的经验教训，让子孙后代得以站在祖先们的"肩头"上砥砺前行。

"贞观之治"的缔造者唐太宗李世民曾说过这样一句话："夫以铜为镜，可以正衣冠；以史为镜，可以知兴替；以人为镜，可以明得失。"这正说明了历史的重要性。历史就像一面镜子，那些读史的人不仅能从中缅怀先古，了然过往，还能获取丰富的知识，开阔视野。

著名的西方哲学家培根也曾说过"读史使人明智"。我想，一个博古通今的历史爱好者必然是阅历丰富且富有智慧的。正如那句话所说"历史总是惊人地相似"，当一个人置身困境，难以摆脱的时候，不妨翻开历史，细细品读，也许聪明的先人早已在千百年前做出了明智抉择。

因此，为了让更多读者对中国历史有全面深入的了解，我编著了这本《一张年表读懂中国史》。全书内容丰富，囊括了从远古时期至明清时期的所有重大事件、重要人物和历史概念，从政治、经济、文化、军事多个方面向读者展示中华历史的全貌。同时，为了方便读者查阅和了解，我以年表的形式将各个历史事件按时间先后的顺序进行梳理，让读者对整个中华历史的脉络有比较清晰的认知。

为保证历史事件的准确，本书在写作过程中重视从原始史料中获取资料，本书的主要内容参考了中国传统优秀史籍，与此同时，我亦借鉴了近代史学大家吕思勉、岑仲勉、钱穆、白寿彝、唐长孺、翦伯赞等先生的史论研究，在此表示敬佩和感谢。在写作过程中，我也大量阅读和借鉴当代史学学者、作家如易中天、王立群等先生出版的书籍和发表的文章，本书于书末作了引用说明，在此也对这些同仁表示由衷的感谢。

本书如有疏漏不足之处是作者力薄所致，欢迎读者提出指正，作者衷心期待与读者交流，共同进步。

在叙事上，本书用"简洁、明了、准确"的串讲方式，以相对通俗易懂的叙述风格，用精准、明确的文字传达最有效的历史信息，使读者能在轻松的阅读氛围下，掌握晦涩难懂的历史知识。

我相信，读者在本书的帮助下，一定能够全面了解中华民族历史的发展轨迹，并从中受到教益。

# 目 录

**传说时代**

**第一章 传说时代：文明起源与神话**

- 开天辟地 …………………………………… 002
- 女娲造人 …………………………………… 003
- 旧石器时代的元谋人 ……………………… 005
- 三皇的传说 ………………………………… 007
- 仰韶文化与河姆渡文化 …………………… 009
- 统一中华的黄帝 …………………………… 011
- 涿鹿之战 …………………………………… 014
- 五帝的传说 ………………………………… 016
- 禅让时代 …………………………………… 019
- 大禹治水 …………………………………… 021
- 附录：第一章主要参考文献 ……………… 024

**先秦三代**

**第二章 先秦三代：华夏雏形的形成**

- 夏朝建立 …………………………………… 026
- 甘之战与钧台之享 ………………………… 027
- 少康中兴 …………………………………… 028
- 暴桀亡政 …………………………………… 030
- 伊尹辅政 …………………………………… 032
- 盘庚迁殷 …………………………………… 033
- 武丁中兴 …………………………………… 036
- 周文王励精图治 …………………………… 039
- 牧野之战 …………………………………… 041
- 周武王封邦 ………………………………… 044
- 成康之治 …………………………………… 047

国人暴动 049
平王东迁 052
附录：第二章主要参考文献 054

## 春秋战国

### 第三章　春秋战国：中原的征战与兼并

诸侯国兴起 056
管仲助齐桓公称霸 058
召陵之盟、葵丘之会 060
秦穆公奠定秦国霸业 062
晋文公称霸诸侯 064
楚庄王问鼎中原 067
勾践卧薪尝胆，范蠡功成身退 069
孔子与儒家学派 073
百家争鸣 074
李悝改革 077
三家分晋 078
田氏代齐 081
商鞅变法 083

赵武灵王胡服骑射 085
田单大败燕国 088
完璧归赵 091
赵奢大破秦军 094
吕不韦的奇货可居 097
附录：第三章主要参考文献 099

## 大秦王朝

### 第四章　大秦王朝：中国封建社会的形成

秦始皇统一六国 102
修筑长城 104
焚书坑儒 106
陈胜吴广起义 108
秦末宫廷权力斗争 111
巨鹿之战 113
从约法三章到鸿门宴 116
韩信破赵 119
垓下之战 121
附录：第四章主要参考文献 124

## 西汉东汉

**第五章　西汉东汉：强大的统一王朝**

刘邦分封诸侯　126
诸吕之乱　127
文景之治　129
七国之乱　132
汉武帝的雄才大略　134
罢黜百家，独尊儒术　136
张骞出使西域　138
司马迁著《史记》　142
霍光辅政，昭宣中兴　144
王莽篡汉　146
东汉建立　148
光武中兴　151
蔡伦造纸　152
党锢之祸　155
外戚与宦官专政　157
黄巾大起义　159
附录：第五章主要参考文献　161

## 三国两晋南北朝

**第六章　三国两晋南北朝：南北民族大融合**

军阀割据混战　164
官渡之战　165
赤壁之战　167
魏蜀吴相继建国　170
夷陵之战　171
蜀汉灭亡　174
晋代曹魏　176
东吴灭亡　177
八王之乱　179
北方少数民族内迁　181
司马睿建康称帝　184
淝水之战　186
北魏立国与改革　189
宋武帝刘裕　190
元嘉之战　192
刘宋灭亡　194
短命的南齐　197

北魏内乱 ...... 199
南梁灭亡 ...... 201
北周统一北方 ...... 203
北周灭亡 ...... 204
附录：第六章主要参考文献 ...... 207

## 隋朝大一统

### 第七章　隋朝大一统：乱世后的特殊时期

隋统一天下 ...... 210
开皇之治 ...... 211
隋炀帝即位 ...... 213
三省六部制 ...... 215
三征高句丽 ...... 218
开凿大运河 ...... 220
隋末农民起义 ...... 222
隋亡唐兴 ...... 224
附录：第七章主要参考文献 ...... 225

## 大唐盛世

### 第八章　大唐盛世：中国历史的辉煌篇章

李渊称帝建唐 ...... 228
玄武门之变 ...... 229
贞观之治 ...... 232
玄奘西行取经 ...... 233
文成公主入藏 ...... 236
日本遣唐使 ...... 238
武周代唐 ...... 240
武则天之治 ...... 243
开元之治 ...... 245
安史之乱 ...... 247
马嵬坡之变 ...... 251
河北藩镇割据 ...... 253
宦官把持朝政 ...... 256
甘露之变 ...... 258
武宣之治 ...... 260
黄巢之乱 ...... 262
唐朝灭亡 ...... 264
附录：第八章主要参考文献 ...... 266

## 五代十国

### 第九章　五代十国：辉煌之后的衰落

契丹的壮大 …………………………… 268

后梁的建立与灭亡 …………………… 270

后唐的兴灭 …………………………… 272

后晋灭亡 ……………………………… 275

后汉的瞬兴瞬灭 ……………………… 277

后周的建国与发展 …………………… 279

"十国"兴亡 ………………………… 281

附录：第九章主要参考文献 ………… 284

## 宋元鼎革

### 第十章　宋元鼎革：灿烂文化和铁血征伐

陈桥兵变和黄袍加身 ………………… 286

杯酒释兵权 …………………………… 287

宋太祖改革 …………………………… 290

辽朝的强盛 …………………………… 292

杨家将抗辽 …………………………… 294

澶渊之盟 ……………………………… 295

王安石变法 …………………………… 298

女真建金灭辽 ………………………… 301

靖康之难 ……………………………… 303

南宋建立 ……………………………… 305

岳飞之死 ……………………………… 308

铁木真统一蒙古 ……………………… 310

蒙宋联合灭金 ………………………… 312

元军征日 ……………………………… 313

崖山之战和南宋灭亡 ………………… 316

元朝建立与扩张 ……………………… 318

元的内乱与灭亡 ……………………… 320

元末农民起义 ………………………… 321

附录：第十章主要参考文献 ………… 324

## 大明王朝

### 第十一章　大明王朝：封建王朝的强盛时代

朱元璋建大明 ………………………… 326

明太祖改革 …………………………… 329

燕王称帝 ……………………………… 331

郑和下西洋 333
土木堡之变 335
北京城保卫战 337
南宫之变 339
弘治中兴 341
名相张居正改革 342
戚继光抗倭 345
丰臣秀吉入侵朝鲜 347
壬辰明日战争 350
第二次明日战争 352
"万历三大征" 353
努尔哈赤统一女真 355
魏忠贤乱政 357
袁崇焕镇守宁远 359
李自成攻入京城 361
附录：第十一章主要参考文献 363

康熙帝平定三藩 370
施琅收台湾 372
康熙帝平定准噶尔 374
雍正帝改革 376
乾隆盛世 378
"嘉道"中衰 381
虎门销烟 382
外敌入侵 384
太平天国运动 385
洋务运动 388
甲午战争 390
戊戌变法 393
义和团运动 395
八国联军侵华战争 397
辛亥革命 399
附录：第十二章主要参考文献 402

## 清王朝

### 第十二章　清王朝：天朝上国的谢幕

清兵入关 366
顺治帝提前亲政，康熙帝勇斗鳌拜 368

## 第一章

# 传说时代：文明起源与神话

- 开天辟地
- 女娲造人
- 旧石器时代的元谋人
- 三皇的传说
- 仰韶文化与河姆渡文化
- 统一中华的黄帝
- 涿鹿之战
- 五帝的传说
- 禅让时代
- 大禹治水

穿越五千多年的浩渺时空，我们将一同进入到神秘莫测的传说时代。这里既有盘古的创世神话，又有女娲的造人传说。三皇五帝时代是中华民族的起源，也是中华文化的起点。这一时期的故事大多以神话传说流传于世，透过这些传说，我们将会发现上古时代人们的生活起居、饮食习俗，寻找到中华民族的根源所在。

| 时间 | 事件 | 主线 |
|---|---|---|
| 神话时代 | 盘古开天辟地 | 文明起源的神话 |

## 开天辟地

盘古是中国传统神话体系中最为古老的神,华夏先民通过口耳相传的方式把盘古的故事流传下来。三国时期,吴国一位名叫徐整的文人又相对完整地记录了盘古的故事。

传说在很早很早以前,宇宙还处于混沌状态。那时天和地并没有分开,一位名叫盘古的巨人已经在这个混沌的宇宙中沉睡了一万八千年。

一天,这位巨人从睡梦中醒来,眼前的黑暗让他十分不悦,于是他抡起一把巨大的斧头向这片无边无际的黑暗劈去。

随着一声巨响,这片混沌不清的世界逐渐分开。那些清而轻的物质缓缓飘了起来,变成了天;而那些沉重而污浊的物质,则逐渐下沉,最后变成了广阔的地面。

**盘古氏**

虽然天地已经分开,但盘古还是担心它们有一天会再次合为一体。因此,他叉开巨大的双脚,踩在广阔的土地上,用坚硬有力的头颅顶起天。天每增高一丈,盘古也就跟着长高一丈。不知盘古坚持了多少年,天和地终于在他的努力下有了基本的样子,但盘古也累得倒了下来。

盘古累倒之后，他巨大的身体也发生了变化。他所呼出的气体成了四季的风和天空中飘动的云朵，他所发出的巨大声音成了震耳欲聋的雷鸣，他那双炯炯有神的双眼变成了高挂天空的太阳和月亮，他的四肢成了世界的东西南北四极，他的皮肤成了广袤无垠的大地，他的血液则变成了江河湖海，他的汗液变成了滋养万物生长的甘甜雨露，他的头发和汗毛则变成了茂密的树木和花草。

就这样，无私的盘古不但开天辟地，还创造了万物赖以生存的自然环境。

## 女娲造人

盘古开天辟地之后，世界上已经有了日月星辰、山川湖海和鸟兽鱼虫，但独独还没有出现人类。如此看来，这个世界不免显得有些寂寞荒凉。直到一位伟大女神——女娲出现之后，一切才发生了改变。

传说，这位女神在一天中能变化七十次，这天她走在原野上，望着广阔无边的大地，感到十分寂寞。她想到最好能在世界上添加一些具有生气的东西，思索片刻还是一筹莫展，不知道增添些什么才好。

当她走累了的时候，来到了附近的一个水塘旁。她蹲下身子，不经意间看到了水面中自己的倒影。无论是微笑还是故作生气的样子，水面中的"自己"都做出一样的表情。她

| 主线 | 事件 | 时间 |
|---|---|---|
| 文明起源的神话 | 盘古开天辟地 | 神话时代 |
| | 人的出现 | 神话时代 |

| 时间 | 事件 | 主线 |
|---|---|---|
| 神话时代 | 人的出现 | 文明起源的神话 |

灵机一动，想到了之所以感到无趣正是因为没有同自己类似的生物。何不创造和自己一样的生物呢，这样世界就变得有趣多彩了。

于是，女娲以黄土为料，以水调和。一团团黄泥在女娲的巧手下变成了一个个娃娃的模样。当她把这些小泥人放在地面上时，这些泥人便被激活了。他们异口同声地喊道："妈妈！"这些小泥人为了庆祝生命的降临，在土地上欢蹦跳跃、呐喊欢呼，十分热闹愉快。

女娲看到这些由自己亲手创造出的小生命，感到十分快乐，一扫之前的寂寞，变得眉开眼笑，随后还给这些小生命取名为"人"。

后来，她继续动手创造小人。她希望整个大地都布满这些充满灵气的小人。但大地实在太广阔了，女娲尽管夜以继日地工作，但仍不能创造出足够的小人。为此她还因繁重的工作感到疲惫不堪。

终于，她想到一个好办法。她找到了一根藤条，用手将这根藤条搅入旁边的泥潭中，然后把藤条一甩，大量的泥点从藤条上甩了下来。那些被甩落的泥点，也像此前的泥人一般，一旦着陆就成了有生命的小人。这样，女娲造人的工作效率就大大提高了。

但问题又出现了，被造出的人类早晚有死亡的一天，女娲也不能一直不停地去创造他们。于是女娲想出了一个办法，她把人类分成了男人和女人。在男人和女人的结合之下，能繁衍出子孙后代。这样，人类就由此繁衍下来，经过世世代代的繁衍，数量越发多了起来。

## 旧石器时代的元谋人

在距今170万年以前，云南元谋一带还是一片亚热带草原和森林，这里林木丰茂、生机盎然。在草原和森林中生存着枝角鹿和爪蹄兽等远古动物，随着时间的推移，这些动物逐渐消失，新的动物开始在这里繁衍生息。

除了这些草食类野兽，在当时这里还生活着我国已知最早的人类——"元谋人"。1965年，一支地质研究小组在地质科学院的安排下，前往云南元谋盆地进行地质研究。在工作中，研究小组发现元谋县东南上那蚌村附近的地层出露较好，化石较多，便将这里作为了重点研究区域。

在研究探查过程中，考古人员发现了几颗半露出地面的云南马牙化石，在挖掘马牙化石时，考古人员又发现了两枚其他化石。经过鉴别，这两枚埋在土中的化石是两颗人类牙齿。

当时的考古人员认为这两颗牙齿化石可能来自原始人类或猿类的一对门齿，便将其保存起来。到了当年9月份，考古人员回到北京，将牙齿化石交给了中国地质博物馆的胡承志教授，胡教授在研究鉴定后，又将牙齿化石和自己的研究

| 主线 | 事件 | 时间 |
|---|---|---|
| 文明起源的神话 | | |
| | 旧石器时代生存的元谋人 | 约170万年以前 |

| 时间 | 事件 | 主线 |
|---|---|---|
| 约170万年以前 | 旧石器时代生存的元谋人 | 文明起源的神话 |

结论交给了考古学家贾兰坡先生。

胡教授认为这对门齿属于一种新的直立人种,他将其定为直立人种元谋新亚种,也就是现在所称的元谋人。从时间上来看,元谋人生存的时间要早于已经发现的"北京人"或"蓝田人",大约要在距今一百万年以上。

贾兰坡先生认可了胡教授的研究结论,并认为建立直立人种的新亚种也是十分合适的。这一考古发现表明,元谋人是现知我国最早的人类,其生存时代要远早于"北京人"和"蓝田人"。到了1972年,这一研究成果的公布震惊了世界考古界。

元谋人的发现不仅具有重要的科研意义,更具有不同寻常的历史意义。它不仅填补了我国南方直立人考古的历史空白,同时也为人类起源的"亚洲说"提供了有力证据,更是将中国原始人类的出现时间向前推进了一百多万年。

与元谋人的牙齿化石一同出土的,还有一些石制品,包括尖状器、砍砸器等。同时,在同一地层中,还发现了大量炭屑和烧焦的骨头。这说明当时的元谋人已经可以自己制造工具,进行日常狩猎和采集工作,同时,烧焦的骨头也说明当时他们已经可以使用火来炙烤猎物,不再过茹毛饮血的生活了。当然,关于元谋人使用火种的研究还有待深入考证,烧焦的骨头也可能是自然火种所致。

在1984年12月,北京自然博物馆野外考察队在元谋人化石出土地不远，又发现了一个人类的胫骨化石。这一发现进一步证明了云南是人类起源、演化的重要区域，同时也为中国古文明探索增添了新的篇章。

### 三皇的传说

华夏子孙很早就有上古三皇的传说，但说法并不统一。相对主流的《尚书大传》将燧人氏、伏羲、神农氏称为"三皇"。

首先，燧人氏，姓风，是"三皇"之首。

那时候华夏还处在原始社会，随着人口的不断增多，很多问题都困扰着人们，此时，燧人氏作为一个智者出现了。

燧人氏的行为常常异于常人，人们都知道大火伤人，便绕火而行，可他却经常独自向有火的地方靠近。易发生火灾的地区往往没人居住，而他却偏偏住在那里。那些被大火烧焦的动物尸体，人们不屑一顾，而燧人氏却尝试着把火烧过的动物肉撕碎放进嘴里咀嚼。通过长时间的尝试和观察，他终于发现了火的妙用。

在寒冷的冬天，人们可以靠近火堆来取暖。生腥的肉食不但难于咀嚼，而且味道不佳，而经过火烤的肉，口感和味道都有很大改善。于是，燧人氏开始号召人们把采集到的植物和捕获到的动物放在火上烤着吃，寒冷的时候靠近有火的地方取

| 主线 | 事件 | 时间 |
|---|---|---|
| 文明起源的神话 | 三皇传说 | 神话时代 |
|  | 燧人氏钻木取火 | 神话时代 |

| 时间 | 事件 | 主线 |
|---|---|---|
| 神话时代 | 燧人氏钻木取火 | 文明起源的神话 |
| 神话时代 | 伏羲结绳记事 | |
| 神话时代 | 神农氏尝百草 | |

暖。就这样，人们在他的带领下大大提高了生活水平。

但当时的火一般都是自然形成的，再大的森林大火也有熄灭的时候，想要随时取用便受到了极大的局限。为此，燧人氏开始了"人工取火"的研究。

经过这位智者多年的研究，他终于找到了"钻木"和"砸石"取火的方式。人们将这位智者尊称为"燧"，那些追随他的人逐渐形成了以"燧"为首领的部落。

钻木取火

接下来是被称为人皇的伏羲。相传伏羲是燧人氏之子，生于成纪，大约生活在旧石器时代晚期。传说中，伏羲的形象为人首蛇身，他根据天地万物变化的规律发明了占卜八卦之术。相传他还创造了文字，并以此取代了"结绳记事"。

他还把线绳编织成网，用来捕鸟打猎，这种方法被流传下来。人们学会了渔猎之术后，生活水平有了很大提高。他还发明了陶埙、琴瑟等乐器，并亲自创作乐曲。通过他的努力，美妙的音乐被带进了人类的生活。伏羲在称王一百一十一年后去世，大量关于他的神话传说被华夏人民广为传颂。

最后一位是被称为地皇的神农氏。他是上古时期姜姓部落的首领，被尊称为炎帝。相传他的形象为牛首人身，为了给人民治病，他口尝百草，教人医疗。此外，为了获得更多的粮食,他还发明了刀耕火种的农业技术和两种翻土农具,他亲自向人民传授开荒种粮的方法和技巧。他还发明了人类饮食所需的陶器和炊具。

相传,炎帝和黄帝的部落结盟,共同打败了蚩尤。两大部落随着时间的推移,逐渐发展壮大,子孙后代在中华大地上繁衍生息。

## 仰韶文化与河姆渡文化

在新石器文化中,仰韶文化和河姆渡文化是比较具有代表性的先民文化遗存。二者存在时间大体相同,文化特征却存在较大区别。仰韶文化孕育于黄河中游地区,而河姆渡文化则是长江下游以南地区的古老文化,地域上的差异在一定程度上影响了两种文化的一些具体特征。

仰韶文化最早发现于渑池仰韶村遗址。随后,到公元2000年,全国已经发现的仰韶文化遗址有1000多处,遍布陕西、河南、山西、甘肃、河北等9个省区。

仰韶文化是一个以农业为主的文化遗存,当时的农业还处于锄耕阶段,主要耕作方式也是刀耕火种,这也是当时生产力较为低下的一个原因。

除了农业,采集和渔猎在当时也占有重要的经济地位。在一些仰韶文化遗址中,发现了陶制网坠、骨质鱼钩等工具,一些仰韶文化遗址出土的彩绘陶器上,也经常会有鱼

| 主线 | 事件 | 时间 |
|---|---|---|
| 文明起源的神话 | 仰韶文化时期 | 约公元前5000—前3000年 |

| 时间 | 事件 | 主线 |
|---|---|---|
| 约公元前5000—前3000年 | 仰韶文化时期 | 文明起源的神话 |
| 约公元前5000—前3000年 | 河姆渡文化时期 | |

网、鱼网纹的图案。这些都说明当时的人们经常会从事一些渔猎活动。

在手工业中，仰韶文化的制陶技术最能代表当时的手工业发展水平。仰韶文化在历史分期上可以分为早、中、晚三期，由于其分布范围广阔，不同时期不同地区的仰韶文化，其内在差异还是很大的，由此形成了不同的文化类型。而在不同时期的仰韶文化遗址中，发现的陶器花纹和风格也是互有区别的。

早期陶器主要以红色质地、黑色或紫色彩绘为主，而中期较为流行的陶器主要是以白色或红色为底，再加上黑色、棕色或红色的纹饰。一些较为别致的陶器，还会在黑色彩绘上加入白色镶边，别有一番韵味。

自1921年仰韶文化遗址被发现以来，当地政府和村民就主动参与到遗址保护工作中。但由于一些自然因素的影响，遗址仍然出现了一些水土流失的问题。在此后几十年时间里，当地政府一直对遗址进行日常维护。到了2011年，当地建立起了仰韶文化博物馆，在遗址保护的同时，增加了陈列展示和科学研究的功能。

1973年发现的河姆渡文化与仰韶文化大约存在于同一时期，但在具体的文化特征上，二者却存在着较大区别。

在农业方面，河姆渡文化的农业生产主要种植稻类作物，同时也有畜牧、采集和渔猎活动。最具代表性的农具主要是耒耜，这一工具的广泛应用得益于河姆渡文化较为先进的骨器制作技术。

在建筑方面，河姆渡文化的典型建筑形式是干栏式建筑，这也是长江以南新石器时代的主要建筑形式之一。这与中原地区仰韶文化的建筑风格是完全不同的，主要原因则是地域气候的影响。

在手工业方面，河姆渡遗址出土了大量陶器，在两次考古发掘中，共出土40万件之多，完整的和已复原的器件就有1221件。黑陶是河姆渡陶器的主要代表，按照种类来分，这些陶器包括釜、罐、盆、盘、钵、豆、盉、甑、鼎等多种类型。

仰韶文化和河姆渡文化都是新石器时代中国原始文化的代表，这些文化遗址的发现，深刻影响着中国考古学的发展，更进一步影响着人们对中华文明起源发展历史的认知。

### 统一中华的黄帝

作为远古时代最为有名气的人物，黄帝以统一华夏各部，征服东夷、九黎，创制房屋、车船等功绩被载入史册。在漫长的历史长河中，还没有哪位历史人物能像黄帝一样被后人所称颂。

由于历史年代久远，又缺少有力的文献资料，关于黄帝的故事多以传说的形式流传下来。在历朝历代的传颂中，有些传说逐渐佚失，有的传说则遭到改编，现在我们看到的大

| 主线 | 事件 | 时间 |
| --- | --- | --- |
| 文明起源的神话 | 河姆渡文化时期 | 约公元前5000—前3000年 |
| 华夏始祖黄帝 | 公元前2717—前2599年 |

| 时间 | 事件 | 主线 |
|---|---|---|
| 公元前2717—前2599年 | 华夏始祖黄帝 | 文明起源的神话 |

多数传说故事已经不是原来的模样。但从这些传说故事中，我们依然可以勾勒出黄帝这一人物。

黄帝作为远古时期的一位部落首领，在统一中华的过程中，经历诸多战争。

《史记·五帝本纪》中记载："轩辕之时，神农氏世衰。诸侯相侵伐，暴虐百姓，而神农氏弗能征。于是轩辕乃习用干戈，以征不享，诸侯咸来宾从。而蚩尤最为暴，莫能伐。炎帝欲侵陵诸侯，诸侯咸归轩辕。轩辕乃修德振兵，治五气，艺五种，抚万民，度四方，教熊、罴、貔、貅、䝙、虎，以与炎帝战于阪泉之野。三战，然后得其志。"

从《史记》中可以看出，黄帝在部落征战中，先是以武力征伐势力较大的部落，随后又要求那些势力较小的部落纷纷归顺自己。在当时，黄帝、炎帝和蚩尤是较大的三个部落首领，在部落征战过程中，黄帝与炎帝在阪泉展开了一场大战，这场大战正式拉开了中华民族大一统的序幕。

从当时的地域版图来看，黄帝部落的势力范围主要在中原地区，炎帝部落则在太行山以西。从距离上来看两个部落并不算太近，但在整个部落扩张的大背景下，黄帝和炎帝之间的大战是不可避免的。

由于是两个实力强大部落间的对抗，这场战争的规模也是非常壮观的，这一点可以在历代史书典籍中发现。在《列子·黄帝》中有载："黄帝与炎帝战于阪泉之野，帅熊、罴、狼、豹、貙、虎为前驱，雕、鹖、鹰、鸢，为旗帜。"

阪泉之战无论在战争规模，还是在战争惨烈程度上，在当时都是史无前例的。炎帝和黄帝双方为此次战斗做了充分的准备，不仅调动了本部落的力量，还联合了其他部落参与战斗。

黄帝并不想要全歼炎帝部落，他深知炎帝部落拥有先进的医药和农耕技术，这正是自己部落长久发展所必须要的技术。为此，黄帝命令士兵不可伤害炎帝性命，只能以智勇取胜。在战争相持阶段，炎帝始终坚守阵地不出，而黄帝则在阵地日夜操练部队。

与此同时，黄帝还命人日夜挖掘洞穴，当洞穴挖好之时，黄帝的兵将迅速出现在炎帝兵营的后方，活捉了炎帝及许多部众。

在阪泉之战后，黄帝和炎帝以及两个部落附属的诸多部落共同组成了一个部落联盟，整个部落联盟都听从黄帝的调遣。在这一阶段黄帝彻底确立了自己在部落联盟中的统治地位，此次大战可以说是一场具有划时代意义的大战。

虽然统一了炎帝及其附属部落，但在当时的中华大地上，仍然有一些部落没有归顺到黄帝麾下。在这些部落中，蚩尤部落是力量最为强大的一支。在此后一段时间，为了征服蚩尤部落，黄帝又进行了一系列旷日持久的大战，其中最为著名的就是"涿鹿之战"。

| 主线 | 事件 | 时间 |
|---|---|---|
| 文明起源的神话 | 阪泉之战 | 神话时代 |

| 时间 | 事件 | 主线 |
|---|---|---|
| 距今约4600年前 | 炎黄战蚩尤 | 文明起源的神话 |

## 涿鹿之战

在远古神话传说中，蚩尤是九黎的君主，属于东夷集团。还有传说称蚩尤兄弟共八十一人，类兽人，刀枪不入。从这些传说可以看出，蚩尤与黄帝一样，也是部落联盟的首领，而且以蚩尤为首的部落联盟，尤其擅长军事作战，其部众都英勇善战，武器装备也更为先进。

在部落征伐时代，蚩尤部落为了获得更适宜放牧和耕种的土地，需要不断向中原地区扩张。在其扩张过程中，炎帝部落成为他接触到的首个势力较强的部落。从农耕技术上来讲，蚩尤部落要逊色于炎帝部落，但在作战能力上，蚩尤部落要远胜于炎帝部落。

在蚩尤部落的进攻下，炎帝部落丝毫没有还手的力量，最终只得撤出自己的领地，向黄帝寻求帮助。对于炎帝部落的求助，无论是从部落联盟的角度，还是从自身部落的角度考虑，黄帝都没有拒绝的理由。如果让蚩尤部落继续深入自己的领地，再去进行反击就显得十分被动了。

在这种形势下，黄帝联合炎帝及其他部落一同向蚩尤发起战争。

涿鹿之战在规模上远胜于阪泉之战，战争的惨烈程度也更高。在这场战争中，也留下了诸多传诵至今的神话故事。

其中既有黄帝得到九天玄女的帮助，以东海神兽夔的皮制成鼓，以雷兽之骨制成槌，振作士气的传说，还有黄帝与蚩尤九战不胜，蚩尤施法引来弥天大雾，黄帝命人发明指南车，破除大雾阻碍赢得战争胜利的传说。

这些传说无一例外都在描述这场战争的艰难与惨烈，经过多个时日的战争，黄帝集团最终战胜了蚩尤集团，赢得了战争的胜利。至于黄帝对战败的蚩尤的处置，传说故事也是众说纷纭。

有的故事传说蚩尤在战败后，率领自己的部落归顺黄帝，黄帝也正式将东夷地区纳入自己的势力范围。有的故事传说蚩尤兵败被杀，其部落氏族纷纷散去，黄帝回到了自己的领地，两大部族集团又开始和平相处。

还有故事传说蚩尤死后，天下大乱之时，黄帝命人画蚩尤像来威震天下。天下八方都以为蚩尤还没有死，所以又都对黄帝表示归服。

无论是哪种传说故事，涿鹿之战的意义都是显而易见的，在涿鹿之战后，黄帝彻底奠定了自己在部落联盟中的地位，在此之后再也没有哪个部落可以与黄帝相抗争。战后，黄帝率部众继续四方征伐，进一步扩大了自己的势力范围，即使那些没有被黄帝征服的部族，也或多或少受到了华夏氏族的影响。

大规模军事战争结束，为中原地区带来了较长时间的安定，这一地区的部落氏族开始从游猎生活转向农耕生活，生产力也得到了较大提升。

| 主线 | 事件 | 时间 |
|---|---|---|
| 文明起源的神话 | 炎黄战蚩尤 | 距今约4600年前 |

| 时间 | 事件 | 主线 |
|---|---|---|
| 神话时代 | 五帝的传说 | 文明起源的神话 |

涿鹿之战有力地奠定了黄帝集团在广大中原地区的统治基础,这也使得黄帝开始从部落首领转化为集团领袖,甚至是中华民族共同的祖先。这一场大战之后,黄帝的形象逐渐被神化了。

### 五帝的传说

我国民间传说中,有五位十分贤能的部落首领,被后人统称为五帝。

第一位是轩辕黄帝,即黄帝,黄帝被称为中华始祖,是早期华夏部落时代的联盟首领。

传说黄帝是少典与附宝之子,本姓公孙,后改姬姓,居轩辕之丘,因此号轩辕氏,黄帝后来建都于有熊,所以又被称为有熊氏。

**轩辕黄帝**

他通过武力和仁德统一了华夏部落,之后征服东夷、九黎,最终统一了中华。

随后他又播百谷草木,大力发展生产,制衣冠、建舟车、制音律、创医学,开创了灿烂的中华文化。

第二位是颛顼,他的生卒年已无法考证。传说他本名乾荒，号高阳氏，是黄帝的孙子、昌意的儿子。相传，颛顼生于若水之野，即今天的巴蜀一带。后来因为辅佐少昊而建功立业，被封于高阳。

少昊死后，共工氏与颛顼因帝位而发生争斗。结果共工氏被打败，颛顼继少昊执掌政事，号为"高阳氏"。颛顼最开始的都城在穷桑，后迁都于商丘，之后又在帝丘居住。据说颛顼在位七十八年，活到九十八岁去世，被葬于帝丘之外。

第三位为帝喾。他姓姬名俊，出生于高辛，他是我国上古时期一位著名部落首领。在《山海经》等古籍中，有不少对帝喾的描写，其中天帝帝俊的原型就是帝喾。

帝喾刚满十五岁时就被封为辛侯，三十岁即位掌权。他是黄帝的曾孙，也是前承炎黄、后启尧舜的重要部落首领。他为华夏民族的发展奠定了根基，也是华夏子孙共同的人文始祖。颛顼死时，帝喾已三十岁，继承帝位的他以亳作为都城。他为政贤明勤勉，深受人民爱戴，死后被葬在故地辛，建帝喾陵。

第四位是帝喾的一个儿子——尧。尧姓伊祁，名放勋，是古唐国人，他在十三岁时因辅佐兄长帝挚有功，而被封于陶地。两年后，他又被改封到唐地，因此号为陶唐氏。十八岁时，尧代替兄长帝挚成为部落首领，在平阳定都。

尧执政期间，测定了农耕时令，分出了春分、夏至、秋分、冬至，使农民劳作有时可依。为人方面，尧严肃恭谨、贤明简朴，与人民一同吃粗饭野菜。团结各族，使人民和睦

| 主线 | 事件 | 时间 |
|---|---|---|
| 文明起源的神话 | 中华始祖——五帝 | 神话时代 |

| 时间 | 事件 | 主线 |
|------|------|------|
| 神话时代 | 中华始祖——五帝 | 文明起源的神话 |

相处,得到了人民的爱戴和推崇。在后世的儒家文化中,尧被奉为圣明君主的典范。

**华夏的农耕文明**

第五位为舜。相传,舜姓姚,名重华,字都君。出生在姚墟,治都蒲阪(山西运城永济)。与尧相同,舜也被后世的儒家奉为贤明的君主。他因高尚的品德和出色的政治才干而被尧所看重,经过尧多年的考验后,被禅让为部落联盟首领。舜在执政期间做出了不少改革,提拔了多位有才能的大臣,使水土问题得到改善、农业水平得到提高、文化教育得到推广,因而舜深受人民爱戴和拥护,被后世列为五帝之一。

## 禅让时代

尧是一位十分贤能的首领，每当部落内发生一些大事时，他都会召集各族首领共同商议。随着岁月的流逝，尧的年纪也越来越大了，年迈的他希望能找到一位贤能的人来继承他的工作。

按照惯例，尧召集了各部落的首领，当他说出自己的想法后，一个名为放齐的人说道："您的儿子丹朱就十分开明，我认为他是个不错的人选。"

尧十分了解丹朱的性情品德，认为他是个品德不好、喜欢与人争吵的人，因此拒绝了放齐的提议。接着，一个名叫谨兜的人说："那个负责水利工程的共工广泛地聚集民众，做出了功绩，可以用。"

尧听完之后，仍是摇摇头说道："共工这人能说会道，给人一种恭谨的感觉。但实际上是个表里不一的人，我对他不放心。"

经过尧的多次否决，这次会议最终也没有得出结果。之后的一天，他又找到了四方部落的首领来商议继承人的事，这次大家在会上一致推选了舜，并纷纷陈述了舜的为人。

尧听后十分满意，点了点头说道："其实我也听说过此人，你们谁能再讲讲此人的家庭情况？"

一位首领说道："舜的父亲是个糊涂鬼。舜的生母早死，父亲为他找了一个继母，这个继母还为舜生了一个弟弟。尽

| 主线 | 事件 | 时间 |
|---|---|---|
| 文明起源的神话 | 尧让位给舜 | 神话时代 |

| 时间 | 事件 | 主线 |
|---|---|---|
|  |  | 文明起源的神话 |

管继母对舜十分不好,但舜还是十分亲切地对待他的父亲、继母和弟弟。因此,大家都说他是个德行十分优秀的人!"

尽管尧听了十分高兴,但还是决定再考验一下舜。尧把自己的两个女儿嫁给了舜,还给他建造了粮仓,送了很多牛羊。变化巨大的舜引起了家人的妒忌,他们商议着要把舜害死,再吞掉舜的财产。

尧帝

一次,父亲叫舜去修补粮仓的屋顶。当舜爬到粮仓顶上后,父亲在粮仓附近的稻草堆中放起火来,企图烧死儿子。当舜想离开时,梯子早已被父亲藏了起来。无奈,舜只好用手抓住笠帽的两侧,从屋顶跳了下来。巨大的笠帽大大地缓冲了坠落的冲击力,舜安全地落在了地上,毫发无伤。

一计不成二计生,舜的父亲和弟弟又想把舜推入井中活埋。舜事先有所警觉,在井旁边挖了一条通道,从通道穿出。回到家中的舜并没有责难和报复家人,反而像从前一样和和气气地对待家人。

尧把舜的表现看在眼里,便把一些公职和权力交到了舜的手上,想看看舜的工作能力如何。近二十年的考察过去了,舜把尧安排的工作完成得井井有条,很少出现差错。最终,尧下定决心把自己的位置交到了舜的手上,而自己则回到家中颐养天年。

接过大权的舜进一步解决此前的各种社会问题。他统一了音律、丈尺，整顿了礼仪，废除了酷刑，惩罚并放逐了当时的地方恶徒，起用了禹、皋陶、彭祖等二十二个德才兼备的人……

八年之后，尧安然离世，而舜为他服丧了三年。三年服丧之后，舜又把部落联盟首领的位置交到了尧的儿子丹朱的手上，自己则退隐到了南方。尽管如此，各部落的首领和百姓遇到难题时，仍会去找舜，从不去找丹朱。人们也只把舜当作各部落的首领，并为他歌功颂德。

舜终于明白了人们的心意，也认清了天意，便回到了国都，再次成为部落联盟的首领，被后人尊称为帝舜。

## 大禹治水

中原地区是华夏文明的发源地，这里有炎黄子孙赖以生存的母亲河——黄河。

但是，早在上古时期，中华先人还没有先进的治水技术，中原地区时常暴发洪水灾害，人们辛苦种下的庄稼被无情吞噬。土木建筑的民居在汹涌的洪水面前，显得不堪一击，大量居民的房屋被冲毁，人们流离失所，过上了背井离乡的生活。

当时的统治者舜看到这种情况后，感到万分痛心，决心

| 主线 | 事件 | 时间 |
| --- | --- | --- |
| 文明起源的神话 | 大禹治水 | 神话时代 |

| 时间 | 事件 | 主线 |
|---|---|---|
| 神话时代 | 鲧障洪水 | 文明起源的神话 |

消除水患,还给百姓一个安定的生活。

一天,舜召集了身边的大臣们,共同商议如何解决洪水问题。群臣经过商议,推举出了鲧来治理水患,鲧也就是禹的父亲。

但舜并不信任此人,他认为鲧为人表里不一,难当大任。但是他又找不到更加合适的人选,只好"赶鸭子上架",把治水的大任交给了鲧。

舜帝像

结果正如舜所预料的那样,九年过去了,洪水依旧泛滥。而鲧不但无能为力,还消极怠工,让舜十分不满。很快,舜就革去了鲧的职务,并把他流放到了羽山。

为了找到能胜任治水大任的人,舜再次召开了会议,与群臣一起商议此事。大臣们经过合计,都推举了禹,并称"尽管禹是鲧的儿子,但他的德行和能力都远胜于鲧。他为人谦逊、待人有礼,工作认真负责,生活简朴,是个十分优秀的人才"。

于是,舜也抛开了世俗的偏见,重用了鲧的儿子——禹。

实际也正如大臣们所说的那样,禹为人十分贤良,尽管舜处罚了自己的父亲,但他并没有因此而怀恨在心,反而看到了洪水给人们带来的灾难,因此发誓要治好洪水。

当时,禹新婚刚过四天,妻子涂山氏十分不愿丈夫接手如此危险的工作,但为了大局考虑还是支持丈夫的事业,挥泪送禹踏上治水的征途。

禹带着舜派给他的助手伯益、后稷等人，一路跋山涉水、风餐露宿，踏遍了中原大地的各个洪水灾区。禹为了更好地完成实地考察，一手拿着准绳一手拿着规矩，亲自测量各个水域的面积。

他总结了父亲失败的教训，把先前的堵截之法变成了疏导之法。这种新方法的要点就是大量疏通水道，把洪水引流入海。找到治水方法之后，禹身先士卒，带领人民奋斗在治水第一线。治水的全程，禹丝毫没有官架子，他与百姓一起工作、吃饭、休息。

一向简朴节约的禹，连居住的屋子也比寻常百姓的房屋矮小，吃的食物也比一般百姓要差。因为他深知建造水利工程需要大量的财力和物力，他尽可能地省吃俭用，把更多的钱用在了治理洪水的事业上。

**大禹治水**

禹三过家门而不入的故事也被华夏子孙广为传颂。传说，禹在治水的途中路过了家门口，听见了孩子的哭声。那是妻子刚刚为他生下的孩子。作为一个刚刚成为父亲的男人，无论如何都应该进屋看一眼自己的孩子。但是，禹当时想到了治水的任务如此艰巨，只向家中的茅草屋望了望，便眼含泪水骑马离去。他知道，汹涌的洪水能瞬间夺去人们的

| 主线 | 事件 | 时间 |
|---|---|---|
| 文明起源的神话 | 大禹治水 | 神话时代 |

| 时间 | 事件 | 主线 |
|---|---|---|
| 神话时代 | 大禹治水成功 | 文明起源的神话 |

生命,作为治水长官就要分秒必争。

就这样,经过禹十三年埋头苦干,昔日咆哮的河水终于被驯服。一度泛滥成灾的河水,大多平缓地向东流入海里。那些曾被洪水淹没的农田和房屋再次焕发了生机。没有了洪灾,百姓再次过上了安居乐业的生活。后人为了纪念禹的功绩,还为他修庙立碑,并尊称其为"大禹"或"禹神"。

## 附录:第一章主要参考文献

[1]顾颉刚. 顾颉刚古史论文集[M]. 北京:中华书局,2018.

[2]顾颉刚. 国史讲话:上古[M]. 上海:上海人民出版社,2015.

[3]吕思勉. 中国史[M]. 北京:中国社会科学出版社,2008.

[4]史仲文,胡晓林. 远古暨三代经济史[M]. 北京:中国书籍出版社,2011.

[5]司马迁. 史记[M]. 北京:中华书局,2011.

[6]王幼平. 旧石器时代考古[M]. 北京:文物出版社,2000.

[7]张江凯,魏峻新. 石器时代考古[M]. 北京:文物出版社,2004.

[8]人民教育出版社课程教材研究所历史课程教材研究开发中心. 普通高中课程标准历史读本:中国古代史[M]. 北京:人民教育出版社,2017.

[9]任乃荣. 三皇五帝探源[M]. 北京:新华出版社,2010.

# 第二章 先秦三代：华夏雏形的形成

- 夏朝建立
- 甘之战与钧台之享
- 少康中兴
- 暴桀亡政
- 伊尹辅政
- 盘庚迁殷
- 武丁中兴
- 周文王励精图治
- 牧野之战
- 周武王封邦
- 成康之治
- 国人暴动
- 平王东迁

先秦三代主要是指夏、商、西周三个朝代，由于这一时代的青铜工艺十分发达，所以这一时期又被称为"青铜时代"。在漫长的中国历史中，先秦三代孕育了灿烂的历史文明。甲骨文、青铜器都是人类文明的重要标志，中国封建社会的很多制度、法令都来自这一时期。了解这一时期的历史文化知识，对于理解中国历史大有裨益。

| 时间 | 事件 | 主线 |
|---|---|---|
| 神话时代 | 舜让位给禹 | 夏朝的建立与衰亡 |
| 约公元前1978年 | 启夺得首领之位 | |

## 夏朝建立

禹的治水功绩和出色的管理才能得到了舜的认可。舜按照选贤举能的禅让方式，将"王"位交到了贤能的禹手中。

在此之后，禹更加努力地统治华夏地区，人民的生活水平得到了很大提高。随着时间流逝，禹也逐渐步入了老年，年迈的他开始寻找能够继承联盟首领之位的人选。

禹先是推举了颇具威望的偃姓首领皋陶，但是皋陶早亡，还没接受禅让就离开了人世。禹又把自己的继承人定为了东夷的首领伯益。

禹死后，伯益按照当时的传统，先为禹守丧三年。但三年守丧结束后，禹的儿子启因更得人民拥戴而取得了权位。

相传，启为了得到王权还与伯益发生了战争。最终获得胜利的启得到了联盟首领的地位。由此，"公天下"就被"家天下"所取代。

新兴的世袭制尽管是历史上的一大进步，但当时还是遭到了不少人的反对。很多倾向于禅让传统的部族开始质疑启得到权位的合法性，便纷纷发动起义。

大禹

## 甘之战与钧台之享

在拥护者的支持下，启成为联盟首领。启这种通过不正当手段篡夺联盟首领之位的行为，遭到了一些部落首领的反对。所以在这一时期虽然启消灭了伯益夺得权位，但这个位置并不稳固。

在众多反对的部落首领中，有扈氏是主要代表。他们公然反对启成为新的领袖，这对于启来说无疑是一种公然反叛。

为了更好地巩固自己的权位，启决定像自己的父亲一样讨伐有扈氏。由此，一场大战在甘这个地方爆发。

由于有扈氏的实力非常强大，赢得这次大战对启来说并不容易。在与有扈氏大战前夕，启召集左右将领申明了战争纪律和誓词。

这些内容记载在了《尚书·甘誓》中，原文为："大战于甘，乃召六卿。王曰：'嗟！六事之人，予誓告汝：有扈氏威侮五行，怠弃三正，天用剿绝其命。今予惟恭行天之罚。左不攻于左，汝不恭命；右不攻于右，汝不恭命；御非其马之正，汝不恭命。用命，赏于祖；弗用命，戮于社。'"

经过了激烈战斗，最终启战胜了有扈氏，同时也彻底肃清了反对自己的部落，达到了巩固权位的目的。

这场战争胜利之后，启在都城阳翟召集各地方国首领，举行了一场盛大的祭神仪式，以此来进一步巩固王权，确立世袭制度。这场大会正是文献中记载的"钧台之享"。

| 主线 | 事件 | 时间 |
| --- | --- | --- |
| 夏朝的建立与衰亡 | 启战胜有扈氏 | 夏朝初年 |
|  | 启钧台祭神 | 夏朝初年 |

| 时间 | 事件 | 主线 |
|---|---|---|
| 约公元前1950年 | 后羿代夏 | 夏朝的建立与衰亡 |

此次大会之后,启彻底打破了旧秩序,建立起了新的世袭制王权,"公天下"真正转变成为"家天下"。

启用"夏"为国名,并以此为姓氏。自此,夏朝建立。在启的统治期间,夏氏族内部时常爆发纷争,夏启的儿子武观就因作乱而被父亲诛杀。内忧发生的同时,外患也出现了,东夷为了争夺部落联盟首领的权位,还常常挑起战争。

夏启死后,他的儿子太康继承后位(夏朝统治者在位时称"后",去世后称"帝")。如此,世袭制就彻底地取代了禅让制。

## 少康中兴

启死后,其子太康即位。启在位后期,生活腐化,疏于朝政,使得夏部族的统治权威遭到很大削弱。太康即位后,并没有着手加强自己的统治权威,反而像其父亲一样不理朝政。这使得夏朝内部矛盾不断激化,太康手中的王权也岌岌可危。

太康的疏于政事让那些觊觎王位的部族首领看到了机会,在太康一次狩猎途中,有穷氏部落首领羿夺得了夏王朝的统治权位。为了防止夏民反抗,羿并没有自己称王,而是选择立太康之弟仲康为王,自己则在幕后掌管全国的各种事务。

羿的这种手法能够骗得过普通百姓,却骗不过其他部族的首领。和氏部族与羲氏部族就曾公开反对过羿的这种做法,但最终被羿率兵镇压。

仲康死后，其子相即位，相没有继续做羿的傀儡，而选择投奔斟鄩、斟灌二氏。此后，夏朝的大权就全部落入了羿的手中。在狩猎方面，羿是数一数二的能手，但在治理王国方面，他却并不在行。

疏于政事的羿弃用了具有才干的武罗、伯困等人，重用了寒浞，最终被寒浞所杀。寒浞为了斩草除根，便派自己的儿子浇灭了斟鄩、斟灌二氏，还杀掉了躲在斟鄩的相。相的妻子缗因为躲避及时，得以幸免，此后生下了少康。

少康在成长过程中一直在被人追杀，无奈之下，投奔了有虞氏，当了一个庖正（掌管饮食之官）来掩人耳目。此后，有虞氏首领虞思将两个女儿许配给了少康，并将纶城交给少康管理。正是在此地，少康组织起了夏族的民众，开始重新建立夏王朝的政权。

在得知少康准备复兴夏室的消息后，许多夏朝遗臣纷纷来投。在组织起民众之后，少康对寒浞发起进攻，此后又接连剿灭了寒浞的几个儿子。自此，夏部族又重新夺回了属于自己的王都。

从羿代夏到寒浞被少康击败，东夷族有穷氏控制了中原近百年时间。在少康主政之后，夏王朝的国力才一点点回升起来，重新树立起对其他各部族的统治威严。后世将少康复国称为"少康中兴"。

| 主线 | 事件 | 时间 |
|---|---|---|
| 夏朝的建立与衰亡 | | |
| | 少康中兴 | 公元前1938—前1933年 |

| 时间 | 事件 | 主线 |
|---|---|---|
| 约公元前1600年 | 夏朝灭亡 | 夏朝的建立与衰亡 |

## 暴桀亡政

夏桀是夏朝的第17代帝王，也是最后一代的亡国之君。

夏桀名癸或履癸，桀是商汤给他起的谥号，用以表示癸的凶残和暴戾。

履癸是夏朝第16代君王发的儿子，相传，他力气极大，可以赤手将金属的钩拉直，夏桀是个文武双全的人。但是，他为人十分残暴，而且荒淫无度。

夏桀

在夏桀的统治下，已经延续了四百余年的夏朝变得民不聊生。当时各方诸侯已经不到都城朝拜夏桀，民间矛盾也越发尖锐。但夏桀丝毫没有收敛自己暴行的意思，反而更加胡作非为。

他建筑奢华的寝宫，耗费了巨大的人力和财力。还从各地搜寻美女，藏于后宫，整日沉浸在声色犬马之中。据说，他还修造了一个巨大的酒池，大到可以使船只航行其中。那时因醉酒而溺死的事件经常发生，惹得夏桀的宠后妹喜欢笑不已。

在臣子的任免上，夏桀重用佞臣，排斥忠良。其中一个名叫赵梁的权臣为人十分卑鄙谄媚。为了投夏桀所好，他教会夏桀如何享乐，以勒索和残杀的方式折磨虐待百姓。对于忠良的伊尹，夏桀则完全不放在眼里。伊尹劝说夏桀向贤良的尧、舜学习，体谅百姓疾苦，施仁德之政。夏桀听后不但不为所动，还感到厌烦。为此，伊尹只好选择离开。

到了夏桀的晚年时期，他把荒淫无度更是上升至最高峰，修建了一个名为"夜宫"的大池。把大群的男女杂陈其中，整日寻欢作乐，持续一个月的时间不理朝政。夏桀认为自己永远不会灭亡，他说："我就像天上的太阳一般。太阳永远没有灭亡的一天，我也一样！"就这样，荒淫自大的夏桀把夏朝推到了悬崖的边缘。

与此同时，一个名叫汤的部落首领正在带领着自己的商部落壮大起来。汤是个十分了不起的首领，他不仅十分贤德，而且还具有很强的管理能力。在他的管理下，商部落人口日益增多，粮食充足，人民生活水平有很大提高。

夏桀看到了汤的才能，认为汤很可能会威胁到自己的统治，便设计把他囚禁在夏台。逃脱之后的汤认识到了夏朝的腐败，下定决心要推翻夏桀。

很快，汤在名相伊尹的帮助下，起兵伐桀。残暴不仁的统治早已让夏朝各地的城防脆

**商汤与伊尹**

| 主线 | 事件 | 时间 |
|---|---|---|
| 夏朝的建立与衰亡 | 暴桀亡国 | 约公元前1600年 |

| 时间 | 事件 | 主线 |
|---|---|---|
| 约公元前1600年 | 商汤灭夏 | 商朝的建立与发展 |

弱不堪,汤所带领的军队一路势如破竹,很快就兵临夏都城下。夏桀再也顾不得饮酒作乐了,匆忙召集军队迎击商军。

大战在鸣条(今山西安邑县西)爆发,那些早就不满夏桀的士兵们根本不愿给夏桀卖命,战斗一开始就纷纷逃散。就这样,夏桀的军队溃不成军,自己也被汤所俘虏,放逐到南巢(今安徽巢湖市)。几年之后,夏桀死在南巢,自此夏朝彻底灭亡,商朝兴起。

**伊尹辅政**

商汤本是商部落的君主,夏桀的残暴统治让商汤产生了反抗夏桀统治的想法。在反抗夏桀统治之前,商汤首先消灭了夏朝的一些重要盟友,在扫平了其他阻碍之后,商汤才向夏桀发起了最后的进攻。随着夏朝的灭亡,商汤建立起了商朝政权。

以武力推翻了夏朝统治后,商汤开始着力改善民生,减轻对民众的征敛。通过一系列民本政策,商朝政权度过了初建的动荡时期,统治区域从黄河下游扩展到了中上游地区。在商朝发展时期,伊尹在其中起到了不小的作用。

伊尹本是一名陪嫁奴隶,商汤看中其才干,封他为右相。商汤在位仅十三年,此后,商朝的王位依次传给了太丁、外丙、中壬、太甲。伊尹辅佐太甲的故事被后世广为传颂。

太甲即位后的前两年,还能够遵照祖训,尽职尽责。但到了第三年,太甲开始任意妄为、横征暴敛、欺压百姓。为了让太甲认识到自己的错误，伊尹率领诸侯百官祭祀商汤，在宣扬商汤功德的同时，告诫太甲要遵天命、爱惜百姓。

太甲并没有接受伊尹的训诫，依然对法令制度不闻不问。为了维护商王朝的利益，伊尹决定将太甲放逐到桐宫。桐宫是商汤的坟墓所在，在放逐太甲期间，伊尹并没有另立新王，而是亲自处理朝政。

被放逐到桐宫的太甲守着祖父的陵墓，开始反思自己的过错。桐宫的守墓人也经常为太甲讲述商汤建国的故事，在这种耳濡目染之下，太甲幡然醒悟。他开始节制自己的行为，同时还主动承担起桐宫的看守工作。

转眼间，太甲便在桐宫度过了三年时光。这三年中，伊尹始终关注着太甲在桐宫的所作所为。看到太甲悔过自新，伊尹便率领文武百官将太甲迎回亳都，重新将国家大权交到太甲手中。

此后，重登王位的太甲，在伊尹的辅佐下将国家治理得井井有条，商王朝也因此逐渐繁荣强大起来。

### 盘庚迁殷

在中国历史上，商是迁都最为频繁的王朝。

在第十一任商王中丁统治之后，历代商王曾多次迁都，先是迁到了嚣（今河南荥阳东北），后又迁到了于相（今河南内黄东南），接着又迁到了庇（今山东鱼台附近），再迁

| 主线 | 事件 | 时间 |
| --- | --- | --- |
| 商朝的建立与发展 | 伊尹放逐太甲 | 约公元前1577年 |
| 商朝的发展与衰亡 | | |

| 时间 | 事件 | 主线 |
|---|---|---|
| 公元前1562—前1320年 | 九世之乱 | 商朝的发展与衰亡 |

到了奄（今山东曲阜），最后才定都于殷（今河南安阳）。因此，后人也因商朝定都在殷而将其称为殷朝或殷商。

从中丁之后，商朝之所以要频繁迁都，原因还要归结于当时的继承制度。

商朝当时存在两种继承方式：一种是父死子承，一种是兄终弟及。两种继承方式的同时存在，让叔侄之间经常为了王位的继承而爆发争斗，因而内乱不断被引发，国内局势不稳定。

**殷商青铜文物——司母戊鼎**

到了商王阳甲时期，商朝政局更是混乱不堪。朝中的大臣和贵族十分腐败奢靡，导致国力衰微。很多地方的诸侯和少数民族头领开始不听从商王指令，频繁发生叛乱。战乱使人民的生活质量严重下降，再加上旱涝等自然灾害，民间矛盾开始激化，商王朝的统治摇摇欲坠。

就在如此不堪的时期，商王阳甲的弟弟盘庚继承了王位。盘庚认为，想要解决当前的困难局势，只能采取迁都的方法。

盘庚选定殷为新都城，主要考虑到以下三个因素：第一，殷地处黄河的中游，这里土地平坦肥沃，非常适合都城建设和农业生产；第二，迁都后百废待兴，所有人都将把主要精力投入到发展中，这样就能缓解民间的矛盾；第三，殷地的战略位置十分重要，迁都于此可以更好地进击北方的游牧民族，在防守上也能起到更好的效果，让国都更加安全。

虽然迁都对国家十分有利，但那些王室成员和贵族大臣们仍强烈反对盘庚迁都的想法。因为一旦决定迁都，他们就无法再像以前那样过着安逸舒适的生活。为此，反对者们开始大肆宣传流言，以煽动更多的人加入反对迁都的行列中。

尽管面对如此大的反对压力，盘庚仍然立场坚定。他并没有急着改变反对者们的想法，而是把这些大臣和贵族们召集到了一起，效仿先王们关心的口吻，承诺将带领臣民寻找安乐的地方。并称如果再有人反对就是怀有二心，先王在天之灵也会为此不得安息。随后，盘庚陈述了迁都能为国家带来的种种利处，那些曾强烈反对的人们哑口无言，听从盘庚的号令，迁都殷地。

**殷墟墓葬遗址**

| 主线 | 事件 | 时间 |
|---|---|---|
| 商朝的发展与衰亡 | 盘庚迁殷 | 约公元前1320年 |

| 时间 | 事件 | 主线 |
|---|---|---|
| 约公元前1320年 | 盘庚迁殷 | 商朝的发展与衰亡 |
| 公元前1250年 | 武丁即位 | |

尽管迁都计划完成了，但是斗争并没有结束。那些来到新都的老百姓们感到很不适应，纷纷要求迁回老家。一度被打压的反对者再次趁机捣乱，煽动百姓的不良情绪。盘庚看到这些反对者再次作乱后，态度十分强硬，发表了一番训话，警告那些贵族大臣们，如果再敢捣乱，必遭严惩。

在盘庚强硬的态度下，国内的局面终于安定下来，步入了安稳的发展时期。

## 武丁中兴

盘庚迁殷之后，商朝政局稳定，诸侯来朝，商朝遂强盛起来。但没过多久，商朝又开始走向了下坡路。经过两任商王小辛和小乙的统治，商朝政治又出现了混乱的局面。朝中的贵族们不仅骄奢跋扈，还不断拉帮结派，为了一己私利而打击异己。大臣们也都十分腐败，滥用职权，把自己的亲信推举到朝中任职，收受贿赂，不修政事。

新即位的武丁将如此不堪的局面看在眼里，决心做出改变。他十分信任一个名叫傅说的人，并任

**殷商时期甲骨文**

其为相。傅说是个十分有才能的管理者，在他的帮助下，武丁对当前的朝政做出了一系列改革。

第一，傅说认为所有政府任命的官员都是要治理国家的，而不是享受富贵的，对那些无用的官吏要采取罢免等措施。

第二，要设立一个能提高执行效率的机构，让君王所传达的指令能尽快得到实施。此前在君王下达指令前，要先经过贵族们的商议。如果贵族大臣们不同意，帝王的政令还有被否决的可能。这样不但让工作效率大大降低，还使君王的权力被削弱了。

改革之后，帝王只要和自己的智囊团商议之后，就可做出决定。新成立的管理机构负责把君王的指令传达下去，各个官员和奴隶主们只有执行的权力，而没有决策权。如此看来，这也算是中国历史上中央集权制的雏形了。

这种改革无异于把贵族势力的权力夺到君王手中，那些被剥夺权力的贵族当然会感到不满。针对于此，傅说又设立了"视学养老"机制。具体方法就是保留那些贵族官员的职位，并补发俸禄，但他们手中的实权则已被架空。

第三，在官吏的任免上，傅说重用那些有能力的实干者，那些善于奉承而没有实际政绩的官员则不再被录用。

第四，设立了新的奖罚机制，做到奖罚分明。为有功者加官晋爵，给有过者相应惩罚。

第五，傅说还建议贵族王室们要勤俭节约，杜绝铺张浪费。

| 主线 | 事件 | 时间 |
| --- | --- | --- |
| 商朝的发展与衰亡 | 武丁中兴 | 公元前1250—前1192年 |

| 时间 | 事件 | 主线 |
|---|---|---|
| 公元前1250—前1192年 | 武丁中兴 | 商朝的发展与衰亡 |

经过傅说的一番改革，商王朝又富强起来，国势再度复兴，一时间成为世界东方的第一强国，史料记载："殷国大治。"

内政改革之后，武丁和傅说开始管理地方诸侯。当时商王朝在名义上有很大的管理范围，但实际上很多部落首领已经不听商王的指挥。一些诸侯已经多年未到商都朝拜君王了，甚至还有一些部落竟然忘却了中央政府。

为了改变这种尴尬局面，武丁采取了联姻政策，具体来说就是互嫁女儿。在出土的一些甲骨文上，经常能看到武丁与一些地方部落联姻的卜辞。据甲骨文工作者研究，武丁的妃嫔在六十位以上，很多都是通过联姻的方式娶来的。这种用联姻方式换取国家稳定的策略对后世有很大影响。

**妇好墓**

当然，也有一些部落首领并不配合。武丁只好采取武力征讨的方式，让这些部落臣服。武丁在位期间，与南面的虎方、东面的夷方、北面的鬼方及羌方都进行过大规模的征战。据相关史料所记载，这些战斗所动员的兵力也很大，有时为三千人，最多达到了五千人。就当时而言，此种规模十分少见。值得一提的是，通过对一些出土的殷墟卜辞的研究，武丁的一位配偶——妇好还亲自率兵征讨过羌方。一般来说，君王的妃嫔大多身居宫中，不问政事。而这位妃子却经常带兵南征北战，甚至还抓过不少羌人俘虏。

经过多年的征伐，商王朝形成了"邦畿千里，维民所止，肇域彼四海"的广大疆域，实现了中兴。

### 周文王励精图治

周文王是周朝的奠基者。他姓姬名昌，是周太王之孙，季历之子。姬昌的父亲季历是个十分有军事才能的人，在他的带领下，周国对戎狄部落发动了一系列战斗，并取得了十分辉煌的胜利。周国势力逐渐强大后，引起了商王的猜忌。当时的商王文丁担心周族威胁到自己的王位，就以封赏的名义把季历骗到了殷都，虽然在名义上将季历封为"方伯"，为西方诸侯之长。而实际上是为了将其软禁起来，再找一个借口将其杀掉。就这样，季历被文丁所害。

季历的儿子姬昌继承了父亲的王位，被人称为"西伯

**周文王**

| 主线 | 事件 | 时间 |
| --- | --- | --- |
| 商朝的衰亡与周朝的兴起 | 季历兴周 | 公元前12世纪 |

| 时间 | 事件 | 主线 |
|---|---|---|
| 约公元前1152—前1056年 | 周文王之治 | 商朝的衰亡与周朝的兴起 |

昌"。姬昌是个十分贤明的诸侯,在他即位之后,不仅勤于政事,还十分重视人才,很多外族部落的贤士能臣都不远千里投奔而来。如太颠、闳夭、散宜生、鬻熊、辛甲等人,都愿忠心辅佐姬昌。姬昌还拜吕尚为军师,并向其请教军国大计。在吕尚的辅佐下,周国的军事实力有很大提高。

对于封国的治理,姬昌效仿贤明的先祖,倡导"笃仁,敬老,慈少,礼下贤者"的社会风气,使得人民安居乐业,社会经济快速发展。

为了提高农业生产水平,姬昌采用了"九一而助"的政策,具体来说就是将田地进行划分,让农民获得耕田,并只需交纳九分之一的赋税。在这种政策下,农民开始富裕起来,也有了一定积蓄,大大激发了农民的劳动积极性。姬昌还十分勤俭,经常穿着百姓的衣服到田间视察,深得人民的拥戴。

姬昌十分反对酷刑。当时残暴的商纣王为了惩罚违抗自己的人,发明了一种名为炮烙的酷刑。受此刑罚的人要徒步走在涂满油的铜柱之上,犯人一旦滑倒就会掉入火坑之中。

诸侯和群臣们看到如此残忍的做法都恨得咬牙切齿,但谁都敢怒不敢言。姬昌为了废除这种酷刑,答应向纣王献上洛河西岸的一块土地。纣王欣然接受这块土地后,终于废除了炮烙之刑。

姬昌的义举得到了广大人民的拥戴,越来越多的人依附到了姬昌的帐下,周国也因此日益强大,而纣王越发感到不安。终于在奸臣的谗言之下,纣王设计将姬昌拘到了羑里。周国的大臣们为了营救姬昌,向纣王进献了大量的宝物和美女。纣王十分高兴,便下令释放了姬昌,还赐给加长弓矢斧钺,使姬昌得到了专征大权。

由于姬昌为人贤明,很多诸侯国在发生纠纷时都会想办法请姬昌做仲裁官。当时的两个诸侯国虞国和芮国就发生了纠纷,想去周国请姬昌说理。结果刚到周地,就被当地的文明有礼所震撼,对自己的行为感到惭愧,说道:"吾所争,周人所耻,何往为,只取辱耳。"就这样,两国以礼让的方式化解了矛盾。

当时的姬昌可以说是诸侯们的道德模范。周人后来也将姬昌断讼这一年定为西伯昌受命元年。

姬昌在九十七岁去世(文王五十年),葬在毕地。太子姬发即位,史称周武王。

## 牧野之战

姬发即位之后,仍秉承文王的天命,借商朝无暇西顾之机努力向东扩张。到了公元前1048年,武王姬发还曾观兵于孟津,实际上就是与反商联军会盟。据《史记》记载,当时不期而至的会盟者有八百诸侯之多。而实际上,根据后世出土的甲骨文研究,这些会盟者并非不期而遇,实际上是早有联系。数

| 主线 | 事件 | 时间 |
| --- | --- | --- |
| 商朝的衰亡与周朝的兴起 | 周文王之治 | 约公元前1152—前1056年 |
| | 孟津会盟 | 约公元前1048年 |

| 时间 | 事件 | 主线 |
|---|---|---|
| 约公元前1046年 | 牧野之战 | 商朝的衰亡与周朝的兴起 |

**牧野之战**

量上也没有八百之多,他们大多是西南方的羌、戎各国。

在商朝方面,此时正发生激烈的内乱。叔父比干被帝辛所杀,另一个叔父箕子也被囚禁起来。很多可能遭受牵连的贵族们都逃到了周国。可以想象,这些刚从商朝逃出的贵族大臣们一定为姬发带来了不少情报。

武王意识到讨伐商朝的时机到了,于是统率此前会盟的诸侯一同出兵伐纣。他们制订的作战计划是趁着商朝主力军出兵东南方之际,向商朝的大本营朝歌进军。一举拿下商朝都城,切断残余的商朝士兵和附属方国间的联系,使之群龙无首,再采用逐个击破的方式进行剿灭。

武王十一年(公元前1046年)一月二十六日,周武王亲自率领战车三百乘,精锐部队三千人和常规步兵数万人大举进攻朝歌。二月二十一日,与孟津的多个部落会合,联军总兵力达到了四万五千人。二月二十七日清晨,周武王在战前庄严誓师,大大激发了士兵们的斗志。二月二十八日,大军抵达牧野，在这里他们看到了前来阻截的商朝军队，商朝士兵的队伍远得望不到边，人数上明显超出周国联军。这让刚刚提起士气的联军将士感到有些胆怯。

而实际上，联军的出现也让商军感到措手不及。此时朝歌城内既没有精兵也没有战车，只能靠大量的步兵阻挡士气正盛的联军和冲击力强大的战车。联军的出现也让宫中的帝辛感到十分惊讶，他仓促地召集了大批奴隶和战俘，连那些守卫国都的军队也被派遣到了牧野前线。据《史记》记载，当时由帝辛所率领的总兵力达到了七十万人，正如《诗经·大明》所描述的那样："殷商之旅，其会如林。"

面对如此庞大的敌军部队，周武王并没有怯阵。他先是派出数百名精兵上前挑战，以此震慑商军，打乱敌军阵型。随后周武王亲自带领主力部队，跟进拼杀。那些商军中的奴隶和俘虏根本没有为帝辛卖命的意思，马上就倒戈逃跑了。帝辛早就料到这些奴隶和俘虏根本靠不住，在他们的后方准备亲信部队。只要有人叛逃，亲信士兵便可直接处死。奈何叛逃的人数实在太多了，为数不多的亲信士兵在巨大人潮的冲击

周武王

| 主线 | 事件 | 时间 |
| --- | --- | --- |
| 商朝的衰亡与周朝的兴起 | 商周牧野决战 | 约公元前1046年 |

| 时间 | 事件 | 主线 |
| --- | --- | --- |
| 约公元前1046年 | 帝辛自杀，商朝灭亡 | 商朝的衰亡与周朝的兴起 |
| 约公元前1046年 | 西周建立 | 周朝的建立 |

下根本站不住脚。再加上周国联军的战车冲击，帝辛所设下的最后一道防线也失守了。

短短一天的时间，周国联军就取得了碾压般的胜利。帝辛眼看败局已定，返回到朝歌，登上了鹿台，穿着他最宝贵的玉衣，自焚而死。

周武王赶到鹿台时，帝辛已死去多时。武王用"轻吕"击刺帝辛的尸体，并将帝辛的头颅砍下，悬挂在旗杆之上示众。在朝歌，还俘虏了一百多名商朝的大臣贵族。这些贵族们被带回了周京，在武王祭祖的仪式上被杀死。自此，牧野之战以周国联军的胜利而告终。

据相关史书记载，周武王在牧野之战中大获全胜。战争中杀死的商军达十八万人之多，还有三十三万人沦为奴隶。联军还在朝歌等地进行了大肆掠夺，劫掠的金银珠宝不计其数，仅玉佩就达到了十八万块。此外，商人国土上的珍奇猛兽也被大量猎杀，如虎、熊、犀牛、鹿等动物总共被猎杀了一万余头。

**周武王封邦**

夺得天下的周武王马上就要面临另外一个问题，那就是如何稳定地治理自己广阔的领土。他采取了分封的制度，也就是把广阔的国土分成数小块，安排自己所信任的诸侯来管理，被派遣到封地上的各路诸侯对自己的地盘有很高的管理权。但这并不意味着诸侯们可以为所欲为，尽管地方远离中央政府的管理，但天子在法律上完全有权力罢黜任何一个不听指挥的诸侯。

当然，诸侯们得到如此巨大的恩惠也要付出一定的代价。除了要听从天子的调遣之外，还要按时朝见天子，交纳一定的贡品，并在战时跟随天子出征等。

| 主线 | 事件 | 时间 |
|---|---|---|
| 周朝的建立 | 周武王分封诸侯 | 约公元前1046年 |

**诸侯佩饰**

能够得到分封的诸侯主要有以下四种：一为上古圣贤的后代，如炎帝、黄帝、尧、舜、夏朝贵族、商朝贵族的后代等；二为周室的皇亲贵戚，如周文王和周武王的兄弟等；三为重要功臣，如吕尚、召公等；四为已存在的地方方国，武王以分封的形式予以承认，如蜀国、楚国等。

据《国语》所记载，周襄王曾说道："昔我先王之有天下也，规方千里以为甸服。其余以均分公、侯、伯、子、男，使各有宁宇。"为了适应周朝的分封制度，周朝帝王还将贵戚功臣们分成了公、侯、伯、子、男五个等级。

第一等级是公爵诸侯国，共八个，分别是：黄帝后裔

| 时间 | 事件 | 主线 |
|---|---|---|
| 约公元前1046年 | 周武王分封诸侯 | 周朝的建立 |

的蓟国、炎帝后裔的焦国、唐尧后裔的祝国、虞舜后裔的陈国、夏禹后裔的杞国、商汤后裔的宋国。此外还有两个，都是周武王的叔叔：一为虢仲的东虢国，一为虢叔的西虢国。

第二等级是侯爵诸侯国，有周武王同母兄弟鲁侯周公姬旦、蔡侯姬叔度、卫侯姬康叔、滕侯姬叔绣、管侯姬叔鲜。由于姜尚在灭商的过程中，贡献巨大，被封为齐侯，二儿子封为纪侯。之后，周成王还将自己的弟弟姬叔虞封为晋侯。

第三等级是伯爵诸侯国。有周武王的异母兄弟曹侯姬叔振铎、霍伯姬叔处、成伯姬叔武。还有同姓功臣燕伯姬君奭和魏伯姬毕公高。

第四、五等级为子爵和男爵诸侯国。这两等的爵位相对较低，主要为一些远系的姬姓贵族。如吴国的姬泰伯之后，还有一些偏远地区的方国，如楚国、许国、莒国、邾国等国。

由此，周朝的分封制就形成了。此种制度在当时的社会还是比较先进的，一度起到了十分积极的作用。一方面这种制度可以帮助周王稳定天下的局面，从而捍卫王室的统治。周武王通过一次性将全国土地分封给了几十个诸侯，让他们各自管辖自己的封地。既能减轻中央的工作压力，也能让这些诸侯相互监督。一旦哪个诸侯国有不轨行为，消息很快就能上报给周天子。甚至有的时候，还不等中央出兵，那些实力较强的诸侯就已经实施了制裁。另一方面，周天子通过分封的手段还能让自己的控制范围变大。那些诸侯国为了使自己的势力增强，往往会选择对外扩张，一些偏远的小国在被吞并之后，也自然成了周王朝的疆域。

随着时间的推移，诸侯国也逐渐崛起，进而威胁到周天子的统治，便是后话了。

### 成康之治

周武王死后，太子姬诵继承王位，史称周成王。当时，成王还十分年幼，只好请曾经在灭商时立下巨大功劳的武王之弟周公旦协助，代为管理朝政。周公无论在品德上还是工作能力上都十分优秀，他依据社会国情，制定了一套更加行之有效的管理制度。这套制度被后世的儒家学者所推崇，被称为"周公礼乐"或"周典"。

然而，武王的两个弟弟管叔、蔡叔却怀疑周公的权力过大，有可能篡夺王位，甚至开始诋毁周公，还与以武庚为首的殷商遗民私下联络，企图联手谋反。武庚本人觉得这是个不可多得的复国良机，于是他们便勾结在了一起，开始制订计划。随后徐、奄、薄姑和熊、盈等方国部落也被煽动起来一起发兵反周。

此时周公所处的内外时局都十分危险，他先向召公解释自己毫无篡位的意图，并请求召公发兵援助。随后周公果断带领军队向东平叛，经过三年苦战，周公终于杀死了叛军首

| 主线 | 事件 | 时间 |
| --- | --- | --- |
| 周朝的发展 | 周公辅政，管蔡叛乱 | 公元前1042年 |

| 时间 | 事件 | 主线 |
|---|---|---|
| 公元前1042—前996年 | 成康之治 | 周朝的发展 |

领武庚，罢黜了管、蔡两国，那些趁机作乱的方国也被攻破。大量谋反国家的贵族和遗民沦为俘虏，他们因十分顽固地反抗周朝，而被称为"殷顽"。

而殷商余孽并没有完全根除，仍有一些残余势力在伺机而动。为此，周公下令让诸侯们在伊洛地区修建一座新城，即东都洛邑。洛邑完工之后，迁入那些曾反抗周朝的"殷顽"们，并派兵进行把守和控制。与此同时，还册封投降周朝的殷商后裔微子启为宋国国君，回到昔日的商朝故都。

**周公鼎**

接着，把武王的弟弟康叔封到纣都旁边，成为卫国的开国之君。此外，还赏赐给他七个族的殷民。周公的儿子伯禽则被分封到了奄国旧地，并成立鲁国，将六个族的殷民赏赐给他。这样，殷商的遗民问题就被分化处理，天下局势重归太平。

随着东都的建成，周公开始还政于成王。由此，周朝也进入了巩固发展时期。成王和其子康王也是非常贤明的君主，他们效仿先祖文王和武王，勤于政事，生活简朴，大大缓解了社会各阶级的矛盾。按照周公制定的政策，将周朝治理得平稳有序。

在此期间，西周的疆域达到了空前广阔的程度，为了更高效地管理，成、康两王继续扩大分封制。由此，使西周王朝的统治在一定时期得到了增强，等级序列的礼制也得到了进一步强化。当时，各路诸侯均由成、康两王从中央直接调配和控制。康王在位时期，周朝还下令诸侯征讨淮夷、东夷，使得周朝加固了对异邦的控制。

成王和康王在位期间，周朝国力有很大发展，人民的生活水平也大大提高，经济在安定平稳的态势下得到发展，故被后人称作"成康之治"。

### 国人暴动

国人暴动，又被称作彘之乱。

这场暴动发生在公元前841年，发动暴乱的主体是生活在西周首都镐京的平民们。

谁给了平民这么大的胆子？原来，这些平民都是不堪忍受西周的暴政，才抱着"横竖都是一死"的心情奋起反抗的。

西周与之后的封建王朝不同，它获取贡赋的方法主要有两种：

1. 庶民助耕公田；
2. 诸侯采邑主朝觐贡献。

| 主线 | 事件 | 时间 |
| --- | --- | --- |
| 周朝的发展 | 周公还政 | 约公元前1036年 |
| | 国人暴动 | 公元前841年 |

| 时间 | 事件 | 主线 |
|---|---|---|
| 公元前879年 | 周厉王即位 | 周朝的发展 |

王位传到周夷王时,就已经有势力较大的诸侯不上朝了。同时,井田制也随着诸侯手里私田的不断开发而遭到破坏。无法生存的平民们只能靠山吃山,靠水吃水。

一些生存条件差的地区,已经有饥民不断滋生事端,给西周王朝的社会和经济带来巨大的打击。

自周康王之后,西周的社会矛盾就开始激化,等到了周穆王时期,贵族内部的分化现象日益严重,一些没落的贵族,社会地位还比不上稍微有钱的商贾。

由于心里不平衡,这些贵族宁愿偷摸蹭骗,也不屑于耕田从商。跟下层人士待久了,他们也成为"国人"的一部分。

西周时期,城池都由两部分组成。内部称作"城",外部称作"郭"。在城内生活的人,就相当于现代的"城里人",虽然生活贫困,但比城外的"郭里人"要强上一些。那些不允许进入城内生活的,又被称作"鄙人",甚至是"野人"。

周夷王死后,他的儿子姬胡继承了王位。这位姬胡,就是历史上有名的周厉王。

为了改善西周王朝的经济情况,周厉王下达了一项奇葩的命令:

"国人们不许靠山吃山,靠海吃海了。因为这些山川湖泊,都是属于寡人的!"

这下子,本来食不果腹的国人们,就变得更加苦不堪言了。由于不忍看怨声载道的国人们纷纷饿死,大臣召穆公冒死向周厉王进言，"大王，您再这样，老百姓就活不了了！"

可周厉王理解错了召穆公的意思，他没有收回自己的命令，反而又颁布了一条新令：

"不许国人们妄议寡人的朝政！敢对国令表示不满的，杀！"

在这种高压政策下，国人们既不能打猎谋生，又不敢妄议朝政，就算熟人在大街上碰见，双方也只敢通过眼神"打个招呼"，生怕多说一个字就掉了脑袋。

对于老百姓"道路以目"的情况，周厉王沾沾自喜地向召穆公炫耀道："你看看，寡人连国人们说话这样的事，都能管理得如此之好，这回看他们谁敢再议论朝政。"

召穆公十分痛心，又劝谏了周厉王几次，但周厉王却始终置若罔闻。

最终，周厉王的暴政彻底激怒了镐京的国人们。公元前841年，国人们集合起来，手里拿着各种农具、棍棒和渔猎武器，扬言要进宫杀掉周厉王。闻听国人暴动，周厉王慌忙叫人调兵遣将。可他的命令，连大臣都不愿意服从。

一名臣子幽幽地说："我周朝的兵将就是这些国人，现在连国人都要造反，我们还能征调谁呢？"眼见调兵无望，周厉王只好带领亲信，仓皇逃离镐京。养尊处优惯了的周厉王哪能忍受逃亡之苦？公元前828年，周厉王最终病死在了彘地。

后来，召穆公被贵族们推举出来，在太子静即位之前暂

| 主线 | 事件 | 时间 |
|---|---|---|
| 周朝的发展 | 国人攻入宫城 | 公元前841年 |
| | 周厉王死于彘 | 公元前828年 |

| 时间 | 事件 | 主线 |
|---|---|---|
| 公元前828年 | 共和行政 | 周朝的发展 |
| 公元前771年 | 幽王亡国 | |

理政务。一些重要的国事,则由六位德高望重的大臣共同商议,史称"共和行政"。

愤怒的国人杀进王宫,却四处搜寻周厉王而不得,于是转去太子住所,扬言要杀掉太子静以泄愤怒。召穆公事先得到消息,将太子静藏进自己家中。

世上哪有不透风的墙,愤怒的国人们得知召穆公将太子藏起来后,便围住了召穆公的宅邸,要求他交出太子静。召穆公劝解无果,便用自己的儿子代替了太子,交给国人们杀掉,这才让国人们的愤怒稍稍平息,这场国人暴乱告一段落。

### 平王东迁

到了西周末年,周朝王室内部出现各种矛盾。自周幽王即位以来,幽王因宠溺爱妃褒姒,多次无故点燃烽火,只为博得美人一笑。那些千里迢迢赶来的诸侯,看到都城毫无险情,对幽王的所作所为十分不满。但幽王仍不加收敛,先前所立的合法太子被废,取而代之的是褒姒之子伯服。不久,正式王后也被幽王废掉,立褒姒为后。申后的

**镐京遗址出土文物**

失势与褒姒的得势引起了姜、姒两大家族的激烈争斗。

外敌也开始频繁入侵镐京。公元前771年，申后与犬戎取得联盟，共同讨伐幽王。尽管诸侯得到了谋反的消息，但因怀疑有假，谁也不来救驾。最后幽王逃到了骊山，被当地的少数民族杀死。周朝宫室被戎人洗劫一空。

幽王被杀后，诸侯拥立太子宜臼继承王位，即周平王，平王眼见繁华的镐京（今西安）已成废墟，加之离劲敌犬戎又近，便于公元前770年，在诸侯的护卫下，把国都迁到洛邑（今洛阳）。因为洛邑在镐京东面，历史上称为东周。他不顾守旧大臣的反对，还是毅然将都城迁到了洛邑。

平王东迁之后，东周王室越发衰微。由天子所直接管辖的"王畿"在戎狄人的不断侵蚀之下，面积越来越小。最后只剩下了覆盖洛邑一带的方圆两百公里的区域。与此同时，天子此前号令诸侯的权力和直接管辖军队的力量也逐渐丧失。到周桓王十二年，即公元前708年，周桓王带兵讨伐不服管教的郑国。郑国的国君郑庄公不但毫无恭敬之意，反而直接领兵反抗，最后还打败了王师。周桓王的肩膀在战争中被箭射中。自此，周王失去了控制各地诸侯的力量，八百诸侯朝于天子的盛况已经成为过去的回忆。我国的历史进入到一个大分裂时期。

**平王东迁洛河边**

| 主线 | 事件 | 时间 |
|---|---|---|
| 周朝的发展 | 平王迁都洛邑 | 公元前770年 |

| 时间 | 事件 | 主线 |
| --- | --- | --- |

附录：第二章主要参考文献

[1]吕思勉. 中国史[M]. 北京：中国社会科学出版社，2008.

[2]顾颉刚. 国史讲话：上古[M]. 上海：上海人民出版社，2015.

[3]顾颉刚. 顾颉刚古史论文集[M]. 北京：中华书局，2018.

[4]吴彬华. 夏商周史事考证与断代[M]. 武汉：华中科技大学出版社，2015.

[5]郭静云. 夏商周：从神话到史实[M]. 上海：上海古籍出版社，2013.

[6]李凯. 出土文献与商周文明初探[M]. 北京：北京联合出版公司，2018.

[7]人民教育出版社课程教材研究所历史课程教材研究开发中心. 普通高中课程标准历史读本：中国古代史[M]. 北京：人民教育出版社，2017.

[8]司马迁. 史记[M]. 北京：中华书局，2011.

# 第三章

# 春秋战国：中原的征战与兼并

春秋战国时期是中国历史文化最为活跃的一个时代，同时也是中国历史的一个大分裂时期。周平王东迁之后，王室权力衰退，天下诸侯并起。各国之间的兼并和争霸战争成了历史的主流，战争引起了社会动荡，同时也带来了区域的统一。

- 诸侯国兴起
- 管仲助齐桓公称霸
- 召陵之盟、葵丘之会
- 秦穆公奠定秦国霸业
- 晋文公称霸诸侯
- 楚庄王问鼎中原
- 勾践卧薪尝胆，范蠡功成身退
- 孔子与儒家学派
- 百家争鸣
- 李悝改革
- 三家分晋
- 田氏代齐
- 商鞅变法
- 赵武灵王胡服骑射
- 田单大败燕国
- 完璧归赵
- 赵奢大破秦军
- 吕不韦的奇货可居

| 时间 | 事件 | 主线 |
|---|---|---|
| 公元前770年 | 平王东迁 | 春秋争霸 |

## 诸侯国兴起

历史上,东周前期又被称为春秋时期,即公元前770年至公元前476年。这一时期划分的标志事件为平王东迁和"三家分晋"。公元前770年,平王东迁后,周王室已经到了十分衰弱的时期,其统治范围逐渐缩小。各个诸侯割据一方,不再朝见周王。当时全国大大小小的诸侯共一百四十多个,其中比较大的有晋国、宋国、陈国、郑国、卫国、鲁国、楚国、秦国、吴国、燕国、齐国等。

**春秋诸侯战车**

我们对其中几个影响力较大的诸侯国进行介绍。

晋国是诸侯国中领土范围比较广阔的一个。晋国的开国之君晋献公于绛(今山西翼城县)建都。周边的一些北方小诸侯国相继被强大的晋国所灭,如霍、耿、魏、虞、虢等。自此晋国就统一了汾河流域。

周公平叛武庚之乱后,将另一位纣王的庶兄——微子启分封到了商丘,微子启于此建立了宋国。此后,宋国的国力逐渐强大,宋襄公还成了春秋五霸之一。

齐国的祖先是立下卓越功勋的谋臣姜尚。周王为了奖励他，不仅封他为齐侯，还赐予了他一项特权，即可以讨伐有罪的诸侯，类似于诸侯中的安全执法者。齐国正是凭借这一特权，在西周时期就发展成了一个东方大国。此外，著名的政治家齐桓公也对国内经济政治等方面进行了改革，使得齐国成了春秋时期最为强大的诸侯国之一。

郑国最先建都在郑邑（今陕西渭南华州），后又迁都于新郑。通过国内经济的发展和对外的掠夺攻伐，使得强大的齐国在郑国面前也不敢造次。在郑国鼎盛时期，齐国还曾跟随郑国讨伐宋国。

郑庄公时期，郑国的国力达到了顶峰，当时郑庄公肃清了国内的反叛势力，并向外扩张，击败了宋国。连前来讨伐的周天子桓王也肩膀中箭，吃了败仗。可见郑国在春秋初期的国力不容小觑。

楚国的先祖是帝颛顼高阳氏。高阳氏是黄帝的孙子，昌意的儿子。其后代在成王时期被封为楚子，即楚地的子爵。居于楚地丹阳（今湖北宜昌）。公元前757年至公元前741年，楚国的势力逐渐强大起来，到周桓王十六年（公元前704年），楚国的君主熊通自号为武王，统治方圆数千里的广阔区域。楚国经常征战中原诸侯，先后吞并了数十个相对弱小的诸侯国，成了春秋前期十分强大的南方诸侯国。

秦国的祖先是一个叫非子的人，他善于养马，为王室培育出大量的良马，周孝王因此把秦地赐给了非子。到了周平王元年，秦襄公因护送平王东迁有功，而被封为诸侯。秦国

| 主线 | 事件 | 时间 |
| --- | --- | --- |
| 春秋争霸 | 平王东迁 | 公元前770年 |

| 时间 | 事件 | 主线 |
|---|---|---|
| 公元前685年 | 齐桓公即位 | 春秋争霸 |
| 公元前685年 | 管仲相齐 | |

获取了那些被戎狄所占领的原周朝领地。

尽管秦人能征善战,但在春秋时期,秦国还属于一个比较弱小的国家,因它地处偏僻的西北,很少受到中原强国们的重视。直到商鞅变法,秦国的国力由弱变强,但这是后话了。

### 管仲助齐桓公称霸

公元前686年,公孙无知杀害齐襄公并自立为君。次年公孙无知又被雍林人所杀,一时间齐国朝中无君,十分混乱。公子小白在与其兄公子纠的王位争夺战中胜出,他就是后世著名的齐桓公。

齐桓公即位之后,重用了谋臣管仲。在管仲的辅佐下,齐桓公对国内的经济、政治等方面进行了一番改革,使齐国的经济和军事实力得到飞速发展。

**管仲**

他先是与邻国搞好关系,把此前侵占的棠、潜两邑归还鲁国,从而让鲁国成为齐国南边的屏障。为了让卫国成为西边的屏障，还把此前侵占的台、原、姑、漆里四邑还给卫国。之后，还把侵占的柴夫、吠狗两邑归还给燕国，让燕国成为北部的屏障。

公元前679年，齐桓公首次召开宋、陈、蔡、邾四国的会盟，成为历史上第一个成为盟主的诸侯。之后，宋国因未赴盟约而遭到齐桓公的讨伐。齐桓公打着周天子的旗号，带着各国诸侯攻打宋国。宋国难敌，只好被迫求和。之后齐桓公把谭、遂、鄣等小国相继灭掉，扩张了齐国的领土。

公元前663年，山戎攻打燕国。燕国向齐国求救。齐桓公率兵打败了山戎。燕庄公为了感谢齐国，一直把齐桓公送到了齐国境内。桓公说："只有诸侯送天子才能出境，我非天子，这样做对燕国是十分无礼的。"于是，齐桓公把燕庄公所到的齐境割让给了燕国，并再三叮嘱燕庄公，要像对待成王和康王那样按时向天子纳贡。此事在诸侯中传开后，诸侯们更加拥护齐桓公了，这就是著名的"尊王攘夷"。

公元前659年，桓公的妹妹哀姜与鲁公子庆父淫乱，后庆父杀死了鲁闵公，并得到了哀姜支持，企图篡位。桓公并未顾及兄妹之情，反而将哀姜召回并杀死。

好大喜功的桓公还想到泰山封禅，只因为管仲多番劝阻，桓公才停止了封禅的计划。

| 主线 | 事件 | 时间 |
|---|---|---|
| 春秋争霸 | 齐桓公救援燕国，尊王攘夷 | 公元前663年 |

| 时间 | 事件 | 主线 |
|---|---|---|
| 公元前656年 | 齐桓公伐蔡 | 春秋争霸 |

## 召陵之盟、葵丘之会

齐桓公是春秋五霸之一，他多次召集诸侯集会，作为实际上的霸主，周天子派出使臣并予以封赏，但桓公不以为然，甚至不想下拜受赐。尽管桓公十分傲慢，但此时只有齐、晋、楚、秦四国强大。而晋国忙于内乱，秦国地处偏远，楚国以蛮夷自居，齐桓公就成了中原地区的真正霸主。

在齐桓公称霸中原的过程中，发生过几次重要的会盟，正是这几次会盟奠定了齐桓公的霸主地位。其中比较重要的两次会盟分别是召陵之盟和葵丘之会。

齐桓公

公元前657年，齐桓公与夫人蔡姬乘船出游，蔡姬仗着桓公宠爱，不停摇晃船身。桓公多次劝告，蔡姬依然任性地不停手。回到岸上后，桓公大怒，直接将蔡姬送回了蔡国。

蔡国国君见自己的女儿被送了回来，二话不说又将女儿嫁了出去。这下子更加惹怒了齐桓公，齐桓公迅速召集大臣，打算进攻蔡国。公元前656年，齐桓公召集鲁、宋、陈、卫等八国组成联军，向蔡国发起了进攻。

《左传》中记载："三年春，不雨。夏六月，雨。自十月不雨至于五月。不曰旱，不为灾也。秋，会于阳谷，谋伐楚也。齐侯为阳谷之会，来寻盟。冬，公子友如齐莅盟。楚人伐郑，郑伯欲成。孔叔不可，曰：'齐方勤我。弃德不祥。'齐侯与蔡姬乘舟于囿，荡公。公惧，变色；禁之，不可。公怒，归之，未之绝也。蔡人嫁之。"

从这段记载中可以看出，齐桓公将蔡姬送回蔡国，与楚国伐郑、蔡国附楚有一定的关系。为了找到足够的理由进攻蔡国，甚至是进攻楚国，齐桓公很有可能是故意将蔡姬遣送回国。当然即使没有这一段故事，齐桓公也会对楚国及其附属邦国发起进攻，这是其称霸中原必须要做的事情。

蔡国毕竟实力弱小，齐桓公率领联军轻松击败了蔡国，并将战线推进到了楚国边境。接下来需要做的，就是找到一个合适的理由去进攻楚国。这一次齐桓公找到的理由是楚国没有向周天子进贡包茅，以及周昭王南巡未返。

当时的楚国正在进攻郑国，而且从实力上来看，与以齐国为首的联军交战，也并没什么胜算。因此，楚成王便派使者屈完去迎接齐桓公，并与齐国讲和。经过一番"论战"之后，齐桓公放弃了进攻楚国的打算，并与楚国在召陵订立了一纸盟约。

召陵之盟可以看作是齐桓公"尊王"的又一次胜利，在这次会盟之后，齐桓公进一步巩固了自己的霸主地位。当然，对于楚国来说，臣服于齐国并不意味着失败。此次与齐国定盟后，楚国正式融入中原诸国之中，甩掉了"蛮夷"的

| 主线 | 事件 | 时间 |
|---|---|---|
| 春秋争霸 | 齐桓公伐蔡 | 公元前656年 |
| | 召陵之盟 | 公元前656年 |

| 时间 | 事件 | 主线 |
|---|---|---|
| 公元前651年 | 葵丘会盟 | 春秋争霸 |
| 公元前659年 | 秦穆公即位 | |

称谓,为楚国称霸中原打下了坚实的基础。

在齐桓公召集的多次诸侯会盟中,葵丘会盟是最为盛大的一次。这次会盟不仅有宋、卫、郑、许等诸侯国的国君参与,周襄王也派代表参加,同时还给齐桓公送去了祭肉以及珍贵的车子和弓箭。

在此次会盟中,齐桓公的霸权达到了巅峰,通过此次会盟,齐桓公正式成为中原地区的首位霸主。春秋争霸的第一轮较量也宣告结束,自此之后,春秋五霸们开始了"你方唱罢我登场"的巅峰对决。

**秦穆公奠定秦国霸业**

春秋时期,地处西北的秦国远离中原地区,文化上相对落后,往往不被诸侯国所看重。但在周平王册封秦襄公为诸侯之后,承诺道:"如果秦能打败戎、狄等部落,那么所打下的地盘就归秦国所有。"

公元前659年,秦穆公即位,成为秦国的第九任君主。穆公是个胸怀大志的人,他即位

**秦穆公**

之后广任贤能之臣，而且不计出身的高低贵贱（这在当时是十分难能可贵的），任用了百里奚、蹇叔、由余等名臣，使得秦国的国力有了很大发展。

秦穆公还是一个心胸宽广、体恤民情的人。有一年，秦国遭受饥荒，晋惠公趁机偷袭。战斗中，穆公带领的大军遭到围困，情况一度十分危急。正在紧急关头，突然有三百名勇士冲进晋军阵营，一通拼杀之后，大败晋军，救出穆公。穆公为此也感到十分惊讶，实在不知这些陌生的勇士为何营救，便找来了勇士询问原因。

原来，几年前穆公曾丢失了一匹良马，被三百名土著人所分食。得知此事的穆公不但没有责怪，反而把粮食和美酒赐给了他们。这些土著居民十分感激穆公，希望有朝一日能报答恩人，这天听说了穆公遭人围困，便奋勇相救。

随着秦国的国力逐渐强盛起来，穆公挥师东进的想法日益强烈。终于，一代霸主晋文公去世了，秦穆公意识到良机到了，便派军攻打晋国。尽管蹇叔和百里奚等人强烈反对，但穆公还是坚持出击，结果被晋军围困到崤山，全军覆灭。

经历过沉重的失败之后，穆公深刻地反省了自己，并向将士们昭告，称："当初没听蹇叔、百里奚的话，犯下了大错。以后，我定当尊重他们的意见，绝不重蹈覆辙。"后来，穆公发愤图强，终于打败了晋国，一雪前耻。

穆公并未因此而满足，他继续出兵灭亡了西方十二个国家，使国土增加了上千里。穆公因此被尊为霸主，周王室也

| 主线 | 事件 | 时间 |
| --- | --- | --- |
| 春秋争霸 | 秦穆公即位 | 公元前659年 |
| | 秦军称霸西戎 | 公元前624年 |

| 时间 | 事件 | 主线 |
|---|---|---|
| 公元前636年 | 晋文公即位 | 春秋争霸 |

派使臣祝贺。

穆公为日后秦统一中国奠定了基石,秦始皇也正是站在了前人的"肩膀"上,得以统一六国。

### 晋文公称霸诸侯

晋文公是春秋五霸中的第二位霸主,他与齐桓公并称为"齐桓晋文"。

公元前656年,骊姬得宠并预谋将自己的儿子奚齐立为太子,为此便陷害了当时的太子申生,导致申生最终上吊自尽。

骊姬又诬陷晋献公另外两个儿子重耳和夷吾。为了保命,两位皇子分别逃到了蒲城和屈城。晋献公因两位公子的不辞而别而感到愤怒,对他们展开了讨伐和追杀。重耳由此开始了流亡生涯。

数年间,重耳十分艰难地在各国中逃亡辗转。后来,重耳到了齐国并接受了齐桓公的慷慨赏赐,过起了十分安逸的生活。重耳的舅舅狐偃也是忠心追随者,劝说重耳不要贪图安逸而忘记自己的鸿鹄之志。但重耳充耳不闻,照旧享乐。一天,狐偃等人把重耳灌醉,带上了马车,离开了齐国。待重耳醒来时,他们已经走了很长的路程,尽管十分气愤,但重耳也没有办法只好继续前行。

流亡的公子重耳在各个诸侯国都没有受到重视,一路上十分穷困。与此同时,晋国子圉正在秦国做人质。他听说在位的晋惠公病重便不辞而别,因此惹怒了秦穆公,于是穆公便邀请在外流亡的重耳到秦国来。重耳到达秦国之后,秦穆公十分慷慨地赏赐了重耳,还把此前子圉的妻子嫁给了他。

**春秋时代的兵器(出土原件)**

晋惠公死后,子圉即位,是为晋怀公。晋国很多的大夫对晋怀公感到不满,因此暗中请求重耳回晋国,并愿意充当内应。秦国也十分愿意帮助重耳回国,便率大军护送重耳到了晋国。在秦国和晋国内应的帮助下,重耳成功登上王位,是为晋文公。随后,逃到高粱的晋怀公被重耳派出的杀手杀死,其他反对势力也被重耳一一肃清。

晋文公即位后,周襄王的弟弟王子带盗嫂事发,与周襄王发生战斗。周襄王部队不敌,只好求助于诸侯。晋文公闻讯,派晋军包围了王子带,后将其杀死,然后护送周襄王回到周都洛邑。周襄王十分感激,把河内、阳樊两地赐给了

| 主线 | 事件 | 时间 |
|---|---|---|
| 春秋争霸 | 晋文公即位 | 公元前636年 |

| 时间 | 事件 | 主线 |
|---|---|---|
| 公元前632年 | 城濮之战 | 春秋争霸 |

晋国。

公元前632年，实力强大的晋国和楚国都想要争夺在中原地区的霸主地位。一场著名的城濮之战爆发了。当时晋文公率兵从棘津渡河，企图通过攻打依附于楚国的曹国和卫国来吸引楚国的注意，进而把被围困的宋国解救出来。一番征战，晋文公大军很快就占领了卫国和曹国的都城，俘虏了曹国国君。然而楚国却对此无动于衷，依旧伐宋。宋国向晋文公派出使者，请求支援。在晋文公十分危难之际，先轸提出建议，可以利用齐、秦"喜赂怒顽"的心理，让齐、秦、楚之间产生矛盾。

晋文公听从了先轸的建议。一方面让宋国送厚礼给齐、秦两国，让他们帮助劝楚国撤兵；另一方面，把曹、卫两国的土地分给宋国一部分，以表示自己的忠诚。在齐、秦两国的劝说下，楚国并未同意撤兵，继续攻宋。遭到拒绝的齐、秦两国感到十分愤怒，便决定出兵协助晋国，结果形成了三大强国联合对付楚国的局面。

楚成王见局势不利，便要求带军的子玉将军撤兵。但子玉是个狂妄自大的人，他坚信自己能击败晋国，

**践土之盟**

于是未同意楚王的要求。楚成王为人优柔寡断,在子玉的建议下,一方面同意出兵,另一方面又只派出少量兵力增援。晋军利用楚军两翼薄弱的特点,采取左右夹击的策略。结果证明,这个战略十分有效,被围困的楚国大军慌了手脚,纷纷落荒而逃。

楚国大败,子玉带着残兵败将回到楚国后,自杀身亡了。

## 楚庄王问鼎中原

楚国在楚武王、楚文王时期获得快速发展,在楚成王掌权时期,楚国的实力已经非常强盛。但想要进军中原地区,楚国必须要解决晋国才行。

在楚成王时期,晋楚之间的城濮之战让楚国损兵折将。但这场败仗却并没有伤及楚国国本,反过来,还让楚国冷静下来,重新积聚力量。

在秦晋崤之战中,楚国虽然未直接参加战争,却成了此战最大的受益者。一方面,秦晋从关系亲密转为世仇,晋国不得不主动联合楚国制衡秦国;另一方面,晋国为了保住自己的霸主地位,不得不从西、南两面提防秦、楚两国,兵力大大分散。这些都为后来楚国入主中原提供了机会。

公元前613年,楚庄王即位。在主政的前两年,楚庄王表面上不问政事,沉溺于声色犬马,实际上却采取了以静制动的方式观察楚国形势。

| 主线 | 事件 | 时间 |
| --- | --- | --- |
| 春秋争霸 | 城濮之战 | 公元前632年 |
| | 秦晋崤之战 | 公元前627年 |

| 时间 | 事件 | 主线 |
|---|---|---|
| 公元前606年 | 楚庄王问鼎 | |

在其即位的第三个年头,楚庄王开始大力整顿吏治,清理了一批奸臣小人,重用了伍举、苏从等人。同时,他还重用孙叔敖为令尹(楚国在春秋战国时代的最高官衔),总揽楚国军政大权。

经过一番整顿,楚国的军政、经济实力大为提升。在公元前606年,楚庄王北伐,陈兵于周郊。周定王派使者王孙满慰劳楚军,楚庄王便向王孙满询问"周天子的鼎有多大多重",王孙满自然知道楚庄王的想法,一番唇枪舌剑之后,说退了楚庄王。

《左传》对此记载道:"楚子伐陆浑之戎,遂至于雒,观兵于周疆。定王使王孙满劳楚子。楚子问鼎之大小轻重焉。对曰:'在德不在鼎。昔夏之方有德也,远方图物,贡金九牧,铸鼎象物,百物而为之备,使民知神奸。故民入川泽山林,不逢不若。螭魅罔两,莫能逢之。用能协于上下,以承天休。桀有昏德,鼎迁于商,载祀六百。商纣暴虐,鼎迁于周。德之休明,虽小,重也。其奸回昏乱,虽大,轻也。天祚明德,有所厎止。成王定鼎于郏鄏,卜世三十,卜年七百,天所命也。周德虽衰,天命未改。鼎之轻重,未可问也。'"

从问鼎这件事便可看出楚庄王称霸中原的愿望。在之后的一系列征战中,楚庄王逐渐实现了这个愿望。

在成功攻下郑国之后,晋楚两国再次交锋。在战争开始之前,楚庄王本打算撤兵回国,但在伍参的建议下,楚庄王决定与晋展开决战。

公元前597年与晋战于邲（今河南荥阳东北），大获全胜，饮马黄河，威震华夏。公元前594年冬，楚、鲁、蔡、许、秦、宋、陈、卫、郑、齐、曹、邾、薛、鄫等十四国在蜀（今山东泰安西）集会结盟，正式推举楚国主盟，楚庄王遂成为春秋五霸之一。

### 勾践卧薪尝胆，范蠡功成身退

越国封地位于欧余山之南（阳）面，定都于今天的浙江绍兴一带。勾践是春秋时期越国的一位十分著名的君主。他大约出生在公元前520年。姒姓，本名鸠浅，由于当时华夏文字不同音，而被译成了勾践。公元前496年，勾践即位，共在位三十二年。

勾践的父亲允常在位时，时常不肯帮助吴国攻打楚国，还支持当时吴王阖闾的弟弟夫概自立，因此使得吴越两国结下了很深的仇恨。允常死后，阖闾迎来了进攻越国的良机，趁越国行丧之时，兴兵讨伐越国。在后来的檇李之战中，越国军队用弓箭将吴王射死，使两国矛盾更加激化，进而到了你死我活的地步。阖闾死后，其子夫差即位。为了

**越王勾践卧薪尝胆**

| 主线 | 事件 | 时间 |
| --- | --- | --- |
| 春秋争霸 | 楚晋邲之战 | 公元前597年 |
|  | 檇李之战 | 公元前496年 |

| 时间 | 事件 | 主线 |
|---|---|---|
| 公元前494年 | 夫椒之战 | 春秋争霸 |

报越国的杀父之仇，夫差在公元前494年发动了夫椒之战。在这场战争中越国大败，越王勾践也被困在了会稽山。

越国的两位大臣文种、范蠡向勾践进谏，希望勾践能以求和的方式为将来的复兴赢取时间。文种通过吴国大臣伯嚭的关系，让吴王接受了越国的求和。但让越国感到耻辱的是，勾践夫妇也被迫进入吴国成为奴仆。勾践的工作主要是在吴先王阖闾的墓旁喂马。在此期间，勾践十分小心地侍奉吴王，可谓百依百顺，尽管整日在忍饥受冻中度过，依然毫无怨言。就这样，通过整整三年的考察，吴王终于相信勾践已经彻底臣服于自己，便放他回国。

勾践回国之后，把都城迁到了会稽，并进行了一系列整改，以求能用最快的速度复兴越国。在用人方面，勾践礼贤下士，重用范蠡和文种等贤能之臣。在对待百姓方面，他体恤人民疾苦，做到敬老恤贫。当然，他也没有忘记吴国所带给他的屈辱，发誓有朝一日报仇雪恨。回到越国的勾践本可以过上安逸的生活，但他并没有这样做。反而为了不让舒适的生活消磨自己的意志，他把之前的锦绣铺盖以柴草代替，每次吃饭之前，都要用舌头尝一尝悬挂在床头的苦胆。卧薪尝胆的典故正是由此得来。

在勾践的努力之下，越国的生产力有了很大发展，人口数量也与日俱增。此外，越国所实行的减缓刑罚、轻徭薄赋等制度，使勾践赢得了军民们的爱戴。为了继续麻痹吴王，勾践还派国民入山采葛，编织成黄丝细布，作为贡品进献给吴王。吴王因此并未察觉勾践的勃勃雄心，反而增加了越国的封地。

近十年岁月过去之后，越国国力已经今非昔比，而吴国却走向衰落。公元前482年，勾践认为报仇的时机到了，便发动了对吴国的战争。这次战争最终以越国的大胜而告终。

公元前475年，越国围困姑苏城，两年之后终于攻破姑苏城。夫差无奈，只好逃到了姑苏山躲避，后投降于越国。但勾践深知接受投降后的隐患，便拒绝了吴王的求和，迫使夫差含恨自杀。越国进而吞并了吴国，成为称霸一时的大国。勾践率领着越国大军，北渡淮河，在徐州会合齐、晋等诸侯，派人向周天子送去贡礼，实现了自己的霸业。

自从范蠡帮助勾践实现复国之后，便有了退隐江湖的打算。范蠡与勾践朝夕相伴十余载，深知勾践的为人和想法。尽管勾践大设酒席犒劳群臣，但宴席全程，范蠡留意到勾践面无喜色。因而范蠡推断，勾践是个只可共患难而不能同富贵的人，如果不早点离开，一定会引来杀身之祸。

范蠡离开前，还曾劝说了一同为越国立下汗马功劳的文种："如今天下已定，你我的任务已经完成。'走狗烹，良弓藏'的道理难道你还不懂？"文种却答道："你我为了越国的复兴，苦心经营了这么多年，正到了享福的时候，怎么要走呢？"于是，文种没有听从范蠡的意见，留了下来。

果不其然，范蠡走后没多久，就有人向勾践进谗言，称文种有谋反之意。借此良机，勾践把一把宝剑赐给了文种要

| 主线 | 事件 | 时间 |
| --- | --- | --- |
| 春秋争霸 | 围困姑苏 | 公元前475年 |

| 时间 | 事件 | 主线 |
|---|---|---|
| 公元前473年 | 吴国灭亡 | 春秋争霸 |

**陶朱公范蠡**

其自尽。文种后悔当初没听从范蠡的意见，早些离开这是非之地。文种死前叹道："我为越国苦心经营了这么多年，如今却成了阶下囚。后世忠臣良将请以我为戒，不要落得如此下场！"说罢，持剑自刎而死。

反观有先见之明的范蠡，此时已经来到了齐国，通过在这里经商置业，成了一位大富豪。齐侯听闻有如此贤能之人，便想拜他为相。但范蠡并未接受，反而散尽家财，悄悄离开了齐地。来到中原地区的范蠡开始经商，进而积累了庞大家产。

## 孔子与儒家学派

儒家学派的创始人孔子是春秋鲁国人。他于公元前551年出生在一个没落的鲁国贵族家庭。因为家庭并不富裕,孔子十五岁才开始立志于学术。孔子是一个非常好学的人,每当遇到比他有学问、更优秀的人,他都虚心请教。经过数十载孜孜不倦地学习,孔子成了一个精通礼、乐、射、御、书、数的大学者。

孔子像

孔子早年因为贫寒而做过很多粗活重活。孔子在这所民间大学里,勤奋工作、学习,成了一个道德高尚、博学多艺的人。到了三十岁前后,孔子小有名气,一些求学者主动拜在他的门下。随着学生越来越多,孔子索性办起了私塾,这样孔子的弟子越发多了起来。他对自己的学生采取"有教无类"的方式,无论是官宦、贵族还是平民百姓,只要他们有心求教,孔子都愿意教导、启发。

孔子一生培养了众多弟子,相传总数为三千人,其中有七十二人最为贤能。孔子在教育学生的过程中,着重培养弟子们的学习能力,希望他们能做到"举一反三"和"触类旁通"。品德方面,孔子多次赞赏了弟子颜回。颜回不但品德

| 主线 | 事件 | 时间 |
|---|---|---|
| 春秋争霸 | 孔子出生 | 公元前551年 |

| 时间 | 事件 | 主线 |
|---|---|---|
| 公元前496—前479年 | 孔子周游列国 | 春秋争霸 |

高尚,而且还安贫乐道,居住在简陋的小巷子中,忍受着常人所不能忍的忧患,却始终自得其乐。

后来,孔子还曾出仕做官,成为鲁国的中都宰和司寇。为了提升鲁国的国力和人民的生活质量,孔子多次向在位的鲁定公提出了建议。但鲁定公对此毫不在意,依旧吃喝玩乐、不管政事,后来甚至还躲避孔子。孔子感到十分失望,认为自己的思想和治国之策在鲁国得不到施展,便带着弟子们离开鲁国,四处奔走。一路上,他们到过齐、卫、陈、蔡、楚、宋等国,向各国的君主宣传自己的主张和思想。但游说的过程十分艰辛,一次楚国君主想请教孔子,派人向正在陈、蔡一带的孔子发出邀请。而陈、蔡的大夫害怕孔子到楚国之后,对本国不利,便出兵半路拦截了孔子。围困中,孔子和弟子们没有了粮食,连续几天都没有饭吃。幸好楚国派出了援军,否则孔子很可能被围困饿死。

孔子晚年回到了鲁国,一边讲学一边与弟子们整理《诗》《书》等文献。公元前479年,孔子于家乡病逝,享年七十三岁。他的言论被弟子们整理成了《论语》,其承载着孔子哲学和为人处世的思想。《论语》是后世儒家文化的重要典籍,并且对后世中国人的文化思想有着极大的影响。

**百家争鸣**

前面已经提到,周王朝的局势是内忧外患、礼崩乐坏,随着各个诸侯国纷纷称霸，周王朝的影响也越来越小。为了在周王朝没落之际分一杯羹，诸侯王们纷纷发动战争。可就在这乱世中，中国迎来了百家争鸣的时代。

公元前770年—前221年，中国处在春秋战国时期。在这个时期，实力较大的诸侯王，已经为接下来的战争做好了充分的军事准备，但政治方面，他们却还没有积累好能量。

对于迫切需要解决政治问题的诸侯王来说，一场能提升国力的变革是必不可少的。

基于时代的需要，一些知识分子看到了其中的机遇。于是，各家学派如雨后春笋般涌现，各家流派间，也呈现出百花齐放、百家争鸣的态势。

在那个礼崩乐坏的时代，已经没人在乎只有贵族才有资格学习的讲究了。得益于此，学术开始下移，很多平民子弟都能接触到诗书礼乐，大部分人也牢牢抓住了这个机会。

随着受教育人数的增多，每个人都有了自己的感触和看法，对同一件事，不同的人也开始有不同的态度。即便是信奉儒学的人，也开始将自己的观点和见解加入原有的儒学中，令其逐渐去粗取精，不断发展。

学风盛行，学术学派增多就成了不可避免的事情。在这一时期，儒家、道家、法家、墨家、阴阳家、纵横家、杂家、农家……诸多学派登上了历史舞台，也展开了各自的表演。

为了赢得诸侯王的青睐，也为了将自己所在学派发扬光

| 主线 | 事件 | 时间 |
| --- | --- | --- |
| 春秋争霸 | 孟子诞生 | 公元前372年 |
| | 屈原作《离骚》 | 公元前299年 |

| 时间 | 事件 | 主线 |
|---|---|---|
| 公元前770—前221年 | 百家争鸣 | 诸侯争霸 |

大，不少知识分子都带着"毛遂自荐"的态度，对诸侯王应"如何治国"进行谏言。

周天子式微，每个诸侯国的君主都渴望在乱世中站稳脚跟。可没有治国的良方，怎么办呢？这些"毛遂自荐"的知识分子正好给他们带去了选择。为了保存实力，为了更好地发展，诸侯王们用礼贤下士的态度，来寻求最好的治国之道。

此时，社会风气从最初的穷兵黩武，逐渐演变成注重文化与教育。中国历史上的第一次思想改革运动，也大张旗鼓地拉开了序幕。为了让诸侯王尊奉自己学派的思想为治国理念，知识分子们纷纷周游列国，开启了寻找伯乐之旅。

在百家争鸣时期，我们熟悉的成功案例有"商鞅变法""管仲治国"等。由于治国的文化需求上来了，秦国和齐国逐渐成为综合实力强大的国家。

看到别人的成功，一些学派更加坐不住了。于是，他们一边抨击其他学派的思想，一边积极汲取对方的优质学说。

我们都知道，百家争鸣结束的标志，是汉武帝的"罢黜百家，独尊儒术"，但很少有人知道百家争鸣开始的标志。

根据学者们的讨论，目前学术界普遍将"儒墨之争"看作百家争鸣开始的标志。前面也提到了，各个学派彼此都是看不顺眼的，其中以儒家和墨家为最。《汉书》的作者班固就列出了一段当时百家互斥的场景。

墨子有一本名为《非儒》的书，其义就是公开斥责儒家思想迂腐。而孟子在自己的著作中，不但将墨子嘲讽了一通，还将兵家、神农学排斥了个遍。

虽然各个学派互相排斥，但这也正好证明了当时的思想开放，文化繁荣。这些学派的思想与学说都不同程度地流传下来，给后世带来了一定影响，也成为我国传统文化的一部分。

自春秋战国之后的很长一段时间里，都没有一场大规模的思想变革，能与百家争鸣并论了。

## 李悝改革

公元前445年，魏文侯即位魏国君主。相比于其他诸侯国，魏国的国土面积狭小。同时，各个诸侯也都在致力于开疆拓土，如果不奋发努力，一定会被他国吞并。于是，魏文侯希望通过变法的方式来实现国家富强，他任用了李悝来执行此次变法运动。

李悝对魏国的实际情况作了一番深入的考察，从而制定了一系列改革措施。首先，他废除了井田制，规定人民可以买卖土地，并测量了各地区农田的产量，依据不同的产量标准制定了更加合理的税收政策。老百姓们认为这种做

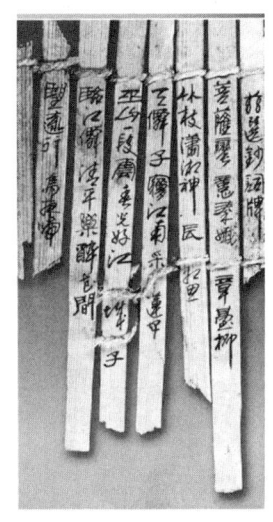

**竹简**

| 主线 | 事件 | 时间 |
|---|---|---|
| 诸侯争霸 | 魏文侯任用李悝为相 | 公元前445年 |

| 时间 | 事件 | 主线 |
|---|---|---|
| 公元前445—前396年 | 李悝变法 | 春秋争霸 |
| 公元前453年 | 智氏压迫韩赵魏 | 战国称雄 |

法更加合理,因而十分积极地参加农业劳作。此外,李悝为了提高国家粮食储备,还鼓励人民开垦荒地,在此项措施的实施下,魏国可耕土地得到了扩大。

军事方面,李悝在军队中实行了考核法,对那些表现优异者给予相应的奖励,按照士兵们所擅长的领域进行改编。一番军事改革之后,魏国军队的作战能力大大提高。

但在李悝所有的改革之中,最为重要的还是他废除了封建世袭制度。李悝认为,国家想要发展就必须广纳贤能之才,以往世袭的方式在很大程度上抑制了人才才能的发挥,因此李悝提倡以个人能力的高低为提拔官员的准则,以此来任命更多的可用之才。

作为法家的代表人物,李悝还著有《法经》一书,将各个诸侯国所执行的法令收集于此。通过对各国法令的研究,李悝制定出了适合魏国的相关法令,使魏国的法治化有了很大发展。通过李悝的改革,魏国的国力逐渐增强起来,其地位和影响力也有了很大的提高,进而成为其他诸侯国变法的典范。

三家分晋

春秋初期,晋国的君主十分忌惮公族们对王权的觊觎,便大力打压限制公族。尽管公族的权力、职位和土地都在很大程度上遭到削弱,卿大夫的势力却逐渐坐大,甚至取代了公族们在政治、经济、军事等方面的权力，俨然成了一个新的掌权阶层。

这完全超出了晋国先君们的预料。卿大夫们为了进一步扩大权力开始争权夺势，到了春秋晚期只剩下韩、魏、赵、范、智和中行氏六大家族。之后，范氏和中行氏战败，只剩下了智、韩、赵、魏四氏。

在这四大家族中，智氏的势力最为强大，其掌权首领智伯瑶也十分有野心。他为人十分专横，无时无刻不想着吞并其他三家。尽管智伯瑶擅长骑射，做事果断坚定，但他的心胸十分狭隘，无法与下属和谐相处。相比之下，赵氏的赵襄子则更受人爱戴。他待人真诚、体恤民情，对有军功的士兵从不吝惜奖赏，因此军民们十分拥戴他。

公元前453年，智氏以增强公室为名，要求韩、赵、魏三家把自己的土地交给晋国国君，实际上是为了扩大自己的势力。尽管三家都知道智氏的伎俩，却无可奈何。韩、魏两氏都遵从了智氏的要求，而赵氏却始终不肯。

智氏便胁迫韩、魏两氏一同进攻赵氏，赵氏被围困在自己的大本营晋阳城中。当时的城内十分贫乏，不仅无钱无

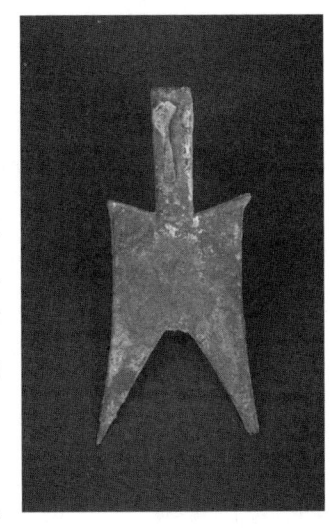

**晋国古币**

| 主线 | 事件 | 时间 |
|---|---|---|
| 战国称雄 | 智氏压迫韩赵魏 | 公元前453年 |

| 时间 | 事件 | 主线 |
|---|---|---|
| 公元前453年 | 智氏压迫韩赵魏 | 战国称雄 |
| 公元前403年 | 三家分晋，战国开始 | |

粮，还无兵无具。但人民的向心力十分强大，三年围困晋阳城并没有被攻破。

智伯瑶见攻城如此艰难，心生一计，决定以水灌晋阳城。尽管大水汹涌，但城内的百姓和士兵依然坚决不降。千钧一发之际，赵襄子的家臣张孟谈进献一计。如果能利用智、魏、韩的矛盾，使魏、韩倒戈，这样内外夹击定能消灭智氏。

当天夜里，张孟谈便来到了韩、魏两军的首领帐中，说道："我们韩、赵、魏正如唇齿一般，唇亡齿寒的道理大家都懂。如果赵氏被灭，下一个被消灭的就是你们两家。"韩、魏的首领当然知道利害关系，但迫于压力才出兵围赵的。经张孟谈的商谈，三家决定联合共伐智氏。

智氏哪是三家联军的对手，赵氏先派出精锐突袭智氏军队，再以河水反灌智氏军队。趁智氏军队大乱之时，韩、魏两军从两侧夹击。在三家联合围剿下，智氏军队全军覆灭，智氏全族被屠杀。

韩、赵、魏三家瓜分了智氏的领地和人民，分别建起了独立的封国。三家的实力基本势均力敌，因此都互相忌惮，形成了三足鼎立的局面。

公元前403年，周天子威烈王正式册封韩、赵、魏三家成为诸侯国。盛极一时的晋国就这样被分成了三个国家，即韩国、赵国、魏国。

## 田氏代齐

春秋时期，陈国发生了一场宫廷政变。陈厉公遭到刺杀，其子陈完虽然得以保住性命，却被贬为大夫。不久后，厉公废太子御寇也遭到了谋杀，陈完意识到自己的处境十分危险，随时可能发生意外，便逃离了陈国，跑到了齐国，寻求庇护。

当时正值齐桓公在位时期，齐桓公是个十分爱才的人，又念及陈完是王公级的权贵，便有心拜他为上卿。但初来乍到的陈完觉得如果马上就被赐予如此高的职位，一定会遭到

| 主线 | 事件 | 时间 |
| --- | --- | --- |
| 战国称雄 | 陈公子完逃到齐国 | 公元前672年 |

**齐王墓出土文物**

| 时间 | 事件 | 主线 |
|---|---|---|
| | | 战国称雄 |
| 公元前391年 | 田和废齐康公 | |

贵族们的反对，便谢绝了桓公的好意。齐桓公只好将他封为工正，同时把一些田地赏赐给他。陈完十分感恩戴德，遂把陈姓改为了"田"，自此也开启了齐国田氏家族的新篇章。

田氏初到齐国，完全没有根基，只能采取韬光养晦的方式低调发展本族的势力。到了陈完的第四世孙田桓子一代，田家已经逐渐扎稳了根基，还与鲍氏、栾氏、高氏合力消灭了齐国的庆氏。随后又与鲍氏联手灭了栾、高二氏，自此田氏在齐国占据了举足轻重的地位。

公元前489年，齐景公去世之后，齐国的两大公族国、高二氏想扶持公子荼即位国君。但田桓子的儿子田乞十分反对，进而驱逐了国、高二氏，另立公子阳生为君，自立为相。就这样，田氏掌握了齐国的国政。田氏家族的势力进一步发展，到田乞儿子田成子一代，田成子已经达到了"一人之下，万人之上"的地位。

但另一个问题也出现了，尽管田氏在齐国艰苦奋斗了多代，但本族的人数仍然很少，想要取代姜姓国君的统治，必须要有充足的本族人丁。为此，田成子努力生育，到他去世之时，光儿子就有七十余个，而且都被安排到了重要的职位上。

到了公元前391年，先祖陈完的第八世孙田和终于迈出了崭新的一步，把齐康公废掉。公元前386年，周安王完成了对田和的册封，立为齐侯，列于周室。公元前379年，齐康公死。自此，齐国的政权彻底落到了田氏家族的手中。

## 商鞅变法

公元前361年，秦孝公即位。早在秦孝公出生前，秦国国力大为削弱。魏国趁秦国政局不稳夺取了河西地区。秦孝公之父秦献公即位后，割地与魏国讲和，在迁都栎阳后，休养生息，并且数次东征，想要收复河西失地，无奈愿望没有实现便去世。孝公是个很有抱负的人，他以恢复秦穆公霸业为己任，明确论功行赏的法令，并在国内颁布了求贤令。当时很多有才能的人都来到了秦国，希望一展抱负。其中有一个来自卫国名叫卫鞅的人。他先前在魏国当官却没有受到重用，如今来到秦国，便托人向秦王引荐。

经过一番考察，卫鞅认为秦孝公是位有理想有抱负的君主，便把自己的兴国之策和盘托出。他说："要让一个国家富强，就要发展农业，奖励耕织；要整顿军队，赏罚分明……"

卫鞅的想法与孝公不谋而合，因而被任命为左庶长，主持变法。卫鞅变法的举措主要表现在政治和经济两个方面：在政治方面，主要以废除世卿世禄制，建立君主专制中央集

**商鞅像**

| 主线 | 事件 | 时间 |
|---|---|---|
| 战国称雄 | 秦孝公即位 | 公元前361年 |

| 时间 | 事件 | 主线 |
|---|---|---|
| 公元前356、前350年 | 商鞅变法 | 战国称雄 |

权为重点。在经济方面,主要以废除井田制,实行土地私有制为重点。

在政治方面的主要举措有奖励军功、改革户籍、推行县制、制定秦律几项举措。

奖励军功是为了废除世卿世禄制,增强军队战斗力。改革户籍实行连坐法则是为了加强专制统治。制定秦律则是为了在思想领域控制民众。

在经济方面的主要举措有废井田、开阡陌,重农抑商、奖励耕织,统一度量衡几项举措。

废井田、开阡陌是卫鞅变法的重要举措,在很大程度上促进了秦国经济的发展。重农抑商、奖励耕织同样是发展封建经济的重要举措。统一度量衡不仅保证了国家税收,更为日后秦始皇统一六国奠定了基础。

虽然法令已经完备,但没有公布。卫鞅恐怕百姓不信任,于是在国都市场南门立下一根木杆,招募百姓,有能够将木杆搬到北门的就赏给十金。

百姓对此感到惊讶,没有人敢去搬木杆。卫鞅又宣布命令说:"有能够搬过去的就赏给五十金。"有一个人将木杆搬到北门,卫鞅立即赏给他五十金,以表明没有欺诈。

此次事件一下轰动了全国,人们都认为秦国当政者言出必行、有信誉。等卫鞅的新政一出台,人们就谁也不敢当成儿戏了。

由此，卫鞅的变法便在秦国上下广泛地推广起来。新法推行十年之后，曾经积弱落后的秦国焕然一新，不仅国富民强，而且军队战斗力空前提高，士兵们为了军功争着冲杀在最前线，秦国军队也因此被列国称为"虎狼之师"。

公元前340年，卫鞅率领秦军攻打昔日的"老东家"魏国，一举拿下了曾被魏国侵占的黄河两岸土地，让魏国国君后悔莫及，悔恨当初不该放卫鞅离开。秦王为了表彰卫鞅的巨大功绩，便把商邑封给了卫鞅，从那以后人们便尊称其为"商君"或"商鞅"。

秦孝公去世之后，商鞅很快就走下了"神坛"。新即位的秦惠公早对商鞅心有不满，加之商鞅昔日树敌过多，得罪了很多贵族大臣，商鞅因叛国的罪名被杀，尸体被车裂。商鞅一定没有想到，此前为改革而实行的军法，最终却用在了自己身上。尽管商鞅最终惨死，但他所推行的新法在秦国取得了巨大的成功，从此之后，秦国走上了崛起之路，最终实现统一六国的大业。

## 赵武灵王胡服骑射

公元前307年，此时的战国纷争更加激烈。赵国不仅要应对邻邦敌国，还要应对来自北方少数民族的侵扰。当时在位的赵武灵王对国家的政治进行了一系列改革，其中最为著名的就是胡服骑射了。这次胡服骑射的改革使赵国的军事实

| 主线 | 事件 | 时间 |
|---|---|---|
| 战国称雄 | 赵武灵王改革 | 公元前307年 |

| 时间 | 事件 | 主线 |
|---|---|---|
| 公元前296年 | 赵武灵王攻灭中山国 | 战国称雄 |

胡服骑射

力大大加强,在此之后多次击败了来自北方的胡人,还击败了魏国和韩国,占领了大部分领地。复国的中山国也在赵武灵王的攻打下被灭。一时间,赵国成了当时战国最为强大的诸侯国之一,也是唯一一个有能力与西部秦国抗衡的国家。

赵武灵王在十二岁时就顺利即位赵王。因赵国在地理位置上紧靠北部的胡人,在风俗和习惯上也与胡人有相近之处,他们轻视农业,重视畜牧业。自赵武灵王即位以来,赵国就一直遭到胡人的侵犯。那些接近胡人的边陲城池往往长年紧锁城门,为的就是防止胡人的入侵。不仅如此,赵国还修建了长城,以阻挡胡人骑兵南下。

通过赵武灵王的观察,他发现胡人之所以能如此骁勇善战,一定程度上与他们的装备穿着相关。第一,赵国人穿"裙子",在战斗中很不方便,而胡人则穿裤子,行动起来便捷舒适;第二,胡人大多擅长骑马射箭,他们的战马不仅精力充沛而且快速敏捷;第三,胡人的武器是用坚硬的金属打造的,比中原武器锋利得多。

看到了对方的优点,也就比较出了自己的不足。于是赵武灵王下令,让赵国人全部改穿胡人的衣服,战马不再卖给其他诸侯国，更不能卖给胡人。除此之外，他还下令让人们在国境内圈地养马、养羊。

但在改革之初，赵武灵王也遇到了不小的阻力。当时中原人都对胡人有所偏见，认为其野蛮而没有礼教。因此国人都不愿意听从君王的话改穿胡服，连公子成也为了不穿胡服而称病不上朝。赵王闻言，便派人说服他，说："家中之事都听父母的，国中之事都听君王的。如今我让全国人民都穿胡服，而叔父您却不穿，这会让天下人议论我徇私舞弊。治理国家要以人民的利益为重，君王施行的政令要有很高的权威，否则谁还愿意听从我的政令！我希望您能以身作则，助我改革！"

公子成回答道："我听闻中原地区是在圣人的教化之下施行礼乐制度。很多偏远的国家都来此学习效仿，而您却让我放弃先贤的教化，去学习外族的服饰。如此违背人心和习惯的改革注定会失败，希望君主慎重考量！"

使者把公子成的话回报给了赵王。赵王亲自登门前来，解释道："我国地处中原，四周都是强国。北有胡人、燕国，东有齐国、中山国。同时还与秦国、韩国接壤。如果我们不改良骑马射箭的作战技术，如何能抵挡得住外敌的进攻呢？先前中山国凭借齐国的支持，一再侵犯我国领土。水灌鄗城，要不是上天保佑，鄗城早已拱手让人！先王对此感到羞愧难当，我为了改变这种局面决心实行胡服骑射，一方面能抵挡外敌，另一方面要报中山国

| 主线 | 事件 | 时间 |
| --- | --- | --- |
| 战国称雄 | 赵武灵王改革 | 公元前307年 |

| 时间 | 事件 | 主线 |
|---|---|---|
| 公元前284年 | 燕昭王攻齐 | 战国称雄 |

一箭之仇!如果叔父您一再坚持中原旧俗,而不顾国家安危,我只能对您感到失望!"

公子成闻言幡然醒悟,意识到自己的错误,就接受了赵王的改革,亲手接过赵王赐予的胡服,第二天便穿戴整齐上朝了。从此以后,赵王的胡服骑射政策便如火如荼地推广开来。

当然,这一改革所起到的作用是显著的。经过十几年的变革,赵国已经成了颇有威名的诸侯国。强盛的秦国很多年都不敢进犯赵国,而齐、楚、燕、魏也纷纷派出使者与赵国修好。

**田单大败燕国**

公元前284年,燕昭王与赵、楚、韩、魏等国集结联军一同发兵攻打齐国,这支联军由大将乐毅统一指挥。在济水以西的地方,齐国战败,各诸侯国把军队派回了本国。而乐毅则继续带着燕军乘胜追击,一直打到了临淄城下。乐毅一鼓作气把临淄也攻破了,还把齐国宗庙祭祀的宝物纷纷运送回了燕国。接着,乐毅又攻下了齐国七十多座城池,只剩下

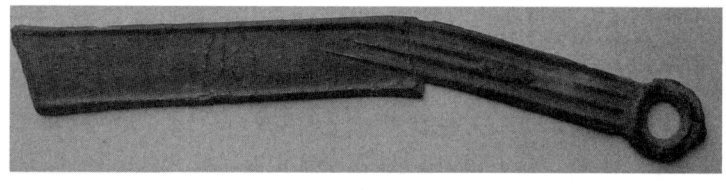

**燕国古币**

即墨和莒城没有攻破。

齐国国君田单面对乐毅大军，毫无胜算可言。千钧一发之际，曾重用并信任乐毅的燕昭王去世，其儿子燕惠王继任国君。很早之前乐毅就与太子时期的燕惠王有矛盾，两人一直不和。

田单见此，心生一计，传出消息称："乐毅之所以迟迟没攻下即墨和莒城的原因是乐毅想趁机与齐国合作，倒戈燕国称王。"燕王最担心的事就是大将反叛，听到风吹草动难免心有芥蒂，便派大将骑劫换回了乐毅。乐毅没有了兵权，十分害怕被燕王所杀，因此不敢回国，只好逃回了故国赵国。

**田单**

田单一计成功，再施一计。他下令让百姓每家吃饭时都在院子中摆放饭食来祭祀祖先，实际上是为了吸引飞鸟。那些飞鸟经常会盘旋在城池上空，时常下来啄取食物。燕人看到此景十分疑惑，田单则散布传言说此为天神下凡教导我的预兆。

田单又找来一个士兵充当起天师的模样，面东而坐。田单则以侍奉老师的姿态侍奉他。每当田单下令时，都宣称此为神师的旨意，军民因而变得勇敢自信。

后来田单又称："我最害怕的就是燕国人把我们齐国的士

| 主线 | 事件 | 时间 |
|---|---|---|
| 战国称雄 | 田单巧设连环计大败燕国 | 公元前279年 |

| 时间 | 事件 | 主线 |
|---|---|---|
| 公元前279年 | 田单巧设连环计大败燕国 | 战国称雄 |

兵抓走,割去鼻子,驱赶到阵前充当排头兵!"燕人闻言,便按照田单最"害怕"的方式去做。结果齐人看到俘虏们纷纷被割掉了鼻子,感到十分愤怒,坚持战死也不让燕人俘虏。

田单又散布传言说:"我最怕燕国人刨开我们城外的坟墓,他们对我们祖先的侮辱会让我感到痛心疾首。"燕军闻言,便又按照田单最"讨厌"的方式,挖掘城外的坟墓,焚烧尸体。即墨人从城墙上向外望去,先人的遗体被燕人从坟堆中挖出,还烧成了灰烬,纷纷留下了悲痛的泪水,咬着牙表示:"愿意加入田单的军队,与燕人决一死战。"

田单下令让精兵埋伏在城池中,而把老弱妇孺放在城墙之上,派出使者谎称投降来保全妻小的安危。当时燕军已经围城三年,人人都想尽快结束战斗回到家乡。听闻齐人要投降,便更加懈怠地等待。

田单眼看敌军的战意已所剩无几,而本方则斗志昂扬,便认为此时为反攻良机。他令人将城内的千余头牛集中一处,在牛角上缠缚利刃,在牛尾上插上一根浸泡过油的芦苇,并为牛身披上彩龙纹的外衣。等到夜里,田单让士兵一齐点燃牛尾处的芦苇,被烧伤的群牛横冲直撞,直奔燕军阵营。五千名精兵紧随其后,城内的军民们为战场上的士兵们擂鼓呐喊。猝不及防的燕军还没看清所来是何怪物,便吓得四散奔逃。齐军精锐乘势冲杀,城内军民见战事有利,也纷纷冲上了前线。那些慌忙逃窜的燕军在被追杀的同时,也陷入了相互踩踏的混乱中。

战争最终以田单的大胜告终，燕军元气大伤，很快就被逐出了齐国境内，齐国所失的七十余座城池也相继收复。

### 完璧归赵

公元前283年，赵惠文王得到了一块无价之宝，名为和氏璧。这块玉璧十分宝贵，引起了秦昭襄王的垂涎。于是，秦王致函赵王称"愿意用十五座城池交换和氏璧"。这让赵王感到十分为难。一方面，如果拒绝了秦王，秦国很可能借机发兵伐赵，赵国的实力远不如秦国，一旦打起仗来，赵国很可能会吃大亏。另一方面，秦王一向专横狡诈，把和氏璧交给对方，很可能得不到十五座城池。正在赵王烦躁不安时，宦者令缪贤说："我的门客蔺相如可以派去。"于是赵惠文王立即召见蔺相如。蔺相如对赵王说道："秦王要求换和氏璧，如果我们不换，是我们理亏。如果秦国不交出十五座城池是他们理亏。大王要是相信我，就派我前往秦国，如果秦国不能交出城池，我定把和氏璧完好无损地带回来。"

蔺相如带着和氏璧来到了秦国宫廷，面见了秦王。秦王接过和氏

**将相和**

| 主线 | 事件 | 时间 |
|---|---|---|
| 战国称雄 | 蔺相如完璧归赵 | 公元前283年 |

| 时间 | 事件 | 主线 |
|---|---|---|
| 公元前283年 | 蔺相如完璧归赵 | 战国称雄 |
| 公元前279年 | 渑池之会 | |

璧眉开眼笑、爱不释手,早已把割让城池的事抛至脑后。蔺相如见如此情形,便对秦王说:"大王,和氏璧虽然漂亮,但有一个小瑕疵,我来指给您看!"说完,蔺相如从秦王手中接过玉璧。蔺相如瞬间脸色大变,愤怒地说道:"传闻秦王贪得无厌,如今一看果然如此。大王丝毫没有割让城池的意思,如此大王也别想得到玉璧。如果您敢威胁我,我便把这玉璧摔个粉碎!"

秦王只好假意哄骗蔺相如,叫左右拿来地图,给蔺相如指出十五座城池的位置。但蔺相如早已看透秦王的想法,便说:"和氏璧是天下至宝,秦王要想得到,先斋戒五日,再举行交换仪式吧!"

结果,在此期间蔺相如已命人把和氏璧送回了赵国。五天后,秦王召见蔺相如。蔺相如说:"为了防止大王骗我,我已把玉璧送回赵国。若大王真心想换,就先把地割让,赵王定会送来玉璧。"秦王虽然十分愤怒,但也拿蔺相如没有办法,同时也对蔺相如的胆识和机智暗暗佩服。

公元前279年,秦昭襄王想和赵国讲和,以便集中力量攻击楚国,为此派使者到赵国,约赵惠文王在西河外的渑池见面。赵王如约而至,并带上了蔺相如。酒过三巡,秦王又动起了歪脑筋,让赵王为他弹瑟。同为诸侯,赵王如果为秦王弹瑟就表明低人一等。但赵王迫于秦王淫威,只好答应。秦国的史官上前来写道:"某年某月某日,秦王与赵王一起饮酒,令赵王弹瑟。"蔺相如看到赵王吃了大亏,便对秦王说："传闻，秦王精通击缶，请为赵王奏一曲！"秦王当然不肯做了。但蔺相如咄咄逼人，称："大王要是不肯，我与大王只有五步之遥，顷刻就能把血溅到大王的身上！"秦王的左右想拿下蔺相如，但蔺相如对他们瞋目而视，谁也不敢上前。最后，秦王只好勉强地击缶几下。蔺相如回头招呼赵国史官写道："某年某月某日，秦王为赵王敲缶。"弄巧成拙的秦王被蔺相如搞得很没有面子，但也不好发作，因为秦、赵边境有廉颇将军把守，战事一开，秦国也没有绝对的胜算。

赵王回到赵国后，对蔺相如另眼相看，蔺相如被封为上卿，位在廉颇之上。廉颇对此心生不满，心想："我身为赵国主将，为国家出生入死。蔺相如就凭一张巧嘴便把我踩在脚下。下次相见，我要给他好看！"

蔺相如听到传闻后，每次上朝都称病不出，路上遇到廉颇也远远绕开。手下们都感到愤愤不平。蔺相如对手下说："你们认为秦王厉害还是廉颇厉害？""当然是秦王！"手下们异口同声。"秦王我都敢当面让他击缶，我怎么会怕廉颇。如今秦国不敢进攻赵国是因为有我们两人同在。如果我们二人为了虚名而钩心斗角，自相残杀，那么秦王不是很快就能得逞了吗？我避让廉颇将军，是不想让赵国受损失！"

这些话传到了廉颇耳中，廉颇惭愧不已，找来一捆荆条背在身上，到蔺相如府上请罪。蔺相如十分感动，最后两人成了刎颈之交，一时间嚣张的秦国不敢对赵国造次。

| 主线 | 事件 | 时间 |
|---|---|---|
| 战国称雄 | 廉颇负荆请罪 | 公元前278年 |

| 时间 | 事件 | 主线 |
|---|---|---|
| 公元前270年 | 秦赵互使 | 战国称雄 |

### 赵奢大破秦军

赵武灵王的一番改革之后,赵国国力迅速增强。到了赵惠文王时期,赵国朝中更是人才济济,如蔺相如、廉颇、赵奢等人。在此期间,赵国不断与秦、齐、魏等国爆发战争,赵国一度强盛,成为六国阻滞秦国东进的屏障。

面对实力不凡的赵国,强大的秦国采取了拉拢的策略。秦国同意以此前侵占赵国的领土蔺(今山西离石西)、离石(今山西离石)、祁(今山西祁县东南)换取赵国的焦(今河南三门峡西)、黎(今河南浚县西)、牛狐(今河北邢台)三城。

没想到,赵国派出的使臣在传赵王口谕时,奚落了秦王,称:"蔺、离石、祁三城距离赵国较远,而距秦国更近。不过是因为赵国先王贤明,才被封得此三城。如今我不如先王贤明,国家也治理得不好,怎么能顾得上蔺、离石、祁三城呢?"

秦王闻言十分不悦,再加上此前与赵国多番征战而积下的宿怨,秦王一气之下决定派客卿胡伤带大军过韩国的上党地区,直取赵的险要地区阏与(今山西黎城县)。

阏与在秦国的战略上十分重要,如果能成功取得阏与,就可以沿着漳水一路向东,直抵魏国都城大梁(今河南开封),再以此往东北方向进军便可快速抵达赵国都城邯郸。这样便可实现秦王统一六国的梦想。

面对秦国灭赵的决心,赵惠文王马上召开了军事会议,与诸位将军商讨如何应对。赵王先是问了廉颇:"廉颇将军可否成功援救阏与?"廉颇无奈地摇摇头说:"道路不仅偏远还异常险阻,看来十分困难。"乐乘也是如此看法,赵王只好问赵奢。赵奢答:"在道路偏远而险阻的情况下,两军就像争斗于洞中的老鼠,狭路相逢勇者胜!"

正如赵奢所提出的想法,赵奢本人就是一个刚强的勇者。此前他被赵王封为田部吏一职,主要负责收取大臣们的赋税。此项工作并不容易,那些大臣们往往要比田部吏的职位高,因

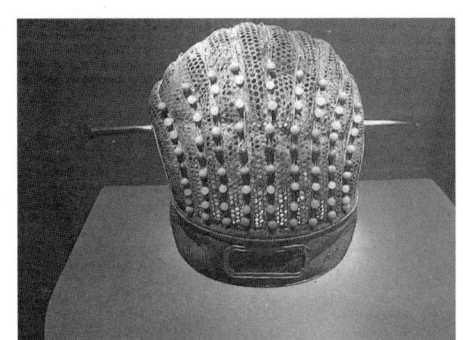

**战国君子冠冕**

| 主线 | 事件 | 时间 |
| --- | --- | --- |
| 战国称雄 | 范雎入秦,秦实行远交近攻之策 | 公元前270年 |

此完全没把赵奢放在眼里。结果赵奢秉公执法,把平原君设在东武城府邸的九位用事者处死了。

平原君大怒,心想:小小的田部吏竟敢杀我的门客,便下令处斩赵奢。在行刑之前,赵奢请求对平原君说一句话:"君贵为赵国公子,是赵王的亲兄弟,如今却纵容家臣不遵守法则,破坏法则便会使国家衰弱。国家衰弱,就会招致诸侯攻伐。到时候赵国被灭,您又如何安享富贵呢?反之,如果您奉公守法,便会使赵国上下太平,国强则无人敢伐!身

| 时间 | 事件 | 主线 |
|---|---|---|
| 公元前269年 | 赵奢大破秦军 | 战国称雄 |
| 公元前260年 | 白起大破赵军 | |
| 公元前256年 | 秦灭周 | |

为赵国宗室的您，怎能不懂此番道理？"平原君闻言十分惭愧，当即亲自为赵奢松绑，还主动将赵奢推荐给了赵惠文王。赵国的财政因此得以充实。

赵奢领兵离开了邯郸，刚走出三十里，便下了一条军令："谏言军事者，死！"与此同时，由胡伤所率领的秦国精锐已抵达赵国王都京畿之地武安，秦军的到来使该城的人民生活大受影响。因此，赵奢的一位部下便谏言应急救武安。赵奢有令在先，谁敢谏言军事便直接处死，于是赵奢毫不留情将此人斩首。

赵奢按兵不动，一直驻守了二十多天。秦国派出了使者，打听赵国的情况。赵奢设下酒宴好好招待了这位秦国使者，席间还大大夸赞了秦军主将胡伤。胡伤闻言，大喜过望，称："天助我也，赵国竟派如此无能之辈与我对战。此前龟缩不出正表明此人软弱无能。如此看来，阏与很快就是我秦国的了！"

其实，赵奢遣返了秦使之后便急速行军，两天便抵达了阏与，并设下精兵强将埋伏在阏与五十里外，准备伏击将要到来的秦军。同时，赵奢还抢夺了战区北部的一座山丘，以此居高临下，十分有利。秦军赶来之后，发现最有利的北山已被占领，便多次发起强攻，结果几次都被赵军的箭雨击退。赵奢见时机已到，便派主力军加入战斗，秦军败逃。

此战之后，赵奢被封为马服君，与廉颇、蔺相如并称为赵国的三大功臣。

## 吕不韦的奇货可居

秦庄襄王即位前,曾在赵国都城邯郸做过多年的质子。当时身处异乡的异人(后来的秦庄襄王)处境十分危险,因为当时秦赵两国经常发生战争,随时可能波及异人。正在邯郸做生意的大商人吕不韦听说了异人的处境,认为此人"奇货可居",便找到了异人,说道:"我可让你广大门庭,不知你愿不愿意接受?"

异人闻言,十分不以为然地说道:"您还是先广大自己的门庭吧!"

吕不韦答道:"你有所不知,我要先广大你的门庭,才能使自己的门

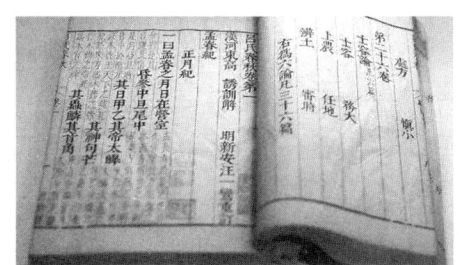

**吕氏春秋**

庭广大!"异人思索片刻,听出了吕不韦话中的玄机,便相邀一同座谈。

吕不韦对异人说:"此时秦王已经年迈,安国君被立为了太子。我听说安国君非常宠爱华阳夫人,华阳夫人却没有儿子。你兄弟二十余人,论资排辈你都没有优势,如今又长年置身赵国。秦王死后,安国君即位,你也不要指望能同你的兄弟们争夺太子之位了!"异人深知自己的处境,但也无能为力,无奈地说道:"您有什么办法吗?"

吕不韦答道:"虽然你是秦国公子,但你的财力十分窘

| 主线 | 事件 | 时间 |
|---|---|---|
| 战国称雄 | | |
| | 郑国渠建成 | 公元前237年 |

| 时间 | 事件 | 主线 |
|---|---|---|
| 公元前250年 | 秦孝文王即位 | 战国称雄 |

迫，没有足够的钱财结交宾客。吕某人虽然不算富有，但我愿意拿出千金来助你游说秦国，进而侍奉安国君和华阳夫人。等到他们立你为太子，大事便成了！"异人闻言，立马叩首拜谢道："真能如先生所说，我愿意与先生共享富贵！"

于是，吕不韦开始了他的计划。他先是拿出了五百金送给异人，以供其生活开销和结交宾客，又拿出五百金购买了很多奇珍异宝，通过华阳夫人的弟弟和姐姐，全部送给了华阳夫人。吕不韦还对华阳夫人透露，异人为人十分贤能，广交宾客，并且时常把夫人挂在嘴边，希望以亲生母亲般侍奉夫人。

华阳夫人闻言当然十分高兴，吕不韦便趁此良机撮合华阳认异人为养子。无子的华阳夫人果然同意了，还说服安国君把异人立为秦国继承人。

公元前257年，秦国大将王龁率大军围困赵国都城邯郸。赵国人为了报复秦国，便想要杀死异人。吕不韦得知消息后，马上用重金买通了守城的官吏，带着异人逃到了秦国。公元前251年，昭襄王去世。安国君即位，史称秦孝文王，华阳夫人被立为王后，异人则为太子。昔日异人在赵国留下的夫人赵姬和儿子嬴政也被护送回了秦国。

秦孝文王在位时间非常短，在继任元年就暴毙。没想到异人在如此短的时间就从质子一跃成了秦王，史称秦庄襄王。秦庄襄王即位之后，大赦了天下，并表彰了先王功臣，将其生母夏姬尊为夏太后，尊其养母华阳夫人为华阳太后，贡献巨大的吕不韦被封为文信侯。

吕不韦就这样以其"奇货可居"的远见获得了享之不尽的荣华富贵和无人能及的政治地位。

## 附录：第三章主要参考文献

[1]司马迁. 史记[M]. 北京：中华书局，2011.

[2]吕思勉. 中国史[M]. 北京：中国社会科学出版社，2008.

[3]顾颉刚，童书业. 国史讲话:春秋[M]. 上海：上海人民出版社，2015.

[4]顾颉刚. 顾颉刚古史论文集[M]. 北京：中华书局，2018.

[5]钱穆. 先秦诸子系年[M]. 北京：商务印书馆，2015.

[6]李默主编. 历史的记忆：百家争鸣时期[M]. 广州：广东旅游出版社，2013.

[7]吕文郁. 春秋战国文化史[M]. 北京：新世界出版社，2018.

[8]缪文远，罗永莲，缪伟. 战国策[M]. 北京：中华书局，2016.

[9]人民教育出版社课程教材研究所历史课程教材研究开发中心. 普通高中课程标准历史读本：中国古代史[M]. 北京：人民教育出版社，2017.

| 主线 | 事件 | 时间 |
|---|---|---|
| 战国称雄 | | |

| 时间 | 事件 | 主线 |
| --- | --- | --- |
|  |  |  |

[10]司马光. 资治通鉴[M]. 北京：北京联合出版公司，2016.

# 第四章

# 大秦王朝：中国封建社会的形成

- 秦始皇统一六国
- 修筑长城
- 焚书坑儒
- 陈胜吴广起义
- 秦末宫廷权力斗争
- 巨鹿之战
- 从约法三章到鸿门宴
- 韩信破赵
- 垓下之战

有人说秦汉时代塑造了中国人的性格特征，这种论断并不是没有道理的。确切地说，秦朝作为中国封建社会的开端，构建起了整个封建社会的框架结构。随后的历朝历代虽然在具体内涵上各不相同，但整体的框架却依然延续了秦代的结构。秦朝不仅是中国社会的转型期，同时也是中国文化的整合期，这一时期对中国历史的发展进程产生了深远的影响。

| 时间 | 事件 | 主线 |
|---|---|---|
| 公元前246年 | 秦王嬴政即位 | 秦朝的建立 |
| 公元前227年 | 荆轲刺秦失败 | |

## 秦始皇统一六国

公元前246年，嬴政即位秦国国君，当时，秦国的实力要远超过其他六个主要诸侯国，刚即位的嬴政年龄尚小，国事由吕不韦等权臣操持。十一年后，嬴政正式亲政，此时他制定了一统天下的宏伟目标。

在嬴政统一天下的道路上，他的第一个目标是韩国。公元前262年，秦国大将白起一路狂飙突进杀入韩国，韩王被生擒，韩国就此灭亡。

此后，秦国兵分两路：向北攻打赵、燕两国，向南攻打楚、魏两国。

**秦始皇像**

先前，赵国在胡服骑射等一系列改革下，军事实力十分强大。但在公元前260年，秦赵两国在上党地区发生了大战，由赵括率领的四十万大军先赢后输，被秦将白起一举歼灭。自此，赵国一蹶不振，国势日渐衰微。

这次秦军卷土重来，很快就围困了赵国都城邯郸，没过多久赵王出城投降，并交出了地图。

北方燕国的君主本就是个软弱无能之辈，当他听到秦军杀来的消息时，立即就宣布归附成为秦国属国，意图保全燕国一隅之地。

但是，曾在秦国做过多年质子的燕国太子丹十分痛恨秦国，他在燕国归附之后依然坚持抗秦。他深知以燕国的实力根本不是秦国的对手，于是策划了荆轲刺秦王的计划，想要光复燕国。

历史上著名的刺客荆轲刺杀秦王未果，反而更加激起了秦王的愤怒。燕王见太子丹此举激怒了秦王，便马上杀太子丹以向秦王谢罪。但秦王早已决心统一六国，丝毫不会为之改变，进而用了一年的时间成功占领燕都，燕王只好出城逃亡，燕国由此灭亡。

与此同时，秦国又以大水灌魏国都城的方式，逼迫魏王投降，魏国由此灭亡。

相对难以征服的要数楚国。公元前224年，楚国抵抗住了秦国的大军，迫使秦军的攻势停止。

此后，不甘心的秦王加派六十万大军继续攻楚。这一次，楚国的主力部队没有抵挡住秦军，被彻底消灭了，楚国都城也顺势被攻破，楚王沦为俘虏，至此楚国灭亡。

横扫五国之后，主要的诸侯国就只剩下最后的齐国了。

齐国远离秦国，在秦军大肆兼并时，独居一隅的齐国非但作壁上观，且对秦丝毫不做防备。

公元前221年，秦国大将王贲率兵从北面进入齐境，避开齐国主力，齐王不战而降。于是，秦军俘虏了齐王。至此，嬴政统一全国。

| 主线 | 事件 | 时间 |
| --- | --- | --- |
| 秦朝的建立 | 秦大举攻楚 | 公元前224年 |

| 时间 | 事件 | 主线 |
| --- | --- | --- |
| 公元前221年 | 秦王嬴政统一六国 | 秦朝的建立 |
| 公元前221年 | 蒙恬北击匈奴 | 秦始皇巩固中央集权统治 |

在秦国几代人努力的基础上,嬴政一共用了十年的时间,就将六国全部吞并,实现了统一。自此,中国历史上第一个统一的中央集权制国家建立了,而嬴政也成了中国历史上的第一位皇帝,即秦始皇。

**修筑长城**

中原地区一片混战的战国时期,北方的游牧民族也在进行着融合和征战。而在秦始皇统一六国之后,北方统一起来的强大的游牧部落——匈奴也开始了对中原的袭扰。

早在战国时期,匈奴小股骑兵就经常南下骚扰劫掠。为此,与匈奴接壤的秦、赵、燕就修建了长城,以防御匈奴的骑兵。尽管这些古长城高大坚固,它们彼此间却相隔甚远,使得匈奴人仍然能够从断开的地方袭入,威胁着中原人民的安全。

在秦始皇统一六国之后,一个能够彻底阻挡住匈奴的计划展开了,秦始皇下令将此前三国所修建的古长城连接起来,让匈奴无缝可钻。秦始皇先是下令让大将蒙恬带兵出征匈奴,后让蒙恬将燕、赵、秦的长城连接起来,修筑一条万里长城来阻挡匈奴入侵。

蒙恬出身名将世家,在秦始皇进攻齐国的战争中,表现优异,深得秦始皇信任。此次出征匈奴,秦始皇将三十万大军交给蒙恬,更是可以看出其对蒙恬的信任。

而蒙恬也以出色的表现回报了嬴政的信任,他不仅将匈奴打得落花流水,而且收复了诸多被匈奴占据的土地。在将匈奴击退后,蒙恬又遵照秦始皇的指示开始了修筑万里长城的工作。

秦始皇规划中的长城西起临洮、东抵辽东,全程达万里之长,而且大多修建在崇山峻岭之上,施工任务相当繁重。就当时的社会生产力而言,想要建造如此浩大的长城是非常艰难的。

长城

为了解决施工问题,秦始皇下令从全国召集了几十万劳动工人,并派出大量士兵作为监工,长城的修建就这样如火如荼地展开了。

在后人看来长城是伟大的,当时却给人民造成了极大的

| 主线 | 事件 | 时间 |
|---|---|---|
| 秦始皇巩固中央集权统治 | 修筑长城 | 公元前215年 |

| 时间 | 事件 | 主线 |
|---|---|---|
| 公元前213—前212年 | 焚书坑儒 | 秦始皇巩固中央集权统治 |

痛苦,劳苦的工人们不但要负责烧砖、采石、运料、开山、筑城等,还要应对十分恶劣的自然天气和非人般的待遇。

很多民工死在监工皮鞭之下,或者因饥寒和劳累所造成的疾病而亡。如此来看,万里长城真可谓是由血肉铸造的世界奇迹。

### 焚书坑儒

秦始皇实现统一之后,成功阻挡住了前来侵犯的匈奴大军,并且还组织大军进攻匈奴。

公元前213年,恰逢秦始皇大寿之日,一位名叫周青臣的大臣极力称赞了秦始皇的丰功伟业,说道:"昔日我们秦国不过是偏安西北的一个小国,如今在英明神武的始皇的领导下,天下实现统一,连那些凶恶的蛮夷部落也不敢进犯半步。陛下的功绩真可谓与日月同辉,让全天下人称赞佩服。如今,您所采用的郡县制让天下的子民过上了和平富足的生活,从古至今不曾有能与您媲美的君王。"

好大喜功的秦始皇听到如此高的赞誉,当然十分高兴,大笑起来。

此时,一旁的博士淳于越则对这样的趋炎附势之词十分不满,说道:"我听闻圣贤所建立的殷、周两朝之所以能存在上千年,是因为君王们懂得奖赏有功之臣,把那些土地分封给立下汗马功劳的弟子和功臣。因此,天子们才得到了天下的辅佐。而您和您的子孙后代，都是平常人，如果您有一天去世了，出现一些谋反之臣，您的子嗣将如何应对他们呢？谁又愿意为了天子而出生入死呢？但凡国家大事，都要学习前世所遗留的古训。周青臣所称赞的都是您的过错，如此推波助澜，是奸臣所为。"

秦始皇听到淳于越的话虽然有些不悦，但细细想来双方都有各自的道理，便召集大臣们一同商议此事。

丞相李斯的一番话深深地说服了秦始皇，他说："先前三皇五帝时期治理国家也是各有各的办法，不是谁背离谁，只是不同的时代需要不同的治理方法。如今陛下所建立的大业并非那些儒生所能理解的，周朝后期之所以闹得四分五裂就是由于人们以古非今而造成的。如今天下已定，百姓安居乐业，而那些迂腐的学者们再拿前朝的思想诽谤今世，便是阻碍了陛下的管理。我建议，陛下应该把那些非我朝所记载的史书全部烧掉，将那些私人藏有的《诗》《书》等百家古籍全部烧掉，有敢私下议论《诗》《书》的人就要处死……"

**秦竹简**

| 主线 | 事件 | 时间 |
|---|---|---|
| 秦朝的建设 | 阿房宫修建 | 公元前212年 |

| 时间 | 事件 | 主线 |
|---|---|---|
| 公元前213—前212年 | 秦始皇坑杀儒生 | 秦朝的建设 |
| 公元前210年 | 秦始皇驾崩，秦二世即位 | |

秦始皇最终被李斯说服了，他按照李斯所提出的建议烧毁了大量古籍，而且还杀死了很多专心研究学问的学者。

后来，一个名叫卢生的方士通过招摇撞骗的方式骗取了荣华富贵。但他通过与秦始皇的相处，发现其性情残暴，因此私下逃出了秦宫。

秦始皇知道后，大发雷霆，加之此前一个叫徐福的人声称出海寻长生不老药却至今不归，便迁怒于所有儒生。

秦始皇下令将咸阳城中所有讨论朝政的儒生都抓起来，实行严刑逼供。在酷刑的折磨下，有四百六十多人被牵涉进来，随后秦始皇把这四百余人全部活埋在咸阳城内。

秦始皇焚书坑儒对中国文化无疑是一场毁灭性的灾难，很多古籍和思想都在这场浩劫中被毁掉了。

## 陈胜吴广起义

秦始皇统一华夏，奠定了中华大一统的根基，他修驰道，统一货币、度量衡，统一文字，修建长城，做了很多利在千秋的大事。

然而，这些事情却也给当时的人民造成了沉重的负担。因此，自从秦始皇统一全国之后，各地方的百姓就因秦国的暴政而叫苦连天。

公元前210年，秦始皇死于出巡路上，随驾的秦始皇第十八子胡亥在宦官赵高和宰相李斯的帮助下，害死公子扶苏，从而成为秦朝皇帝，即秦二世。

秦二世胡亥即位之后，大量功臣、宗室都遭到了无端的诛杀，再加上国内连年的重赋和徭役早已压得人民抬不起头来，所以整个帝国都陷入了动乱前的恐惧当中。此时，虽然人民还没有起来反抗，但起义的火苗已经蔓延全国各地，一旦爆发，秦朝就将面临灭亡的局面。

秦二世胡亥元年（公元前209年）七月，秦政府征调一支由九百名贫困农民组成的队伍赶赴渔阳戍边。当他们抵达大泽乡时（今安徽宿县境内），一场猛烈的暴雨袭来，前进的道路被冲得泥泞不堪，无法行走。于是，这支队伍便耽搁了几日。

按照严格的秦律，卫戍的士兵没能按照规定的时间抵达目的地就要被杀头。因此很多农民都想一跑了之，但是，即便能够逃跑也要面临被抓回去的危险。

这时，两个农民——陈胜和吴广商议，既然都是死路一条，不如起义大干一场，这样也许能拼出个活路。当时，陈胜分析了当前的局面："如今，天下苦秦久矣，当今的秦二世又是个昏庸无能之辈，篡夺了他哥哥扶苏的位置才得

**兵马俑**

| 主线 | 事件 | 时间 |
|---|---|---|
| 秦朝的衰亡 | | |
| | 陈胜、吴广揭竿而起 | 公元前209年 |

| 时间 | 事件 | 主线 |
|---|---|---|
| 公元前209年 | 大泽乡起义 | 秦朝的衰亡 |
| 公元前208年 | 巨鹿之战 | |

以继位。我们不如打着公子扶苏和项燕的旗号，称我们为他们的部下，这样就能吸引大量的追随者。响应一多，大事可成！"

秦末农民起义

陈胜、吴广两人开始暗中策划如何发动起义，他们先是往戍卒所购买的鱼肚子中塞入了一个小红绸子，上面写着"陈胜王"三个字。等到戍卒吃鱼的时候意外发现了这个绸子，上面的三个字分明是表示上天要让陈胜称王。

当天的半夜，吴广又躲在离戍卒住所不远的林子中，装神弄鬼地学起狐狸的怪叫，呼喊："大楚兴，陈胜王！"戍卒们听到之后，都惊讶不已，心中犯起了嘀咕。

随后的一天，陈胜、吴广又演了一出好戏。吴广在醉酒的秦尉面前说要潜逃，秦尉当然不干，便用竹板抽打吴广，进而拿出剑要杀了吴广。吴广顺势夺过秦尉手中的剑，反刺向对方。陈胜这时也站了出来，把另一个秦尉也用剑刺死了。

然后陈、吴二人在众人面前慷慨激昂地分析了当前的局面，呼吁大家一同起义。就这样，中国历史上第一场轰轰烈烈的农民起义就此打响。

当时的秦朝已完全没有了当年的强盛,处于分崩瓦解的边缘,陈胜、吴广所带领的义军一路高歌猛进,攻破了数个城池,建立起了国号为"张楚"、以陈胜为王的农民政权。

陈胜派出周文率领的起义军向西进攻,很快攻进关中(今函谷关以西地区),直指秦朝都城咸阳。秦二世惊慌失措,急忙派大将章邯把在骊山做苦役的囚犯、奴隶放了出来,编成一支军队,向起义军发起进攻。

章邯所带领的军队重创了陈胜起义军,秦二世胡亥元年(公元前209年)十二月,秦军攻破了陈胜的大本营。失败的陈胜在逃亡中被车夫庄贾杀死。就这样,中国历史上第一场农民起义以失败告终。

### 秦末宫廷权力斗争

公元前210年,秦始皇在第五次出巡的途中病逝。在此之前,秦始皇已有预感自己将不久于人世,便令宦官赵高代笔写下自己的口谕,将皇位传给长子扶苏。

但是,赵高深知一旦扶苏即位,正直的他肯定对自己十分不利,于是胆大包天的赵高胁迫丞相李斯篡改了遗诏,称始皇帝遗诏传位幼子胡亥,并让长子扶苏自刎。扶苏为人孝顺贤明,果然按假遗诏自杀了。

扫清了障碍后,胡亥在赵高的扶植下成功即位。随后,

| 主线 | 事件 | 时间 |
|---|---|---|
| 秦朝的衰亡 | 陈胜吴广起义失败 | 公元前209年 |

| 时间 | 事件 | 主线 |
|---|---|---|
| 公元前207年 | 赵高"指鹿为马" | 秦朝的衰亡 |

胡亥在赵高的授意下将其他能威胁到自己王位的同胞兄弟姐妹们全部杀死，那些敢于直谏的大臣也被一一杀死。就连曾经位高权重的丞相李斯也没能幸免，在赵高的污蔑之下，李斯被以酷刑腰斩处死。

胡亥之所以能够继任皇位，完全得力于赵高和李斯的合谋，因此在其上任之后，把很多大权都交到了他们的手上，最后甚至让赵高坐上了丞相的高位。

不可一世的赵高控制着整个帝国，完全把胡亥晾在了一旁，甚至还出现了一次"指鹿为马"的闹剧。

一天早朝，赵高牵着一匹梅花鹿来到朝堂。胡亥十分疑惑，问道："卿为何要牵着一只鹿来上朝？"赵高答道："陛下，这是我新得的一匹良马，想献给陛下。陛下怎么说它是只鹿呢？"

胡亥十分不解，这明明是鹿，为什么赵高偏要说是马呢？

赵高接着说道："这绝对是匹好马，不信你问朝中的大臣们。"大臣们纷纷发表了自己的看法，有的认为是马，有的认为是鹿。胡亥听到大臣们的争论，感到有些不耐烦了，说道："众卿不要争了，丞相是最忠于朕的，他说是马，那便是马。"

一场荒诞的朝会就这样结束了。结果，没过几天，那些说是马的大臣安然无恙，而说是鹿的大臣则被扣以各种罪名逮捕入狱或处以死刑。

此时，人们才纷纷明白过来赵高的意图，他的此等做法只是为了向朝堂中的所有大臣示威，凡是敢反对他的人都没有好下场。

当然，赵高能够如此狂妄，与胡亥的纵容难脱干系。胡亥本人是个不学无术且胸无大志的人，他即位之后每天都沉溺在寻欢作乐之中，一切朝中大事都交由赵高处理。

利欲熏心的赵高一天比一天狂妄，终于有一天，赵高派自己的亲信阎乐和弟弟赵成带人冲进后宫，要杀掉胡亥。此时胡亥才猛然惊醒，他拉着一位宦官指责道："你早知赵高有谋反之心，为何不提前告诉我？"这位宦官冷笑道："倘若我提前告诉你，你早就把我杀了！"

胡亥被杀之后，赵高见当时天下已经大乱，各地纷纷发动起义，便不敢贸然登基，只好让秦始皇的侄子子婴即位。

子婴当然不甘心被一个宦官所操控，在即位之后联合几个亲信设计杀死了赵高，但此时秦国已经陷入崩溃的边缘，完全无法挽救了。

## 巨鹿之战

在秦末众多的起义军中，有一支是最为当时的人们所看好的，因为这支军队有一个著名的领导——项羽。

项羽是楚国名将项燕的孙子，陈胜、吴广起义之后，

| 主线 | 事件 | 时间 |
| --- | --- | --- |
| 秦朝的衰亡 | 秦二世胡亥被杀 | 公元前207年 |

| 时间 | 事件 | 主线 |
|---|---|---|
| 公元前208年 | 项羽破釜沉舟 | 秦朝的衰亡 |

项羽的叔父项梁带着项羽响应起义，率八千子弟兵走上反秦之路。

在一系列的征战中，项梁所带领的义军逐渐汇集了越来越多的追随者，形成了一股不小的反秦势力。随后，项梁又扶植了楚王的后人熊心，称其为"怀王"。

有一次，秦国派出的由大将王离带领的军队包围了身在巨鹿的起义军赵王歇的军队。赵王歇向楚怀王求救，楚怀王便派出了一支军队前往支援，这支军队由宋义担任上将，项羽为次将，范增为末将。

这支军队抵达安阳之时，主将宋义听闻秦军十分强大便不敢继续前行，决定驻扎于此。四十多天过去了，宋义依然没有前进的意思。此时的项梁已被秦将章邯杀死，见宋义迟迟不肯进军，急躁的项羽心急如焚，迫切想为叔父报仇。

经过项羽多番请求，宋义仍不敢前进。于是项羽心一横，拔出宝剑杀死了主将宋义，上报楚怀王之后，怀王只好让项羽出任上将，项羽由此成为军队的最高领导者。

在项羽的带领下，全体士兵很快就渡过了漳河。此时，项羽下令让士兵把所有吃饭用的炊具全部砸坏，把渡河的船只也凿沉了，每人身上只携带三天的口粮。项羽的做法就是告诉全军上下，如今我们只有拼死一战，胜则生败则死，没有退路可以走。

此时，秦军大将王离看到项羽把军队驻扎在河水之前，大笑道:"项羽果然是草莽出身,一点兵法也不懂,竟把部队驻扎在河水前,这样无路可退,一旦失败就只有跳水的份了。"

王离认为如此愚蠢的主将根本不足为惧,骄傲地带着军队与项羽军交战。他完全没有想到项羽用兵的独到之处,置之死地而后生的战法让所有将士奋死拼搏。他们从没考虑过要后退,一心只想杀敌。很快,王离的军队就因骄傲而惨败。

项羽继续带着军队乘胜追击。章邯带着一支部队佯装败逃,企图把项羽引进早已设好的埋伏圈。谁知这些由项羽所带领的楚国子弟兵各个骁勇善战,他们以一当十,杀得章邯部队阵脚大乱,只好败逃。

面对虎狼般的项羽军队,秦军根本无法抵挡。短短三天,项羽就打了九场胜

项羽雕像

仗。巨鹿之战以项羽的大胜而告终,秦朝的两员大将王离和章邯被活捉。在范增的建议下,项羽释放了章邯,企图让其回去与王室发生内讧,从而坐收渔翁之利。

同时,这场巨鹿之战也让项羽一战成名。诸侯们看着项

| 主线 | 事件 | 时间 |
|---|---|---|
| 秦朝的衰亡 | 巨鹿之战 | 公元前208年 |

| 时间 | 事件 | 主线 |
|---|---|---|
| 公元前207年 | 刘邦约法三章 | 秦朝的衰亡 |

羽的军队凶猛杀敌,无不为他们震动山河的英雄气概吓得目瞪口呆。自此,诸侯们都愿意听从项羽的调遣。

**从约法三章到鸿门宴**

在陈胜、吴广起义的同时,一支沛县的起义军也开始崭露头角,这支部队的领导人名叫刘邦。

刘邦早年做过泗水亭长,之后在萧何、曹参等人的支持下,杀死了沛县的县令,自立为沛公。

当时,秦朝各地都爆发了起义,一些起义军假托战国时各诸侯的名号,其中尤其以一个托名"楚怀王"的起义军声势最大。

在楚怀王的号召下,刘邦带着不满万人的起义军向秦国

汉军

的都城咸阳推进。在一系列的征战中，刘邦的部队也在不断壮大，越来越多的人加入这支义军之中。

此时，另一支起义军由项羽率领，在巨鹿与秦军展开大战。项羽势大，几乎吸引了秦军所有的主力，就趁着这个空当，刘邦抵达了洛阳。

随后，刘邦的军队避开了秦军主力以迂回的路线向咸阳进发。

秦二世胡亥三年（公元前207年）八月，刘邦军偷袭宛城成功，使得宛城守将不战而降，接着又成功打下武关、蓝田，直抵霸上。此时在秦朝王宫内，秦二世已被赵高害死，子婴即位后设计杀死了赵高。面临义军兵临城下，子婴只好出城投降。至此，秦朝灭亡。

对于长期风餐露宿的农民起义军首领刘邦来说，他非常想住进这美妙的宫廷之中。但经过张良和樊哙的一番劝阻，刘邦没有住进皇宫，而是还军霸上，并与当地的老百姓约法三章，保障军纪严明。刘邦进入咸阳而对人民秋毫无犯，使其赢得了人民的拥护。

之前，楚怀王在号召伐秦之始就曾与刘邦、项羽二人约定"谁先进入关中，便为关中王"。刘邦率先进入关中，在项羽看来刘邦有称关中王的意图，这让项羽十分愤怒。

于是，项羽率军攻破函谷关，直抵咸阳，要与刘邦决一死战。刘邦自知与项羽作战毫无胜算，便听从张良的话，亲自赶赴设在鸿门的宴席向项羽赔罪。

| 主线 | 事件 | 时间 |
| --- | --- | --- |
| 秦朝的衰亡 | 刘邦初入咸阳 | 公元前206年 |

| 时间 | 事件 | 主线 |
|---|---|---|
| 公元前206年 | 项羽摆鸿门宴 | 秦朝的衰亡 |
| 公元前206年 | 刘邦被封汉王 | |

刘邦带着一百余名部下来到了项羽所驻扎的鸿门。刘邦十分讨好地向项羽表达了自己绝无称王之心,并向项羽赔罪。项羽是个心无城府、简单直接的人,见刘邦如此恭敬地赔罪,很快就消去了心中的怒火。

但项羽的谋臣范增则老谋深算,他早已看出刘邦的勃勃野心,之所以没进入皇宫是想韬光养晦,再图大业。范增告诫项羽:"此人绝非'池中之物',今日不除,后势必为大患!"然而天真的项羽却根本没把范增的话放在心里。

范增见进谏无效,心生一计,他让项庄假意舞剑助兴,实则伺机刺杀刘邦。此举被张良的好友项伯看破,为了防止发生意外,项伯也与项庄一同舞剑,并一直用身体挡在刘邦的前面,项庄因此没有动手的机会,只得作罢。

刘邦此时也看出了项羽部下们的杀机,便谎称去厕所。走出宴会后,刘邦马上逃离了项羽阵营,从而避免了一场灭顶之灾。事后,范增痛斥了项羽的妇人之仁,但也于事无补了。逃走之后的刘邦,走上了独立争霸的道路。

**刘邦画像**

### 韩信破赵

楚汉争霸之初，项羽一方占有绝对的优势，但随着项羽再三地犯错，刘邦一方终于逐渐强大，已经有了与项羽对峙的实力。

当时，楚汉双方在荥阳、成皋一带相持，由于赵、代、燕都依附于项羽，使得刘邦十分被动。为了改变这种局面，刘邦任韩信为大将，要他带兵向赵地和代地进发。

汉高祖二年（公元前205年）闰九月，韩信率军击败了代国主力，俘虏了代国丞相夏说。随后，韩信继续带兵向东进发，攻打赵国。

赵王歇听闻韩信带兵前来，十分紧张，下令派出二十万大军镇守井陉口。

井陉口是个地势险要的关隘，历来是兵家必争之地。赵国一个名为李左车的将领主动向赵国主帅陈余献计："虽然韩信善于用兵，但是井陉口狭窄，车子不能并行。要让大军通过几百里狭长的山路，其粮食辎重一定坠在队伍最后。臣愿领兵三万，从小路堵截汉军辎重，断其后路。赵军可深挖壕沟，坚守不出。这样就会让汉军处在进退两难的困境。不出十日，韩信之头就能送到您的案前。"

实际上，如果陈余用李左车之计，定能让韩信吃很大的苦头。但骄傲自大的陈余自视甚高，对李左车的计策根本不屑一顾。韩信得知后，十分高兴。

| 主线 | 事件 | 时间 |
|---|---|---|
| 楚汉争霸 | 韩信破赵 | 公元前204年 |

| 时间 | 事件 | 主线 |
|---|---|---|
| 公元前204年 | 韩信进军井陉口 | 楚汉争霸 |

汉高祖三年（公元前204年）十月，韩信率领几万名汉军士兵急速行军，直到距井陉口三十里的地方驻扎下来。夜深之后，韩信下令让军队准备出发。他先是挑选了两千名骑兵，带着武器和红旗，从山中小路绕到赵军之后，躲藏起来。

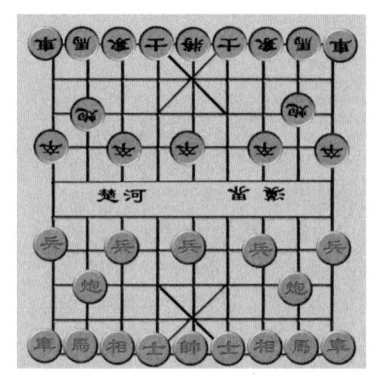

**以楚汉相争为背景的中国象棋**

经过几个小时的行军，汉军终于在韩信的带领下趁着夜幕进入了井陉口。此时，赵军已经占据重要地点，等待汉军的到来。韩信看罢，下令让一万人走出井陉口，背对着绵蔓水布阵。赵军看罢大笑道："看来韩信完全没有军事常识，竟然把兵安排到了一个不能前进也无法后退的死胡同。"

天亮后，韩信带着主力军开进井陉口。赵军早已等得不耐烦了，马上就冲出营垒，与汉军展开了厮杀。正在双方打得十分胶着时，韩信下令让全体士兵丢弃旗帜和战鼓，佯装败逃的样子，向背水的阵地奔去。

赵军以为汉军被杀得四散奔逃，便不顾一切地追了过去。此时，汉军面前是二十万赵军，背后是湍急的流水，唯有杀出一条生路。因此，汉军将士们都英勇无畏，如猛虎下山般拼杀。虽然赵军兵力占尽优势，但依然无法取胜。

与此同时，赵国城内的士兵已经倾巢出动。那支由韩信预设在后方的两千骑兵立刻乘虚而入，以最快的速度把赵国的旗帜拔下，插上了汉军红旗。当赵国大军打算撤军回巢时，他们意外地发现城墙之上竟插满了汉军红旗。赵军瞬间慌作一团，心想赵王一定已被汉军所俘虏。阵脚大乱的赵军，陷入了腹背受敌的局面。很快，赵军就被打得四散奔逃，陈余也被杀死在绵蔓水上，赵王歇沦为俘虏。

就这样，在韩信的帮助下，刘邦把楚国的羽翼全部除掉，从而摆脱了汉军不利的处境，反而使汉军对楚军形成了包围之态。自此，汉军从被动转为主动。

值得一提的是，韩信十分赞赏李左车的军事才能，攻破赵国后悬赏重金捉拿了李左车。当李左车被押送到韩信帐下后，韩信亲自为他松绑，并让他面东而坐，以师礼待之，虚心地请教李左车灭齐和燕的战略。李左车被韩信的真诚打动，坦诚地说道："如今汉军连年征战，十分疲惫，如果此时与齐、燕硬碰硬，获胜将十分艰难。不如按兵不动，休养生息。再派出使者，以汉军的兵威进行劝降，如此齐燕可定。"韩信果真采用了李左车的计策，随后燕国不战而降。

**垓下之战**

汉高祖四年（公元前203年）八月，汉军经过长期的作战已经将军粮耗尽，同时也无法将韩信和彭越等人的军队迅速调集围剿楚军。因此，楚汉双方进行了历史上十分著名的

| 主线 | 事件 | 时间 |
|---|---|---|
| 楚汉争霸 | 韩信大破赵军 | 公元前204年 |
| | 鸿沟和议 | 公元前203年 |

| 时间 | 事件 | 主线 |
|---|---|---|
| 公元前202年 | 刘邦进攻楚军 | 楚汉争霸 |

"鸿沟和议",鸿沟为战国时期魏国所兴修的运河,双方以鸿沟为界,划分天下。九月,项羽便带着十万楚军向楚地撤军,同时,刘邦也有西返的打算。

这时,刘邦的两位重要谋士张良和陈平反对撤退,主张撕毁鸿沟和议,趁楚军疲惫之机,向楚军背后发起突袭。

刘邦同意了两人的建议,违背了和约,突然向撤退的楚军发起进攻。当汉军一路追杀到夏南时,刘邦与手握重兵的韩信和彭越相约共同南下围楚。但韩信和彭越并没有如约赶到战场,导致刘邦在固陵大败。惊慌失措的刘邦逃到了陈下,随后建起了坚固堡垒,坚守不出。楚军便将坚守的刘邦包围,刘邦的情况十分紧急。

当下刘邦能否取胜的关键在于是否能争取到韩信和彭越的支援。刘邦向智囊张良询问道:"如今诸侯不愿从约,怎么办啊?"张良深知韩、彭二人不出兵的原因在于未获得封赏,因此建议刘邦把大块的土地先封给二人。刘邦言听计从,把从陈地向东直至滨海的地区分给了齐王韩信,把睢阳以北至谷城的地区分给了彭越。在刘邦以封地作为报酬的情况下,韩、彭二人终于倾力出兵南下。同时刘邦还下令让刘贾联合英布从淮地北上,这样五路大军就把项羽团团包围住了。

汉高祖五年(公元前202年)十一月,联军把项羽逼退到了垓下(今安徽灵璧东南)。项羽带着十万左右的军队于垓下筑垒安营,整顿部队,以图恢复军队的战斗力。十二月,刘邦约韩信、彭越、英布等人会合,重重包围住了十万楚军。

刘邦派出了韩信所带领的三十万大军作为进攻主力，以其余偏将军队为左右两翼，而刘邦本人则与周勃、柴武等预备军镇守后方。尽管楚军人数不占优势，但在项羽的带领下，依然击退了韩信的进攻。当楚军打算追击时，汉军的左右两翼从迂回的路线夹击了楚军。韩信马上反过头来，与两翼配合从三面发起对楚军的夹击。楚军战败，项羽只好带着残军退回到了垓下城。

就在楚军坚守垓下的晚上，汉军在垓下城周围唱起了楚歌。楚军上下皆以为汉军已经尽得楚地，因此楚军的士气彻底崩溃。项羽感到大势已去，便在夜间亲率八百精锐骑兵从包围中杀出一条生路，往南方逃去。第二天清晨，汉军得知项羽已经突破包围而去，便派遣五千骑兵追杀。当项羽渡过淮水之后，身边只剩下一百余骑。终于在汉军的穷追不舍之下，项羽于阴陵（今安徽定远西北）被追上。当时项羽仅剩下二十八骑，他带着仅剩的部下来回冲击汉军战营，再一次杀出了一条血路，继续向南而逃。

项羽率部下到了乌江边，乌江亭长划船靠岸，对项王说："江东虽小，地方千里，众数十万人，亦足王也。愿大王急渡。今独臣有船，汉军至，无以渡。"项羽自觉没有颜面再见江东父老，他赞扬了这位亭长，把跟随自己征战五年的一日千里的乌骓马送给了亭长，然后他决定与其继续逃亡，不如杀个痛快。项羽以短兵器与汉军接战。西楚霸王项羽再次展现出气吞山河的气势，以一人之力又杀死了数百名

| 主线 | 事件 | 时间 |
| --- | --- | --- |
| 楚汉争霸 | 垓下之围 | 公元前202年 |
| | 项羽乌江自刎 | 公元前202年 |

| 时间 | 事件 | 主线 |
|---|---|---|
| 公元前202年 | 刘邦称帝 | 楚汉争霸 |

汉军。同时，项羽也身负十余处砍伤，最后拔剑自刎而死，时年三十一岁。

项羽死后，楚军剩余的八万士兵被汉军全歼。楚地全部投降于汉，只有曾被楚怀王封给项羽的鲁地不愿投降。

后来刘邦以项羽首级示众，鲁人终于投降了。至此，历时四年之久的楚汉之争以刘邦的胜利宣告结束。汉高祖五年（公元前202年）二月甲午日，刘邦称帝于汜水北岸，国号汉，大汉帝国拉开了帷幕。

## 附录：第四章主要参考文献

[1]司马迁. 史记[M]. 北京：中华书局，2011.

[2]吕思勉. 中国史[M]. 北京：中国社会科学出版社，2008.

[3]顾颉刚. 秦始皇传[M]. 北京：中国三峡出版社，2010.

[4]金开诚. 中国文化知识读本：焚书坑儒[M]. 长春：吉林文史出版社，2012.

[5]于琨奇. 秦始皇评传[M]. 南京：南京大学出版社，2002.

[6]张大可，徐日辉. 张良萧何韩信评传[M]. 武汉：华中科技大学出版社，2018.

[7]黄仁宇. 中国大历史[M]. 北京：生活·读书·新知三联书店，2014.

[8]司马光. 资治通鉴[M]. 北京：北京联合出版公司，2016.

## 第五章

# 西汉东汉：强大的统一王朝

- 刘邦分封诸侯
- 诸吕之乱
- 文景之治
- 七国之乱
- 汉武帝的雄才大略
- 罢黜百家，独尊儒术
- 张骞出使西域
- 司马迁著《史记》
- 霍光辅政，昭宣中兴
- 王莽篡汉
- 东汉建立
- 光武中兴
- 蔡伦造纸
- 党锢之祸
- 外戚与宦官专政
- 黄巾大起义

作为继秦朝后的另一个大一统王朝，汉朝的辉煌程度要远胜秦朝，可以说是中国历史的第一个黄金时期。汉族也正是在这一时期而得名，在与匈奴的作战中，汉王朝展现出了强大的实力，进一步扩大了汉朝的疆域。汉朝在一些制度上虽然承袭秦制，但也出现了一些改变，这为以后历朝历代的制度革新奠定了重要基础。

| 时间 | 事件 | 主线 |
|---|---|---|
| 公元前202年 | 西汉建立 | 汉朝的建立和发展 |
| 公元前202年 | 刘邦分封诸侯 | |

**刘邦分封诸侯**

公元前202年二月,刘邦在山东定陶汜水之阳登基,定国号为汉。五月迁都长安(今陕西西安),史称西汉或前汉。

建汉之后,为了稳固政权,刘邦采取了一系列休养生息的政策,不仅免除了多年徭役,同时还解散了大量军队。一系列举措取得了良好的经济和社会效果,为汉朝经济的发展奠定了基础。

此外,为了维护统治需要,刘邦还分封了一些诸侯王。分封制早在商周时期就存在,由于分封的诸侯王之间权力过大会威胁到王权的稳定,到了秦朝,开始实行郡县制。纵观中国历史,郡县制可以说是主流的政治制度,作为秦之后的又一个统一王朝,汉却实行分封制,主要是由当时的具体情况所决定的。

在刘邦建立汉朝的过程中,项羽在自封西楚霸王之后,分封过诸侯。而帮助刘邦取得战争胜利的人,很多也都曾是项羽分封的诸侯。为了安抚这些人,刘邦不得不再次进行分封。为此,刘邦分封了八位异姓诸侯王。他们分别是:赵王张耳、长沙王吴芮、淮南王英布、燕王臧荼、韩王信、齐王韩信(后徙为楚王)、梁王彭越、燕王卢绾。

完成了分封,刘邦依然放不下心。在反抗秦朝统治的战争中,刘邦深知分散权力会严重威胁统治的根基。刘邦认为这些异姓诸侯王会成为分裂汉朝天下的不确定因素,为此,他又决定剪除这些异姓诸侯王。

在这些异姓诸侯王之中，除了长沙王吴芮活了下来，赵王张耳病逝，其他诸侯王都被废或被杀。在清除了异姓诸侯王之后，刘邦开始安排同姓子弟取代他们的位置，为此，刘邦又分封了十一名刘姓子弟为诸侯王。

在他看来，分封同姓子弟能够加强中央对地方的控制，这要比郡县制更能形成中央集权。但令他没有想到的是，这一举措也为日后诸侯王叛乱埋下了祸根。

公元前195年，刘邦在平定英布叛乱中负伤，回到长安后病情加重，不久后崩于长乐宫。

## 诸吕之乱

汉帝国建立早期，可谓是内忧外患。开国皇帝刘邦在内部平息了异姓诸侯王的反叛，逐渐建立了中央集权。但在外部，却持续受匈奴的威胁。

**匈奴骑兵**

为了毕其功于一役，公元前201年，刘邦亲率大军迎击匈奴，结果大败亏输，连刘邦都差点成为匈奴的俘虏。此后，汉帝国进入长期的韬光养晦、休养生息之中。

| 主线 | 事件 | 时间 |
|---|---|---|
| 汉朝的建立和发展 | 刘邦分封诸侯 | 公元前202年 |

| 时间 | 事件 | 主线 |
|---|---|---|
| 公元前195年 | 刘邦病逝 | 汉朝的建立和发展 |
| 公元前188年 | 吕后临朝 | |

汉高祖十二年（公元前195年）四月，刘邦在长乐宫病逝，其子刘盈即位，史称汉惠帝。惠帝尊刘邦的发妻、自己的生母吕雉为皇太后。

刘盈生性软弱，刘邦晚年时有废嫡立少的打算，当时刘邦的宠妃戚夫人已产下一子，名为如意。刘邦十分喜爱如意，打算废掉刘盈将如意立为太子。危难之际，吕雉采用了张良的计策，把四位刘邦十分敬仰的隐士"商山四皓"请来，才阻止了刘邦的废立计划。

刘邦死后，吕后开始了大规模的报复清洗行动。

首先她对忌妒已久的戚夫人进行了惨无人道的报复。之后，把如意召入朝中，意图杀害。

仁慈的刘盈深知母亲的想法，便亲自迎接弟弟，并把如意带到自己的寝宫，吃住都在一起，吕后没有下手的机会。但后来如意还是没能逃过吕后的魔爪，一天清晨吕后趁刘盈外出射箭之机，派人将熟睡中的如意杀死。

吕后除去了戚夫人母子之后，开始铲除异己，独霸朝政。刘盈对母亲的做法深恶痛绝，但又无能为力，终于在二十三岁时便因长期悲愤而死。

刘盈死后，他膝下无子，吕后便叫张皇后假装怀孕。等到快"生"的时候，把后宫美人的儿子抱来充当太子，为了防止美人泄密，便又杀了灭口。

新即位的皇帝十分年幼，吕后便更加独霸朝政。她把多名吕氏家人封王，以此来巩固自己的势力。同时杀害多名刘氏诸侯王，即赵王刘友、梁王刘恢和燕王刘建，随后以吕家的吕禄、吕产、吕通替代之。

尽管吕后不辞辛苦地帮助少帝临朝，但少帝并不感激她，反而发誓要为母报仇，杀掉吕后。吕后得知之后，幽禁并杀害了少帝，随后另立了常山王刘义为帝。

公元前180年秋季，为非作歹的吕后因病去世。吕后的病逝让吕氏一族感到惶恐不安，他们十分担心将来遭到大臣们的排挤和杀害。于是，诸吕在上将军吕禄家举行了秘密集会，共同商讨谋反之事，决定夺取刘氏江山。

没想到此事很快就传到齐王刘襄的耳中，刘襄作为刘氏后人，决定发兵讨伐作乱的诸吕。他与开国老臣周勃、陈平取得了联系。最后，在周勃、陈平的计谋下，吕禄的兵权被除，吕氏家族的全体成员均被处死。至此，吕氏集团被彻底消灭了。

政权再次回到了刘氏家族的手中，代王刘恒被迎立为皇帝，也就是历史上十分著名的汉文帝。

随后在文帝和景帝的努力管理下，西汉王朝迎来了"文景之治"。

### 文景之治

一提到西汉，不少人脑子里浮现的第一个词便是"汉武帝"，可事实上，汉武帝的丰功伟绩也是因为踩在了巨人的

| 主线 | 事件 | 时间 |
| --- | --- | --- |
| 汉朝的建立和发展 | 吕后病逝 | 公元前180年 |
| 汉朝的发展 | 汉文帝即位 | 公元前180年 |

| 时间 | 事件 | 主线 |
|---|---|---|
| 公元前178年 | 汉文帝减轻赋税 | 汉朝的发展 |

肩膀上。这里所说的"巨人",便是汉文帝与汉景帝。

秦朝末年,烽烟四起,民不聊生。经过多年战乱,劳动力已经锐减,除了汉朝军队外,能干活的男丁可谓稀少,社会经济也受到严重冲击。

在这种大背景下,如何休养生息、恢复生产力就成了让皇帝们头痛不已的事情。

彼时,汉朝因战争消耗巨大,国库已经无力支撑。而战火蔓延的后果,就是大片土地都成为荒地,一时半会儿是无法进行农耕的。

汉高祖死后,吕后开始掌权。虽然她以心狠手辣著称,但在施政方面,她延续了道家的"无为之治"。虽然汉朝内忧外患,但老百姓的生产一直没落下。

刘恒当了皇帝后,虽然平定了吕氏"外戚专政"的局面,但也延续了吕后的施政方针,为老百姓减轻赋税,给农民一个喘息的机会。

刘恒是薄姬的儿子,因刘邦对薄姬并不宠爱,吕后很"大度"地放过了她。刘恒与薄姬居于代地,生活十分寡淡清苦,即便当上皇帝,他简朴的生活作风也丝毫没有改变。当然,当时的汉朝国库也不允许他变得骄奢。

老百姓的日子因汉文帝的政策而富足,汉朝的经济也逐渐发展,这也从基层巩固了汉文帝的统治,为接下来汉景帝的即位打下良好基础。

到了汉景帝时期,他仍然将治国的重心放在减轻老百姓负担上。汉景帝是个非常注重农业发展的皇帝，他平时出门不坐马车而是坐牛车，可以说是带头吃苦耐劳。

大臣们看皇帝都是这般做派，一个个也不敢奢侈享受，只能跟着汉景帝发扬吃苦耐劳的优秀品质。有些思想觉悟高的大臣，还将家中的资源投入到农业生产中，为经济发展做出了一番贡献。

汉文帝与汉景帝对内牢牢把关，对外却"睁一只眼闭一只眼"。彼时，匈奴经常侵犯汉朝边境，但两位皇帝坚决高举"和亲"政策，能动嘴皮子解决的事，就尽量不动兵。就算双方发生冲突，两位皇帝也笑眯眯地表示，要跟匈奴代表坐下来好好聊聊天，避免打仗。

为什么？因为打仗很费钱，历经几十年，好不容易攒下点儿钱，能说打仗就打仗吗？就这样，两位皇帝生生地给汉武帝攒出大把白花花的钱银，供他去实现自己的梦想。

在文、景两位皇帝的带领下，汉朝实现了前所未有的繁荣。在这一时期，百姓们安居乐业，国库十分充盈。可以说，"文景之治"是中国进入封建时代后的第一个盛世，也是造就经济大发展的伟大时期。

然而，就在汉景帝大力治理国家之际，另一场动乱发生了。

| 主线 | 事件 | 时间 |
| --- | --- | --- |
| 汉朝的发展 | 汉文帝大力发展农业 | 公元前178年 |
|  | 缇萦上书，汉文帝废除肉刑 | 公元前177年 |

| 时间 | 事件 | 主线 |
|---|---|---|
| 公元前154年 | 诸侯内乱 | 汉朝的发展 |
| 公元前155年 | 晁错进言削藩 | |

## 七国之乱

在西汉初年,汉高祖刘邦为了稳定王室,把大量土地分封给了刘姓诸侯王,希望后人以血脉为纽带共同维护汉室。

但这种做法给后世留下了不少隐患,那些被封的诸侯王所占土地十分广阔,他们在自己的封国享有很高的权力,可以任免官吏,征收赋税甚至铸造钱币。

经过多年的发展,诸侯王们的国库中已经堆积了大量金钱,有些甚至比京师还富有。随着诸王势力坐大,这些诸侯王开始大肆招募亡命之徒,企图分裂国家。

**汉朝瓦当**

汉景帝即位后,诸侯王们更是肆无忌惮,吴王刘濞就是其中代表。他丝毫没有把景帝放在眼里,肆意采铜铸钱、煮盐敛财,在很多事情上和中央分庭抗礼。

在朝中担任御史大夫的晁错意识到了危机,向景帝提出了"削藩"的建议。

晁错对景帝说:"如今诸侯王日益坐大,倘若朝廷不尽快减少他们的土地,他们日后一定造反。"

但朝中大臣为了自己的安稳都反对晁错的建议,甚至连晁错的父亲也从远在千里之外的老家赶来反对儿子,他对儿子说道:"这样做确实能让刘氏政权稳定,但我们晁家可就大难临头了!"

但晁错不为所动,依然坚定于臣子的应做之事。晁错的父亲不忍心看到晁家将要面临的灾难,老泪纵横地服下毒药自杀了。

景帝采纳了晁错的建议,果断对诸侯进行了削地。他先是削去了赵王的长山郡、楚王的东海郡和胶西王的六个县。但当景帝打算削去吴王刘濞的封地时,刘濞联合了楚、赵、胶东、胶西、济南、淄川王发起了史称"七国之乱"的谋反。

他们打着"诛晁错,清君侧"的旗号,声称帮助景帝清除身边的不轨奸臣晁错。

前元三年(公元前154年)一月,齐国派出二十万联军向汉都长安进军。面对浩浩荡荡的诸侯联军,景帝十分不安。随后,在晁错政敌袁盎的谗言之下,景帝以不忠之罪腰斩了晁错,其全家老小也正像晁错父亲所预料的那样,全部遭到了杀害。

景帝本以为除去晁错就能让七国撤兵,但是他错了。七国不但没有罢兵,反而气焰更加嚣张。刘濞直接拒绝了和谈,并自称为东帝。此时景帝才意识到,所谓"诛晁错"不过是七国造反的借口罢了,他们真正的目的是要自己做皇帝。

景帝果断迎战,任命周勃之后周亚夫为太尉,统帅三十六位将军,迎战叛军。周亚夫有十分卓越的军事才能,

| 主线 | 事件 | 时间 |
|---|---|---|
| 汉朝的发展 | 汉景帝削藩 | 公元前154年 |

| 时间 | 事件 | 主线 |
|---|---|---|
| 公元前154年 | 周亚夫平乱 | 汉朝的发展 |

在他的率领下,汉军用短短三个月的时间就平定了叛乱。吴王刘濞逃到东越时被斩首,楚王在乱军中自杀身亡,其他诸侯王见大势已去,自己早晚要死,便纷纷自杀。

汉帝国货币五铢钱

此次平定"七国之乱"使汉王朝的威信大大提高。景帝采取"分土不治民"的政策,把地方的行政权和官吏任免权全部收回到了中央朝廷。由此,西汉政权便稳定下来,逐渐进入繁荣昌盛的阶段。

### 汉武帝的雄才大略

"孝武初立,卓然罢黜百家,表章《六经》,遂畴咨海内,举其俊茂,与之立功。兴太学,修郊祀,改正朔,定历数,协音律,作诗乐,建封禅,礼百神,绍周后,号令文章,焕焉可述,后嗣得遵洪业,而有三代之风。如武帝之雄才大略,不改文景之恭俭以济斯民,虽《诗》《书》所称何有加焉!"

这是《汉书》对汉武帝的客观评价,"雄才大略"这四个字用在汉武帝刘彻身上非常贴切。作为中国封建王朝最杰出的帝王之一,汉武帝开创了汉王朝昌盛繁荣的局面,开辟了汉王朝的辽阔疆域，更为后世留下了宝贵的物质文化遗产。

介绍汉武帝的生平，可以从两个方面来讲起：一方面是军事上的穷兵黩武，另一方面则是政治经济方面的休养生息。

在汉武帝时期，汉朝国力达到鼎盛，凭借强大实力，汉王朝击破匈奴，远征大宛，开拓西域，收复南越，吞并朝鲜。西汉时期的疆域版图东到日本海，南到交趾，西过葱岭，北抵阴山。

从公元前133年开始，到公元前119年，汉武帝多次派兵与匈奴交战，通过河南之战、河西之战和漠北之战，给匈奴造成了严重打击，彻底将匈奴势力赶到了漠北以西。自此，匈奴帝国开始走向衰落，而汉王朝则获得了政治经济发展的绝好良机。

除了北击匈奴外，汉武帝还派李广利远征大宛，赵破奴征服姑师、楼兰。此外，汉武帝还将朝鲜半岛北部地区，东越、南越地区，以及西南夷地区纳入汉王朝的统治范围之中。

常年对外征战需要政治经济各方面条件的支撑，在汉武帝之前，文景之治为汉王朝积累了不少钱粮。汉武帝在即位之初，也采取了一系列政治经济举措，推动汉王朝经济的发展。

在政治方面，汉武帝采纳主父偃的建议，颁布推恩令，允许诸王将自己的土地分给子弟，建立较小的诸侯国。这一举措不仅让地方诸侯主动将权力上交朝廷，同时还剥夺了他们的政治特权，大大加强了中央集权统治。

| 主线 | 事件 | 时间 |
| --- | --- | --- |
| 汉朝的发展 | 汉武帝北击匈奴 | 公元前133—前119年 |
| | 汉武帝颁推恩令 | 公元前127年 |

| 时间 | 事件 | 主线 |
|---|---|---|
| 公元前89年 | 汉武帝下《轮台诏》 | 汉朝的发展 |

与此同时,汉武帝还设立了中朝和刺史,其目的也是加强中央集权,强化君主的权力。

在经济方面,汉武帝主要将改革币制和盐铁官营作为主要措施。

改革币制的目的在于增加中央财政收入,打击富商大贾,通过六次币制改革,汉武帝基本解决了汉初便一直存在的币制问题。盐铁官营则让国家掌握了那些关乎国计民生的重要产业,有利于国家政治经济的稳定。

汉武帝一生创造了波澜壮阔的事业成就,但也因为穷兵黩武为广大人民带来沉重负担。公元前89年,汉武帝下《轮台诏》,否决了大臣们在西域轮台屯田的提案,同时也对派遣李广利出征匈奴一事表示悔恨。随后,汉武帝将自己的施政方针确定为"禁苛暴,止擅赋,力本农",全力发展生产。

认识到穷兵黩武的错误后,汉武帝重新恢复了汉初与民休息、轻徭薄赋的政策,为此后的西汉盛世打下了坚实基础。

**罢黜百家,独尊儒术**

由于秦始皇的"焚书坑儒",诸子百家一度接近毁灭。但秦朝的存活时间很短,刚被灭亡的诸子百家学派又开始活跃起来。

到西汉初年,经历连年战乱的百姓早已疲惫不堪,国家急需改变这种状态从而恢复生产发展。基于这种局面,汉朝统治者采取了清静无为的黄老政治，经过六十年的休养生息，国力得到恢复。

到了繁荣昌盛的汉武帝时期，清静无为的黄老之学也不再适应当前的国情，国家的治理理念需要改变。

公元前140年，汉武帝下了一道诏令，要求国内的地方长官们把有才能的学者们推举到长安为中央献计献策，著名的儒家学者董仲舒就是其中一员。

在朝廷里，董仲舒向汉武帝提出了"罢黜百家，独尊儒术"的主张，倡导"大一统"的高度集中管理制度。这种思想深得汉武帝的欣赏，于是儒家思想就结束了"黄老之学"的统治地位，成了汉帝国的正统思想。这种思想对中国产生了十分深远的影响，一直延续了近两千年而经久不衰。

**汉代服饰**

当然，汉武帝之所以会采用这种儒家学说是由当时的历史条件所决定的。

第一，董仲舒十分创新性地编造了"天人感应"理论。把"天"作为宇宙万物的最高统治者，世界的万物和自然都是由"天"创造而出。皇帝则从"天"那里接受指令，负责按照"天"的意志对人民实施管理。因此，在这套"天人感应"理论中，世界万物包括各路诸侯和人民，都要听从于

| 主线 | 事件 | 时间 |
| --- | --- | --- |
| 汉朝的发展 | 汉武帝诏名士献策 | 公元前140年 |

| 时间 | 事件 | 主线 |
| --- | --- | --- |
| 公元前140年 | 汉武帝兴办太学 | 汉朝的发展 |
| 公元前138年 | 汉武帝抗击匈奴 | |

朝廷。

第二，董仲舒强调思想统一为国家的首要大事。当时，学者们各持不同的学说，朝廷的思想意识无法达成统一，这样就造成了法度朝令夕改，从而让百姓无法可依。对于那些不属于"六经"，不合于孔子思想的学说要全部废除，只有罢黜百家，独尊儒术，才能使法律得到统一，人心和行动才能统一起来。

第三，董仲舒还提出了"三纲五常"的道德观。"三纲"即所谓"君为臣纲、父为子纲、夫为妻纲"，"五常"为"仁、义、礼、智、信"五种道德品质。

董仲舒所提出的这套思想完全符合封建统治阶级的统治利益，同时也帮助皇帝巩固了汉王朝的统治。如此看来，汉武帝以此为正统思想是理所当然的，也是符合当时社会的客观发展需要的。

汉武帝采用儒家思想后，采取了一系列推广方法。武帝在长安兴办了太学，并以儒家的"六经"为主要教材，还聘请当时的儒家学者为教师，向全国各地推广这种学校。

这些学校也为后世帝王培养出了大量人才，对中国文化产生了深远影响。

### 张骞出使西域

汉朝前期，匈奴经常率领强悍的骑兵侵占汉朝的领土，对此，汉帝国只能采取守势。

汉武帝时期，帝国国力强盛，有条件对匈奴进行反击，因此武帝频频派出军队抗击匈奴。

当时，西域地区诸国已经被匈奴所征服，匈奴经常往来诸国征收粮食、羊马，几十万各族人民遭受着匈奴贵族的压迫和剥削。

此外，西域还有大宛、乌孙、大月氏、康居、大夏诸国。他们由于距匈奴较远，尚未直接沦为匈奴的属国，但也经常受到匈奴的袭扰。

在向匈奴发起进攻之前，汉武帝首先想到了寻找外援。他想要联合大月氏等国一同抗击匈奴，在帝国内公开征募能担当出使重任的人才。

诏令下达后，满怀抱负的张骞挺身而出，自告奋勇愿意出使西域。

公元前138年，汉武帝派出张骞和堂邑父带着一百余名随从从陇西出发，踏上了出使西域之旅。

此行危险重重，张骞刚离开陇西就被匈奴士兵发现了，被俘虏之后直接被送到了单于王廷，被囚禁了十余年。但张骞的意志十分坚定，十多

**西域马浮雕**

| 主线 | 事件 | 时间 |
|---|---|---|
| 汉朝的发展 | 张骞第一次出使西域 | 公元前138年 |

| 时间 | 事件 | 主线 |
|---|---|---|
| 公元前137年 | 张骞被囚 | 汉朝的发展 |

年的时间并没有磨灭他完成使命的意志，公元前129年，张骞趁着匈奴人的疏忽，带着堂邑父逃了出来。

此后，张骞继续执行寻找大月氏的使命。虽然，他们并不知道大月氏的具体位置，但坚信只要一路向西，肯定能获得大月氏的消息。经过十余天的风餐露宿和翻山越岭，张骞终于来到了大宛。这里的人十分热情地招待了远道而来的张骞。

随后，大宛人带着张骞来到了康居，在康居人的帮助下，张骞被护送到了大月氏。当时的大月氏已经攻占了大夏（今阿富汗北部），他们过着十分安逸的生活，丝毫没有报复匈奴的想法。

张骞和堂邑父在大月氏居住了一年多的时间，始终没能说服大月氏，失望的张骞只好踏上了回国之路，途中，他们再次被匈奴抓住，又被扣押了一年多的时间。

到了公元前126年，匈奴内部发生了内讧，张骞马上带着堂邑父趁乱逃跑了。此时距他离开故土已经过了十三年的时间，当初的一百余人也只剩下了两人。汉武帝甚至都已经忘记了还曾派出过这个出使团队。

当张骞回到国都时，汉武帝喜出望外，把张骞封为了"太中大夫"，而堂邑父则被封为"奉使君"。这次出使虽然没能完成既定任务，但是也有不少收获。张骞了解了我国新疆以西地区的交通路线、地形地貌和风土人情等。

到了公元前119年，汉武帝第三次反击匈奴，并取得了巨大胜利。匈奴首领被迫迁徙到了大漠北部一带。西域各国见匈奴实力大不如前，便都不愿再进贡、纳税。

此时，张骞向武帝进谏说道："匈奴西部有个名叫乌孙的国家，他们被匈奴侵犯多年，被迫离开了故土。如今，我们要是能结交乌孙王，让其带着子民回到故土，就相当于斩断了匈奴人的羽翼。同时，也能打开我们与大宛、大夏等国结交的大门。"

武帝闻言十分赞同，如果能联合这些国家共同抗击匈奴，何患匈奴不灭。

公元前115年，汉武帝第二次派出张骞出使西域。这次出

**汉西域遗址**

行，张骞带上了三百余人的团队，每人配备两匹马，带牛羊万头，各种金帛货物更是不计其数。

没了匈奴的阻挠，张骞顺利到达西域，他分兵多路访问了西域各国，受到了西域各国君主的热情招待。这些国家大多被匈奴压迫得苦不堪言，一听汉皇帝要帮他们打败匈奴都十分高兴。

汉帝国不仅不需要交纳赋税，还送来许多礼物，这让西域各国对汉朝产生了强烈的好感。

公元前60年，汉朝还在乌垒城设立了政权机构——西域

| 主线 | 事件 | 时间 |
|---|---|---|
| 汉朝的发展 | | |
| | 张骞第二次出使西域 | 公元前115年 |
| | 汉朝设西域都护府 | 公元前60年 |

| 时间 | 事件 | 主线 |
|---|---|---|
| 公元前104年—前91年 | 司马迁著《史记》 | 汉朝的发展 |

都护府,把乌孙等十六个西域国家管辖起来。

张骞出使西域不仅加强了汉王朝与西域各国的联系,更开辟了一条东西方文明交汇的"丝绸之路"。数千年来,丝绸之路成为中国与西方政治经济文明往来的重要通道。

### 司马迁著《史记》

汉武帝时期,一位名叫司马迁的史官写下了一部非常著名的史书,名为《太史公书》,后人改称其为《史记》。这是我国第一部系统的纪传体历史著作,该书记录了从传说时期的黄帝到西

司马迁

汉武帝时代跨越三千年的历史。近代著名作家鲁迅十分赞赏《史记》,称其为"史家之绝唱,无韵之离骚"。

《史记》为后世人们了解和研究历史起到了十分巨大的作用,一直是历史学者们研究历史的重要参考文献,经久不衰。

司马迁是汉武帝时期的"太史令",他于公元前135年出生在一个史官世家,从小就跟在父亲司马谈身边学习读书,通过刻苦的学习,司马迁掌握了大量历史、文学、哲学等方面的知识。

二十岁时，司马迁开始寻访各地。祖国的名山大川和古代遗迹风俗都在他考察的范围之中，这为他之后能够书写《史记》提供了有利条件。

公元前108年，司马迁接过了父亲的担子，正式成为一名太史令。工作上的便利，让他能够有机会阅读当时政府所收藏的各种古籍文献。他从公元前104年开始，到公元前91年，花了整整十四年的时间完成了《史记》的编著。

在这十四年间，司马迁的生活和工作并不顺利，甚至还遭受了让人无法忍受的侮辱。

公元前99年，大将李陵被武帝派遣出战匈奴，行至浚稽山时遭遇匈奴单于的围堵，由于援兵支援不力，战斗陷入困境。援尽粮绝之后，李陵投降匈奴。

对于李陵的投降，汉武帝十分愤怒，群臣纷纷在朝堂上声讨李陵的软弱无能，但司马迁十分公正地说："素闻李将军待人恭谨，是个诚实守信的人，身怀报国之心。如今他只带着五千人的部队就吸引了匈奴全部力量，杀死了一万多名匈奴人。尽管战败投降，也应该可能将功补过。在我看来，李将军并非真降，只是保住性命意图再次报效国家。"

没想到，一句肺腑之言竟然遭到了牵连。武帝以"欲沮贰师，为陵游说"之罪，判处司马迁斩首之刑。

面对死刑，如果司马迁慷慨就义确实可以保存名节。但是，司马迁有一心愿未了，那就是他还背负着父亲穷尽一生

| 主线 | 事件 | 时间 |
|---|---|---|
| 汉朝的发展 | | |
| | 李陵投降匈奴 | 公元前99年 |

| 时间 | 事件 | 主线 |
|---|---|---|
| 公元前80年 | 霍光掌权 | 汉朝的发展 |

未完成的事业——完成《史记》。

司马迁深知如今一死毫无价值，而想要生存下来，完成《史记》只有一个办法，那就是以宫刑取代死刑。为了完成父亲的心愿，也是其一生最大的事业，司马迁面对奇耻大辱丝毫没有胆怯之意。

终于，在多年的忍辱负重之后，司马迁完成了史学巨著《史记》。

《史记》作为二十四史之首，历来被文人学者所推崇。这本纪传体史书共一百三十篇，包括十二本纪、三十世家、七十列传、十表、八书，其对后世的史学研究和文学研究产生了深远影响。

**霍光辅政，昭宣中兴**

汉武帝统治末期，由于常年穷兵黩武，导致国内矛盾尖锐，民怨沸腾。为此，汉武帝下《轮台诏》，一改以往政策，重新拾起了汉初轻徭薄赋、发展生产的统治政策。在此之后即位的汉昭帝、汉宣帝延续了这一政策，为西汉带来了新一代盛世。

在汉武帝死后，年仅八岁的汉昭帝即位，此时的政事多由大司马霍光决定。在燕盖谋反失败之后，霍光彻底清除了朝中的反对势力，权力达到顶峰。即使在汉昭帝成年后，霍光依然掌管着朝中大权。

在汉昭帝死后，公元前74年，汉宣帝刘询即位。霍光深知在刘询背后并无朝中势力，所以很放心这位"平民皇子"来做皇帝。刘询也知道霍光在朝中权位日盛，自己想要掌权就需要讲求一定的策略。

在宣帝即位之初，霍光曾表示愿意归政，但宣帝谦逊地表示拒绝。宣帝希望能够暗中积蓄力量铲除霍氏家族，重新掌握中央政权。

直到霍光死后，宣帝才等来这个机会。在霍光去世后，宣帝宣布亲政，但霍禹、霍山等人依然掌握着朝中大权，为此宣帝采取了一系列措施，逐渐将霍氏家族从权力中心驱离。

不甘失败的霍氏密谋谋反，但计划败露，霍氏家族悉数被诛灭。自此，宣帝真正将权力握在了自己手中。

掌权后的汉宣帝在具体政策方面，与昭帝时期霍光的治政方针并无太大差别。除了多次减免全国租赋外，宣帝还将都城的公田借给农民耕种。在人才选拔上，汉宣帝很重视地方官吏的选拔，公卿大臣也多从政绩优秀的地方官吏中选拔。

此外，为了缓和社会矛盾，汉宣帝还颁布特赦令，废除了许多汉武帝时期的严刑酷法。通过这些举措，改变了汉武帝时期"人人自危"的社会风气。但在贪腐方面，汉宣帝则主张严明律法，对不法官吏和豪强进行严厉惩治。

昭宣二帝很好地继承了汉武帝任用贤能的用人举措，同时注重减轻人民负担，发展农业生产。这些重要举措让西汉重新兴盛起来，延续了汉武帝时期的辉煌。

| 主线 | 事件 | 时间 |
| --- | --- | --- |
| 汉朝的发展 | 汉宣帝即位 | 公元前74年 |
| | 昭宣中兴 | 约公元前87—前48年 |

| 时间 | 事件 | 主线 |
|---|---|---|
| 西汉末年 | 外戚专权 | 西汉衰亡 |

## 王莽篡汉

公元前87年,汉武帝去世,汉昭帝即位。汉昭帝和其后的汉宣帝虽承接武帝时期强盛的帝国军力,但立足于发展经济、与民休息,从而缔造了一段安居乐业的昭宣盛世。

然而,在汉宣帝去世之后,帝国开始急剧衰落。

汉宣帝的继承人汉元帝性格柔弱,在外戚、宦官和权臣的三重压力下失去了权柄,帝国政局开始陷入混乱。

此后,帝国历经汉成帝、汉哀帝、汉平帝,政局江河日下,执政者荒淫无道,朝廷大权逐渐落入外戚手中,其中最有权势的外戚家族就是王氏。

汉元帝的皇后王政君的几个兄弟,王凤、王商、王音、王根四人和其侄子王莽先后出任掌握大权的大司马。大司马是当时手握政务和军事大权的高官。除此之外的刺史一类官员也多为王氏家族成员。整个朝野都笼罩在王氏家族的权力影响之下。

汉平帝即位时刚刚年满九岁,完全没有执政能力。在王莽的淫威之下,平帝言听计从,成了王莽的提线木偶。

此后,王莽进一步扩大自己的势力,开始收买和拉拢地主阶级、知识分子和官僚阶级。在他认为时机成熟之后,就用毒害死了平帝,转而立孺子婴为新君,自己彻底把持朝政。

但这还没有让王莽满足,野心勃勃的他于公元8年干脆废黜了孺子婴,直接登上皇位,汉帝国从此中断,一个国号"新"的帝国出现了。

这种明目张胆的篡位行为当然引起了刘氏后裔的不满,一时间社会危机十分严重。

为了缓和阶级矛盾,王莽推行了一系列改革。首先他打出了《周礼》的旗号,宣布全国的土地均为"王田",不得买卖,并颁布了类似于古代的井田制的土地政策。这种做法不但没解决社会的土地矛盾,反而让农民的生活更加困难。

同时,王莽还进行了多种货币改革,使用了大量物体充当货币,其中就包括早已淘汰的龟壳和贝壳等。这造成了严重的金融混乱,货币大大贬值。而实际上,王莽的这种做法不过是为了更好地搜刮百姓,每一次货币改革,都是对人民的一次大掠夺。

王莽还实行了所谓的"五均六筦",在全国各大城市设立负责管理市场、平衡物价等工作的部门。这些管理者都是王莽任命的大富商。王莽赋予他们特权,这些家财万

**王莽画像**

| 主线 | 事件 | 时间 |
|---|---|---|
| 西汉衰亡 | 王莽建"新" | 公元8年 |
| | 王莽进行货币改革 | 公元8年 |

| 时间 | 事件 | 主线 |
|---|---|---|
| 公元22年 | 刘秀起兵 | 东汉的建立和发展 |

贯的富商们便可以伺机"收贱卖贵",发各种投机倒把的财。

实际上,这也是王莽的另一种变相搜刮人民的方式。那些被搜刮到一贫如洗的百姓们,生活异常艰苦,因为无论他们从事什么工作都要交税,包括打猎、捕鸟、缝补,甚至算卦。此外,他还从民间挑选了大批女子入宫,以供他淫乐。

王莽统治末期,天下大乱,沉重的徭役和连年的骚乱让百姓无法生存,一系列农民起义风起云涌般爆发了。

### 东汉建立

终新朝一世,全国对王莽的反对就没有停止过。新朝建立之初,各地农民起义接踵而至,王莽的政权也处在了风雨飘摇般危险的境地。

见此时局,一位名叫刘秀的青年萌发了恢复汉室的念头。

刘秀于公元前6年生于蔡阳,是汉高祖刘邦的第九世孙。地皇三年(公元22年)十月,刘秀和哥哥刘縯一起,打着"恢复汉室"的旗号发动了舂陵起义。

当时舂陵兵只有七八千人,难成大事。于是刘秀兄弟便主动投奔了声势浩大的绿林军。

公元23年,绿林军推举刘玄为帝,建元更始。王莽见起义军日益壮大，十分恐慌。他召集了一百万大军发起镇压。

同年五月，王莽的十万先锋军队围困了义军的昆阳城。由王邑率领的王莽军队气焰十分嚣张，声称要将昆阳屠城。危急时刻，刘秀带着13名骑兵在夜幕之下出了城，赶赴定陵县、郾县调集援兵。

此后，王邑发起了对昆阳城的进攻，并且挖掘地道，建造云车。昆阳城内的守军只能苦苦坚守，等待援军。终于，六月一日，刘秀带着万余人军队抵达昆阳。他亲率千余名精锐部队反复进攻王莽军，很快就斩杀了千余名王莽军士兵，绿林军士气大振。

接着，援军又派出了三千勇士迂回到敌军的后方，从昆水偷渡，向王邑的大本营发起猛烈进攻。

傲慢的王邑依然骄傲轻敌，下令各营勒卒自持，不得擅自出兵，自行与王寻率万余兵力迎战。结果骄傲的王邑陷入了包围，王寻在战斗中死亡，诸将却不敢出兵增援。

昆阳守军看到反击的时机到了，立即倾城而出。在双面夹击之

**光武帝刘秀**

| 主线 | 事件 | 时间 |
|---|---|---|
| 东汉的建立和发展 | 农民起义爆发 | 公元22年 |
| | 昆阳之战 | 公元23年 |

| 时间 | 事件 | 主线 |
|---|---|---|
| 公元25年 | 刘秀称帝 | 东汉的建立和发展 |

下,王邑军大败,士兵们慌作一团,纷纷四散奔逃,新朝号称百万的大军主力就这样全军覆灭于昆阳城下。

昆阳之战后王莽政权很快便土崩瓦解,地皇四年(公元23年)九月,绿林军攻入都城长安,王莽在混战之中死亡,至此新朝覆灭。

为复汉立下汗马功劳的刘縯企图取代刘玄,自己称帝,但很快就被刘玄发现,结果身首异处。

刘秀看到哥哥被处死后,十分愤怒,但他深知自己现在还不是刘玄的对手,便忍气吞声,不为兄长服丧。为了让刘玄安心,刘秀从不炫耀自己在昆阳所立下的战功,反而只讲自己的过失。

天衣无缝的伪装使刘玄放松了对刘秀的戒备,还封他为武信侯,拜破虏大将军。当年十月,刘玄把都城迁到了洛阳,并派刘秀去河北收抚义军。

离开洛阳后,刘秀开始努力发展自己的部队。为了获得民心,他废除了王莽昔日的苛政,同时还释放囚犯,以此来取得河北地主阶级的支持。经过为期一年多的苦心经营,刘秀终于在河北地区站稳了脚跟。更始三年(公元25年)六月,刘秀自立称帝,复国号汉。

为了实现统一大业,刘秀称帝之后并不急于剿灭混战中的农民起义军,而是等绿林军和赤眉军杀得两败俱伤之后,他再坐收渔翁之利收拾残局。

用这种方法,刘秀消灭了河南、河北等地区的起义军,然后开始剿灭割据一方的封建势力。经过多年征战，刘秀终于在公元40年，平息了全国大大小小的割据势力，使汉王朝重归统一。

完成统一的刘秀吸取了新朝和前汉灭亡的教训，废除了由王莽设立的新政，并以"柔道"的政策进行管理。他一方面加强中央政权，另一方面又分封了大量的功臣和外戚，随后再以各种借口劝他们告老还乡，不问政治。

## 光武中兴

连年征战让光武帝深感疲惫，他深知再继续征战下去，百姓将持续处于水深火热之中。到时候，即使获得了战争的胜利，民心已失，社稷荒废，得不偿失。为此，光武帝决定致力于恢复和发展经济。

在不断加强中央集权的同时，光武帝采取了与民休息、抑制豪强的政策举措。

为了缓和社会矛盾，安定社会秩序，光武帝曾多次下诏释放奴婢、刑徒。同时还规定虐待杀伤奴婢的人皆处罪。

西汉后期尤其是王莽时代末期，因战乱和饥荒，大量流民为奴为婢，刑徒也逐渐增多，这使得西汉末年阶级矛盾十分尖锐。如果不能妥善解决这一问题，必将会引发声势更为浩大的社会动乱。所以光武帝才会释放大量奴婢和刑徒，其目的主要还是维护统治的稳固。

| 主线 | 事件 | 时间 |
|---|---|---|
| 东汉的建立和发展 | 东汉建立 | 公元25年 |
| | 光武帝偃武修文 | 公元25年—57年 |

| 时间 | 事件 | 主线 |
|---|---|---|
| 公元25年—57年 | 光武帝轻徭薄赋 | 东汉的建立和发展 |
| 公元78年 | 张衡出生，后发明地动仪、浑天仪 | |

轻徭薄赋、偃武修文也是光武帝施政的一个重要举措。在公元30年，光武帝下诏恢复三十税一的赋制。同时，否决了大臣北击匈奴的奏请，其目的都是恢复和发展经济，维护政权稳定。

在抑制豪强方面，光武帝实行度田政策，对于那些反对度田的地方豪强进行严厉追查。一些地区的地方豪强掀起武装叛乱，各地也因此盗贼横行。

对于这两种反抗势力，光武帝采取了安抚与镇压并举的手段。一方面严惩各地盗贼，另一方面将各地作乱首领迁往其他地区，严厉打击豪强地主。这一举措也成为东汉中后期实行的主要政策。

在文化教育方面，光武帝继承了西汉时期独尊儒术的思想，以儒家思想治理天下。同时，光武帝还极为重视图书收藏，他广纳四方贤士，遍集旧典新籍，奠定了东汉国家藏书的基础。

在刘秀的努力之下，国家政局恢复了稳定，人民再次过上稳定的生活，社会经济也由此复苏，汉王朝又一次繁荣起来。

**蔡伦造纸**

光武帝刘秀去世之后，即位的汉明帝、汉章帝都继承了光武帝的施政理念，帝国一片繁荣景象。

在这种繁荣中，宦官势力、外戚势力又有所抬头。不过，在宦官和外戚当中，也有一些人以其过人的能力建设着汉帝国，其中宦官蔡伦就是一个这样的例子。

蔡伦自幼聪明好学，为人谨慎且饱读诗书，因此很受汉和帝赏识。公元97年，和帝将蔡伦任命为尚方令，主要负责制造宝剑和军械。

蔡伦为人十分怪僻，他不善于与人交际，每逢休息之时，总是闭门读书。蔡伦经常会接触到由简册和缣帛记载的古籍文献，这种记载材料不仅使书价十分昂贵，而且阅读时也非常不方便，因此蔡伦便下定决心要研发出一种理想的书写材料。

**蔡伦**

| 主线 | 事件 | 时间 |
| --- | --- | --- |
| 东汉的发展 | 蔡伦造纸 | 公元105年 |

| 时间 | 事件 | 主线 |
|---|---|---|
| 公元105年 | 蔡伦造纸 | 东汉的发展 |

其实，先前中国记载文字的载体已有不小的改良。最早在殷商时期，人们把文字刻在龟甲和牛骨上，故而被称为"甲骨文"。春秋战国时期，人们改用简牍，用木片和竹片取代了难以获得的龟甲。但使用简牍仍有很多缺点，首先简牍能记录的面积小，写成一篇文章往往要用不少片，之后用绳子串成"策"后，不仅体积巨大，难于携带，阅读起来也不方便。那时，人们还发明了在缣帛上书写，但这种材料十分昂贵，寻常百姓根本消费不起。

蔡伦决心改良记载材料之后，便积极行动起来。通过长期对民间工作的观察，他受到了人们制丝帛的启发。

东汉时期，人们经常会纺织、养蚕和缫丝。工人们把蚕茧放到河岸的帘子上，用木棒反复敲打。经过反复敲打，很多蚕丝碎絮便留在了帘子上面，它们相互交织在一起，用手揭下之后，帘子上便会留下一层丝绵薄片。这种薄片虽然是在制造丝织品过程中出现的附加品，但已经具备了记载文字的功能。

聪明的蔡伦马上想道："如果用蚕丝做载体，还是非常昂贵，如果能找到一些廉价的物体替代就好了。"

蔡伦先想到了破布和渔网，随后又想到了麻，接着又想到了桑树皮。他把这些材料收集在一起，经过反复的实验，在公元105年，蔡伦以麻头、破布、树皮和废渔网为原料制造出了一种既轻便又廉价的文字载体——"纸"。这是世界历史上首次有目的地制造出的植物纤维纸，人们称之为"蔡伦纸"。

虽然这种纸的表面仍十分粗糙，但在历史的进程上看，已经是非常了不起的发明了，它对人类文明产生了巨大的积极影响，也被称为我国古代四大发明之一。

蔡伦把制纸的过程和成品献给了在位的汉和帝，汉和帝看到之后十分高兴，马上就下诏令让全国上下广泛使用。

公元300年到公元400年之间，蔡伦的造纸术被传入了日本，接着又传遍了亚洲。以后又经阿拉伯各国传入了北美、欧洲大陆，为世界文明的发展做出了无法估量的贡献。但蔡伦本人却在公元121年因朝廷内斗而遭到连累，最终断送了性命。

**党锢之祸**

东汉末年，汉朝内政混乱，皇帝的权位被架空，外戚和宦官轮流执掌朝政。在这种情况下，一些有能力、有抱负的士人得不到重用，有些人还遭到打压陷害。

眼看国家将要毁在这些宦官手中，汉朝的士大夫们决定起来反抗，铲除这些祸国殃民的祸患。

看到士大夫们起来反抗，掌权的宦官们恼羞成怒，他们不断在皇帝面前诽谤士大夫，并以"党人"之罪进行严厉惩处，两次党锢之祸便由此而来。

| 主线 | 事件 | 时间 |
|---|---|---|
| 东汉的发展 | 蔡伦造纸 | 公元105年 |
| | 造纸术外传 | 公元300—400年 |

| 时间 | 事件 | 主线 |
|---|---|---|
| 公元166年 | 第一次党锢之祸 | 东汉的衰亡 |
| 公元168年 | 第二次党锢之祸 | |

第一次党锢之祸发生在东汉桓帝时期。当时，宦官赵津、侯览等人故意在大赦前犯罪，以期逃脱惩罚。但成瑨、刘质在大赦之后，依然严惩了这些犯罪之人。由此，宦官们便向桓帝进言，严惩了这些官员。

太尉陈蕃为维护正直官员向桓帝上书，更进一步引发了宦官对士大夫们的嫉恨，开始展开疯狂报复。在听信宦官们的谗言后，桓帝开始大肆抓捕"党人"，一大批士大夫因此入狱。

在酷刑之下，这些士大夫依然不改其志，一些士人故意供出宦官子弟，宦官们害怕引火上身，便向皇帝进言大赦天下。同年六月，党人获得释放，同时也被终身罢黜，第一次党锢之祸以此宣告结束。

第二次党锢之祸发生在东汉灵帝时期。灵帝即位后，陈蕃再次得到重用，同时李膺等士大夫也得到重新起用。但宦官曹节、王甫等人依然经常向皇帝和皇太后进谗言，妄图污蔑这些忠臣贤士。

陈蕃、窦武等人商议除掉这些干涉朝政的宦官，但不曾想被宦官们先行动手。在建宁元年（公元168年）九月辛亥日，宦官们发动政变，劫持窦太后，并假传诏书追捕窦武、陈蕃等人。

最终，陈蕃、窦武等人遇害，李膺等数百名士大夫也被下狱处死。相比于第一次党锢之祸，这一次的后果显然要更为严重，不仅有无数正直的士大夫在此次祸乱中遇害，更有无数黎民百姓宗族横遭劫难，东汉末年的社会环境变得更为动荡。

公元184年，黄巾之乱爆发，汉灵帝担心遭到打压的士大夫会与黄巾军一同作乱，便宣布再次大赦天下，免除"党人"的过错。但显然，现在再进行补救为时已晚了，即使"党人"不与黄巾军一同作乱，汉王朝的江山也已经"大厦将倾"了。

从本质上来讲，党锢之祸属于统治集团内部的争权斗争，但在党锢之祸中正直士大夫忠义直言、慨然赴死的气魄是值得肯定的。正是因为这些士大夫的努力，东汉的政权才坚持了较长时间，正如《后汉书》中所言"汉世乱而不亡，百余年间，数公之力也"。

### 外戚与宦官专政

经过汉光武帝、汉明帝、汉章帝三代皇帝的勤政治理，东汉帝国基本恢复了先前西汉时期的强盛。但汉章帝死后，即位的和帝还十分年幼，只有十岁无法亲政，由太后的兄长窦宪把持朝政，皇帝成了有名无实的傀儡，与朝臣们的关系十分疏远。

为了收回大权，和帝只能依靠宦官。公元92年，汉和帝在宦官郑众的帮助下，派禁军消灭了窦家势力，郑众因灭窦有功被封为侯。

让和帝始料不及的是，刚刚赶走了外戚，却又迎来了宦官干政。有功的宦官们越发积极地参与到东汉的政治之中。

| 主线 | 事件 | 时间 |
|---|---|---|
| 东汉的衰亡 | 窦宪把持朝政 | 公元88—92年 |

| 时间 | 事件 | 主线 |
|---|---|---|
| | | 东汉的衰亡 |
| 公元189年 | 汉少帝即位 | |

汉和帝一朝没能解决宦官干政的问题，之后的汉殇帝、汉安帝、汉顺帝、汉冲帝、汉质帝都十分重视宦官。国势也随着宦官的时好时坏而摇摆不定，到了汉桓帝、汉灵帝时期，因为两任皇帝的昏庸，帝国彻底进入崩溃的边缘。

当时，宦官在朝廷中的势力已经非常强大，能够与之抗衡的就只有外戚，于是便形成了东汉末期宦官与外戚专权的局面。

公元189年，汉灵帝刘宏去世，年幼的汉少帝刘辩即位，外戚何进辅佐朝政。

此时，外戚与宦官早已势不两立，何进想除去宦官势力，他与贵族官僚袁绍密谋剿灭宦官，并不顾朝臣们的反对，让凉州大军阀董卓率军入京，协助他们诛杀宦官张让和段珪。

结果秘密泄露，何进被张让等人杀害。袁绍马上带兵进入宫中，杀光了所有宦官。但此时野心勃勃的董卓已经带兵进入洛阳，进而引发了董卓之乱。

**汉洛阳遗址**

董卓仗着手握重兵，将皇帝刘辩废黜，另立刘协为帝，史称汉献帝。这位由董卓扶持即位的皇帝实际上没有任何权力，朝中大权均由董卓独揽。

董卓为人专横残暴，引得朝中上下敢怒不敢言。地方官吏们见董卓乱政纷纷举兵反抗，反董联军各自为战，都想着扩张自己的地盘，于是便形成了后来诸侯割据的局面。名义上统一的东汉王朝实际上已经不复存在，一场诸侯混战就此拉开序幕。

### 黄巾大起义

董卓之乱是压垮汉帝国的最后一根稻草，但在董卓之乱之前，给汉帝国致命一击的则是黄巾之乱。

东汉末年，中央政局十分不稳定，皇帝无能使得大权旁落，外戚与宦官弄权。同时，与西羌的战争已经持续了几十年，使得国库空虚，徭役兵役繁重不堪，人民早已怨声载道。加之土地兼并严重，底层的农民阶级生活在水深火热之中。

此时，一个名为张角的道教徒，与两位弟弟张宝、张梁创建了太平道教，他们在魏郡用法术和符咒到处为人治病，声称生病的百姓喝下张角的符水之后便不

**黄巾军**

| 主线 | 事件 | 时间 |
|---|---|---|
| 东汉的衰亡 | 董卓之乱 | 公元189—192年 |
| | 黄巾起义 | 公元184年 |

| 时间 | 事件 | 主线 |
|---|---|---|
| 公元184年 | 黄巾起义 | 东汉的衰亡 |

医而愈。于是,张角被百姓们奉为活神仙,从而声名鹊起,越来越多的人慕名前来成为张角的追随者,张角徒众达到了数十万人之多。

张角把这些人按军事组织改编成了三十六方,大方的人数在一万以上,小方则为六七千。每方都设有"渠帅",即地方长官,统一由张角指挥。

随后,张角通过对洛阳政局的观察,预定于公元184年(甲子年)以"苍天已死,黄天当立,岁在甲子,天下大吉"为口号兴兵反汉。

所谓"苍天"就是指东汉,"黄天"则指张角所创立的太平道。根据五德始终说的演算,汉属火德,火生土,而土为黄色,因此所有信徒都以黄头巾为记号,表示要推翻腐败的东汉王朝。

在准备工作进行得如火如荼之时,张角的一个名为唐周的弟子叛变了,他把张角起义的计划出卖给了东汉政府,于是东汉当局马上派出兵力对企图叛乱的人员实施抓捕和剿杀,一时间,洛阳城内的千余名教徒遭到了政府军的杀害。

就在这十分紧急的当口,张角当机立断决定提前一个月发动起义,他向全国各地传达了起义的指令,各地纷纷积极响应。农民们放下农具,拿起了武器,头裹黄巾,发动了历史上著名的"黄巾起义"。

黄巾军把矛头对准了东汉政府和地主阶级。他们所到之处，四处烧杀劫掠，杀死政府官吏，打开粮仓赈济饥民，短短一个月的时间，全国七州二十八郡都发生了战事。

由于人民积苦久矣，百姓纷纷加入黄巾军。黄巾军一路势如破竹，攻占了多个州郡，京都的皇帝和群臣十分不安，紧急调兵遣将镇压反军。

虽然黄巾军在战斗中表现十分英勇，也打了不少胜仗。但他们最终还是没能敌过政府军和地方武装。特别是在张角病死之后，黄巾军的精神领袖没有了，很快就丧失了战斗力，被军阀和政府军镇压了下去。

尽管黄巾军失败了，但这场内乱已经把东汉王朝搅得翻天覆地。同时，腐朽的封建地主阶级也遭到了沉重的打击，很多农民从地主的手中夺回了土地，一定程度上也缓解了社会的矛盾，推动了社会的进展。

| 主线 | 事件 | 时间 |
|---|---|---|
| 东汉的衰亡 | 黄巾起义 | 公元184年 |
| | 黄巾起义失败 | 公元184年 |

## 附录：第五章主要参考文献

[1] 司马迁. 史记[M]. 北京：中华书局，2011.

[2] 吕思勉. 秦汉史[M]. 武汉：华中科技大学出版社，2016.

[3] 吕思勉. 中国史[M]. 北京：中国社会科学出版社，2008.

[4] 人民教育出版社课程教材研究所历史课程教材研究开发中心. 普通高中课程标准历史读本：中国古代史[M]. 北

| 时间 | 事件 | 主线 |
| --- | --- | --- |

京：人民教育出版社，2017.

[5]王子今. 秦汉：穿越千年的文化符号[N]. 北京日报，2018-11-12.

[6]司马光. 资治通鉴[M]. 北京：北京联合出版公司，2016.

[7]白寿彝. 中国通史第4卷：秦汉时期[M]. 上海：上海人民出版社，2004.

[8]高建勋. 秦汉风云人物[M]. 武汉：武汉出版社，2008.

[9]彼得·弗兰科潘. 丝绸之路：一部全新的世界史[M]. 杭州：浙江大学出版社，2016.

# 第六章

# 三国两晋南北朝：南北民族大融合

- 军阀割据混战
- 官渡之战
- 赤壁之战
- 魏蜀吴相继建国
- 夷陵之战
- 蜀汉灭亡
- 晋代曹魏
- 东吴灭亡
- 八王之乱
- 北方少数民族内迁
- 司马睿建康称帝
- 淝水之战
- 北魏立国与改革
- 宋武帝刘裕
- 元嘉之战
- 刘宋灭亡
- 短命的南齐
- 北魏内乱
- 南梁灭亡
- 北周统一北方
- 北周灭亡

"话说天下大势，分久必合，合久必分"，泱泱中华五千年灿烂文明，如果要选择一个最精彩的时代，三国两晋南北朝一定会被选中。这段时期是中国历史上政权更迭最频繁的一个时期，战争成为这一时期的主旋律。这一时代不仅发生了众多精彩动人的故事，同时也出现了许多影响后世的历史人物。这些故事和人物成为中华文明浩瀚星河中闪亮的星点。

| 时间 | 事件 | 主线 |
|---|---|---|
| | | 汉末军阀割据混战 |
| 公元189年 | 董卓进洛阳 | |
| 公元190年 | 关东州郡起兵讨董卓 | |

## 军阀割据混战

黄巾起义被镇压之后,腐朽不堪的东汉政权已经分崩离析,到了灭亡边缘。

东汉中央没有强大的军事实力进行平乱,只好将军权下放到地方,命令各地州郡自己募兵以剿灭黄巾之乱。这样,经过数年的战争,黄巾之乱虽然平息,但各地州郡因为手握兵权,便开始形成大大小小几十个割据势力。

董卓之乱爆发之后,汉帝国中央权威彻底崩溃,各地割据势力先是联合抗董,董卓溃败后便陷入无尽的混战当中。

他们相互争权夺利、互相兼并,连年的战乱让中原地区出现了"白骨露于野,千里无鸡鸣"的悲惨景象。

具体来说,当时比较强大的割据有:北方以袁绍占据河北,势力最为强大,其余是曹操占据兖州、豫州,张杨占据河内,公孙瓒占据幽州,马腾、韩遂占据西北的凉州,张绣

**董卓像**

则占据南北交通要道南阳。南方则以占据徐州的陶谦最为强大，其次有占据荆州的刘表，占据汉中的张鲁，占据蜀中的刘焉，占据江东的孙策等。

经过多年厮杀，在北方，袁绍统一了河北，曹操夺取徐州统一了黄河流域，南方袁术溃败，孙坚和其继承人孙策开始壮大江东势力，刘表在荆州吸纳人才开始独霸一方。

此时，呈现出北方强于南方的态势，而北方又以袁绍和曹操两大集团针锋相对，北方的统一势在必行，因此袁绍和曹操必有一战。

## 官渡之战

公元196年，曹操迁都许昌并迎来了汉献帝，汉帝国名义上的中央已经被曹操掌控，他开始"挟天子以令诸侯"。

此后，曹操先后击败了吕布、袁术，将兖州、徐州和部分豫州、司隶收入囊中，地盘迅速扩大，大有统一黄河流域的势头。

与此同时，河北的袁绍战胜了公孙瓒，占据幽州、冀州、青州、并州，将黄河以北地区统一到了自

**吕布像**

| 主线 | 事件 | 时间 |
|---|---|---|
| 汉末军阀割据混战 | 曹操挟天子以令诸侯 | 公元196年 |

| 时间 | 事件 | 主线 |
|---|---|---|
| 公元200年 | 官渡之战 | 汉末军阀割据混战 |
| 公元200年 | 曹操解白马之围 | |

己的旗帜下。这样,同样称霸北方的两大军事集团势必要决个你死我活。

在双方的实力对比上,袁绍显然占据上风,河北之地不但宽广肥沃,而且人口众多,可动员的兵力十分可观。

曹操则处在四战之地,他的四面全是野心勃勃的军事集团。除了北方的袁绍,关中还有诸多武将伺机而动,南边的刘表、张绣十分顽强,东南的孙策英武神勇,就连暂时依附于他的刘备也蠢蠢欲动。

公元199年,袁绍改编了一支由十万精兵组成的军队想要南下进攻许都。曹操得知消息后非常不安,他认为袁绍的兵力十分强大,难与之抗衡。

不过根据自己对袁绍为人的了解,曹操又放下心来,因为袁绍志大才疏、刻薄寡恩、刚愎自用,有再多的兵也不会指挥。于是,曹操集结数万兵力准备迎战。

曹操是个很有军事才能的人,他依据双方的情况,做出了如下部署:由臧霸率精兵入青州,进而占领齐、北海、东安等地,以此来实行对袁绍的牵制。同时还要巩固右翼,提防袁绍从东侧袭击许都。

而曹操本人则亲率大军进入冀州黎阳(今河南浚县东,黄河北岸),削弱袁绍正面进军的攻势。

同时,曹操还派人镇抚关中,拉拢凉州,以稳定翼侧。

次年二月,袁绍进军黎阳,企图渡河与曹操主力军队决战。袁绍派出大将颜良进攻白马的东郡太守刘延,进而夺取黄河南岸要地。四月，曹操主动出击，亲自带着军队北上援救困于白马的刘延部队。战斗中袁军溃败，白马之围被解，袁军的锐气大大受挫，士气也变得低落。

但袁绍实力尚存，七月，袁军进至阳武，准备南下攻打许昌。八月，袁绍主力在靠近官渡的地方安营扎寨，与曹军对峙。十月，曹操采取了谋士许攸的计策，派轻骑兵火烧乌巢的粮草。

袁绍得知曹操正在偷袭乌巢的消息之后便兵分两路，以轻兵回救乌巢，慌乱中曹军大破袁军，杀死淳于琼，尽烧粮草。袁绍军心动摇，很多部队干脆投降了曹操，兵败的袁绍仓皇带着八百骑兵回到河北。

此次官渡之战以曹操的大胜而告终，战后，曹操与袁绍的实力发生大逆转，袁绍于公元202年因兵败而忧郁致死。五年后，曹操彻底消灭了袁家军事集团，成了北方无人能敌的霸主。

## 赤壁之战

曹操称霸北方后，开始打算向南进军。建安十三年（公元208年）七月挥兵南下，当时荆州的刘表刚刚病死，在蔡瑁、张允的拥立下，其子刘琮继任荆州牧。因章陵郡太守蒯越等人的劝说，刘琮投降了曹操。

九月，曹操抵达了新野。之前失去徐州后依附于刘表并

| 主线 | 事件 | 时间 |
|---|---|---|
| 汉末军阀割据混战 | 火烧乌巢 | 公元200年 |
| 三国争霸 | 刘备撤离新野 | 公元208年 |

| 时间 | 事件 | 主线 |
|---|---|---|
| 公元208年 | 刘备投奔东吴 | 三国争霸 |
| 公元208年 | 诸葛亮联吴抗曹 | |

**刘备雕像**

屯兵樊城的刘备向南逃亡，曹操亲率五千精锐骑兵追了一天一夜终于在长坂坡追上了刘备，刘备抛妻弃子才得以成功脱险。

此时，江东政权已经转移到了孙策的弟弟孙权手中。孙权得知刘备被追南下后，派出谋士鲁肃前来打探刘备的口风。在鲁肃的建议下，刘备答应带着所剩军兵投奔东吴，进驻鄂县的樊口。

刘备谋士诸葛亮意识到不久曹操将发动大战，主动向刘备要求亲自面见孙权，与其联合。在孙权谋士鲁肃的引见下，诸葛亮面见了东吴统治者孙权，并成功说服孙权联刘抗曹。

孙权召回了驻守在外的周瑜，任命其为左都督，任命老将程普为右都督，共领三万精兵和刘备的万余兵马迎战曹操。此外，还任鲁肃为赞军校尉，负责协助筹划战略。

同年十二月，孙刘联

**赤壁古战场**

军逆水而上，在赤壁与正在渡江的曹军遭遇。当时曹操军中正在蔓延瘟疫，而且新编的水军和收编的荆州军又处在磨合阶段，初战便被东道主周瑜水军所击败。于是，曹操只好把水军引至江北，与陆军会合。一方面操练水军，另一方面也在等待出战的时机。周瑜没有继续进兵，将战船停靠在南岸赤壁一侧，两军隔江相望而峙。

在对峙中，周瑜采取了诈降的策略。他派手下黄盖选取了十艘快船，其上装满了柴草油脂，连夜行船诈降曹操。

曹操信以为真，对前来的战船未加阻拦。当黄盖的战船距曹军二里多时，黄盖下令各船同时点火，当时东南风大作，战船御风疾行，很快就点燃了曹军的战船。火势借着呼啸的大风更加凶猛，很快就蔓延起来，曹操的战船因用铁索相连而全部未能幸免，连陆地上的营寨也遭到了大火的袭击。顷刻之间，曹军大乱。

眼看曹军阵脚大乱，周瑜等将领率士气高涨的精锐战士发起总攻，一通酣畅淋漓的拼杀之后，曹军大败。

曹操死伤的士兵难以计算，但至少在一半以上。曹操回到江陵之后，唯恐后方空虚，马上回到了北方，只留下了部将守卫南方。

赤壁之战的结果打消了曹操在短时间之内实现统一的计划，也为将来三足鼎立的局面打下了基础。

| 主线 | 事件 | 时间 |
| --- | --- | --- |
| 三国争霸 | 赤壁之战 | 公元208年 |
| | 曹操赤壁大败 | 公元208年 |

| 时间 | 事件 | 主线 |
|---|---|---|
| 公元220年 | 曹丕称帝 | 三国争霸 |
| 公元221年 | 刘备称帝 | |
| 公元229年 | 孙权称帝 | |

**魏蜀吴相继建国**

赤壁之战之后，鼎足之势形成，三方虽彼此各有所谋，但仍然有一种默契的平衡——皆宣称维护汉帝国，直到公元220年。

在此之前，刘备势力扩张到了蜀地，并把政权中心转移到了成都。而孙权则进一步稳定了江东，并有向荆州发展的势态。

公元220年，曹操去世，其子曹丕接受汉献帝禅让，正式成立魏帝国，史称曹魏。

次年，刘备在成都称帝，声称延续汉朝正统，史称蜀汉。

公元229年，孙权在建业称帝，定国号为吴，史称东吴。至此，三国时期的三个政权全部建立。

曹丕称帝之后，定都洛阳，曹魏政权从曹丕称帝到曹奂禅位于司马炎，共存在了四十六年。其所控制区域包含北方各州，是三国政权势力最为强大的一支。

曹魏的疆域在曹丕称帝后基本定型，北至山西、河北及辽东，与南匈奴、鲜卑和高句丽

**曹丕父子**

相邻；东至黄海，与东吴对峙于长江、淮河、汉江一带；西南则与蜀汉对峙于秦岭、河西一带。

刘备在成都称帝后，为了表示自身政权的合法性，决定依然使用汉作为国号。因为所控制的区域主要是益州蜀地，所以被称为蜀汉。在三国政权中，蜀汉的势力最弱，从刘备称帝到刘禅投降，蜀汉政权共存在四十三年。

蜀汉疆域在赤壁之战后，从荆州南部开始发展，一度涵盖了荆州、益州和汉中。此后，在与东吴交战中失去荆州，又在平定南中之后获得云南等地。

孙权在公元229年称帝后，因其政权控制着扬州、交州、荆州等江东地区，所以被称为东吴、孙吴。

在赤壁之战后，东吴陆续获得了荆州西部、交州和整个荆州南部。在孙权称帝后，疆域开始稳定下来。

在三国政权形成之后，蜀汉诸葛亮、姜维曾多次北伐曹魏，却始终没有改变三足鼎立的局面。

### 夷陵之战

公元219年，吴主孙权派兵夺取了荆州，并杀死刘备大将关羽。刘备为夺回重镇荆州，准备亲率大军进攻东吴，孙权紧急求和不成，转而与曹魏讲和，孙刘抗曹联盟破裂。

章武元年（公元221年）七月，刘备亲率数万大军进攻

| 主线 | 事件 | 时间 |
|---|---|---|
| 三国争霸 | | |
| | 刘备进攻东吴 | 公元222年 |

| 时间 | 事件 | 主线 |
|---|---|---|
| 公元222年 | 陆逊避而不战 | 三国争霸 |

东吴。面对刘备的大举进攻,孙权拜陆逊为大都督,统领五万兵力,抵达前线迎战。

陆逊是个十分谨慎且极具军事才能的人,他认为刘备兵势强大,但远道而来急于取胜,吴军只要暂时避其锋芒,耐心等待时机,一定能击败对方。

陆逊

于是果断实行了主动退让的战略,一直撤到了夷道(今湖北宜都)、猇亭(今湖北宜都北古老背)一线,转入防守态势,集中兵力,伺机而动。

此时,吴军已经彻底退出了高山峻岭的地带,把能展开兵力的数百里山地都让给了蜀军。

公元222年初,蜀国水军进入夷陵地区,部署在长江两岸。二月,刘备带着主力部队抵达猇亭,并建立了大本营。尽管蜀军多番挑衅,但吴军始终坚守不出。

从年初到六月,吴军一直不肯开战迎敌,随着相持时间的拉长,远离家乡的蜀军将士斗志涣散,十分松懈。

六月份,江南地区的酷暑更是难耐,蜀军士兵无法适应炎热的天气，刘备也无可奈何，只得让水军走上陆地，并把军营扎在了深山老林之中。

此时蜀军的处境十分不利。一方面他们深入吴地远离后方，后勤支援非常困难。另一方面，百里联营兵力分散而十分薄弱，而这正是陆逊一直等待的结果。

陆逊见时机成熟，于是由守转攻。先是派出了小部队进行试探，后转而准备火攻蜀军。

一日深夜，东吴士兵手持茅草，趁夜向蜀营发起突袭，在蜀营外顺着风向点燃茅草。火势大作，蜀军乱作一团。陆逊趁着大火率军一路剿杀，蜀军只好西退。同时，陆逊派出另一支军队从后方拦截撤退的蜀军，使得蜀军被困在涿乡（今湖北宜昌西）。蜀军因此大败，完全失去了作战能力，除了大部分死亡的将士，剩下的士兵要么负伤，要么逃亡，物资军械也消耗殆尽。刘备见大势已去，只好连夜出逃，跑到石门山（今湖北巴东东北）时，还险些被陆逊部下所擒。狼狈不堪的刘备靠着驿站人员焚烧溃兵所弃的装备堵塞山道，终于摆脱了吴军的追杀，逃入了白帝城（今四川奉节东）。

此战刘备军队几乎全军覆没，士兵死亡数万之多。次年四月，刘备因羞恼于夷陵惨败，大病不起，死在了白帝城。刘备死前，把蜀汉军政大权完全托付给了丞相诸葛亮。刘备死后，诸葛亮便立即与东吴恢复联盟，南方战事再次宣告停止。

| 主线 | 事件 | 时间 |
|---|---|---|
| 三国争霸 | 陆逊火烧连营 | 公元222年 |

| 时间 | 事件 | 主线 |
|---|---|---|
| 公元234年 | 诸葛亮病故 | 三国争霸 |

## 蜀汉灭亡

刘备死后，刘禅即位，是为蜀后主。

刘禅令诸葛亮开府治事，诸葛亮为重修与东吴的盟友关系，派使臣出使东吴。同时，在国内进行一系列调整，包括礼仪、官职、法律等方面，一时间国殷民富，全国上下井然有序。

此后，诸葛亮开始筹备北伐曹魏事宜。诸葛亮发起的北伐从公元228年开始，一直持续到公元234年，虽有不少次战果，但还是未能达成"复兴汉室"的最终目标。

长年累月的征战和治理国家的艰辛让诸葛亮不堪重负，终于在公元234年，诸葛亮病死在北伐的途中——五丈原，享年五十四岁。

诸葛亮临死之前向刘禅上表身后之事，称蒋琬可接任自己的位置。而在诸葛亮死后，刘禅空下丞相一职，让蒋琬作为大将军辅政，并继续维持与东吴的盟友关系。

**五丈原诸葛亮庙**

从公元234年至246年，蒋琬一共辅政十二年，他继承了丞相诸葛亮的治国方针，国家被管理得井然有序。

在此时期，刘禅听闻魏明帝曹睿大兴土木，劳民伤财，认为曹魏将要灭亡，于是加任蒋琬为大司马，驻军汉中，伺机完成北伐大业。

为此蒋琬派出了姜维率军西进，再次北伐。经过多次试探，蒋琬改变了从秦岭北上的路线，认为秦岭道阻艰险难以往返，不如广造船只，从水路向魏国上庸等地发起攻击。

但蒋琬的想法遭到了不少朝中大臣的反对，不久蒋琬因病去世，此事便宣告终止。但蒋琬临死之前上书给刘禅，希望任命姜维为凉州刺史。

蒋琬死后，刘禅任费祎为大将军辅政。自公元246年起，费祎辅政七年。期间，费祎一心求安，实行休养生息的方针，不再对魏国用兵，此外还裁减了姜维属下兵力。延熙十六年（公元253年）二月十五日，费祎被魏国降将郭循刺杀而死。

费祎死后，刘禅命姜维总督内外军事，却逐渐开始宠幸宦官。

蜀汉后期，姜维的北伐使得国力损耗巨大，人民不堪重负，加上宦官黄皓等人专权，姜维便不敢再回到成都，只得屯田沓中。

公元263年，魏国大将钟会治兵于关中，意图伐蜀。蜀国虽然曾有预警，但宦官黄皓以鬼神之说称魏军不会前来，结果魏军偏师从景谷道偷渡，直进蜀国腹地。刘禅见大势已去，只得投降，蜀国由此灭亡。

| 主线 | 事件 | 时间 |
|---|---|---|
| 三国争霸 | 姜维北伐 | 公元238—262年 |
| | 刘禅降魏蜀汉灭亡 | 公元263年 |

| 时间 | 事件 | 主线 |
|---|---|---|
| 公元265年 | 司马炎继承王位 | 西晋建立 |

## 晋代曹魏

东汉末期到西晋建立这段时期，整个中原地区一片混乱，从诸侯割据到三足鼎立，你方唱罢我登场。在这段混乱的时期中，有一个家族始终在运筹帷幄，最终成为这个混乱时代中的胜利者，这个家族就是司马家族。

司马懿是司马家族的代表人物，同时也是西晋王朝的主要奠基人。虽然在与诸葛亮的较量中，败绩较多，但司马懿依然成了最后的胜利者。

司马懿经历三代托孤辅主，培养了众多自己的支持者。在清除曹爽群党之后，成功掌控了曹魏的政权。但是此时，司马懿却并没有选择夺权篡位。个中原因后世有多种解读，但具体原因为何，可能只有司马懿本人才能回答了。

司马懿死后，大儿子司马师继承了父亲的权位。司马师在平定毌丘俭、文钦之乱的回师途中病逝，后由司马昭继承其权位。司马昭在灭蜀之后，自封为晋王，并立司马炎为世子。

魏帝曹髦大怒，带了几百亲兵向着司马家杀去。但谁知司马昭早已得到风声，派了一支精兵在半路杀掉了曹髦。随后，司马昭立曹奂为帝，此时的曹魏政权早已落入司马家族手中。

公元265年，司马昭中风而死，其子司马炎继承王位。司马炎显然要比他父亲更果断，在逼迫曹奂退位之后，司马炎正式建立西晋，成了晋朝的开国皇帝。

到了司马炎时期，天下已经趋于稳定，很少再有大的动乱。司马炎便开始撤销边防军事，全力发展农耕。司马炎的这种宽松举措，在一定程度上缓解了当时的社会矛盾，但最终却导致了"八王之乱"的发生。

司马炎称帝

| 主线 | 事件 | 时间 |
| --- | --- | --- |
| 西晋建立 | 司马炎称帝 | 公元266年 |
| 西晋的统一 | 司马炎攻吴，吴国灭亡 | 公元280年 |

## 东吴灭亡

公元229年，东吴孙权称帝。孙权长子孙登于公元241年早死，孙权于是立三子孙和为太子，不久后又封四子孙霸为鲁王。

孙权晚年，孙霸与太子储位之争进入白热化，朝中大臣也因此而分成两派，功臣陆逊也因为卷入夺储事件而遭到孙权的斥责，最后气愤而死。

结果是孙和被废，孙霸被赐死，孙权幼子孙亮被立为储君。虽然事件得以平息，但是吴国的朝堂也被搅得混乱不堪，自此孙吴政权开始走向衰败。

神凤元年（公元252年）四月，孙权因病去世，年仅十

| 时间 | 事件 | 主线 |
|---|---|---|
| 公元252—280年 | 东吴内斗 | 西晋的统一 |

**东吴孙权**

岁的孙亮即位，诸葛恪、孙弘、孙峻等重臣辅政。曹魏趁机发动了对孙吴的进攻，以司马昭为都督，领兵七万直逼东吴。孙吴方面则任诸葛恪为统帅，领兵四万迎战魏军，结果魏军大败。

公元253年，东吴大权被宗室孙峻所得。三年之后，孙峻病死前又将大权交到了弟弟偏将军孙綝的手上。孙綝为人残暴，嗜好杀戮，大权在握之后杀死了不少孙吴重要将领，旷日持久的内斗让孙吴国力急剧下降，处在分崩离析的边缘。

公元258年，孙綝废黜孙亮，扶持孙权第六子孙休即位。不久后，孙綝被孙休定计捕杀，年仅二十八岁。尽管孙休在位广颁良制，施惠百姓，但孙吴的疲敝之态并未得到根本改善。

公元264年，孙休因病去世，此时蜀汉刚刚灭亡，南方的交趾部落也叛吴降魏，孙吴处境十分危险。外患的同时，孙吴内部局势也不稳定。为了控制这种局面，丞相濮阳兴和左将军张布立孙和的长子孙皓即位。

孙皓当政初期曾广施仁政，被誉为"令主"。然而没过多久，孙皓残暴的一面就暴露出来了。孙皓不仅对臣民十分残暴，而且生活也奢靡无度，使得人民怨声载道。

同时，孙皓还不断向晋发动军事打击，虽然晋受到一定困扰，但相较之下，却给孙吴带来了更沉重的负担，进而遭到了江东士族们的集体反对。

孙皓的北伐非但没能改变晋强吴弱的现状，反而使事态愈演愈烈。公元279年，晋武帝司马炎下令进攻吴国。当时，孙吴上下已经离心离德，面对强敌毫无办法，晋军遂一路势如破竹，孙吴防线迅速崩溃。

公元280年五月一日，晋国军队抵达石头城下，孙皓自知大势已去，便命人反绑双手，抬着一口棺材到晋军面前投降。至此，孙吴政权灭亡，西晋实现了一统中华。

## 八王之乱

泰始二年（公元266年）二月八日，司马炎逼迫魏元帝曹奂禅让，自己即位，定国号为晋，改元泰始，司马炎也就是后来的晋武帝。

晋武帝即位之后，为防止地方豪强割据、皇族没有兵权的状况，一次性分封了二十七个同姓王，并让他们都有自己的军队。

分封子侄的做法，虽然让司马家族得以壮大，但藩王权力过大，导致他们可以与中央分庭抗礼。司马炎本想以此来巩固自己的天下，没想到却适得其反，为内乱埋下了祸根。

公元290年，晋武帝司马炎病逝，其子司马衷即位，史

| 主线 | 事件 | 时间 |
| --- | --- | --- |
| 西晋的统一 | 司马炎攻吴，吴国灭亡 | 公元280年 |
| 西晋的衰亡 | 八王之乱 | 公元291—306年 |

| 时间 | 事件 | 主线 |
|---|---|---|
| 公元290年 | 司马衷即位 | 西晋的衰亡 |

称晋惠帝。

晋惠帝即位之后,外戚杨骏便以各种手段,取得了独自辅政的地位,这引起司马氏诸侯王的不满。晋惠帝皇后贾南风便秘密与汝南王司马亮、楚王司马玮取得联系,要求他们带兵进京推倒杨骏。

此时的楚王早已跃跃欲试,苦于没有进京借口,接到请求后欣然接受,马上就带兵进入了洛阳。在楚王司马玮的帮助下,贾后成功杀死杨骏。

不久,汝南王也带兵进入了洛阳。一山岂容二虎,楚王和汝南王马上就发生了矛盾,贾后利用两人的矛盾,假传晋惠帝的密令给楚王,要其把汝南王抓捕后杀死。

事成之后,楚王并没有想到,贾后心狠手辣,在杀死汝南王的当天晚上便宣布楚王假造皇帝诏书,擅自杀死了汝南王。诡计多端的贾后就这样毫不费力地清除了杨骏并连杀两王,在朝中独掌大权。

贾后在其掌权的七八年中做尽了恶事。有一次,她把太子灌得大醉,趁太子意识不清醒之际,让他手抄一封自己事前准备好的逼皇帝退位的信。结果,第二天贾后便在朝上公布了这封信,称太子谋反。尽管大臣们都不相信是太子写的,但无奈贾后势力强大,最终太子被废。

太子被废之后,朝中大臣对贾后更加不满。赵王司马伦设计推倒贾后,他先是对外散布谣言,称大臣们正在密谋让太子复位。贾后听闻后信以为真,便派人毒死了太子,赵王便名正言顺地讨伐贾后。他派禁军冲进宫中，杀死了正在行乐的贾后。此时太子已死，赵王十分巧妙地除掉两个心头大患，可谓一石二鸟。

贾后死后，赵王便逐渐掌握了政权，他的野心也随之越来越大。不到一年的时间，他就将在位的晋惠帝软禁起来，自称为皇帝。

为了巩固政权，赵王大封同党，被封的官员数量十分巨大，导致官帽上用来装饰的貂尾都不够用了，只好用狗尾充当。后来，民间便编出了一首歌谣来讽刺这种现象，即"貂不足，狗尾续"。

诸侯王们听闻赵王叛乱称帝，纷纷展开厮杀，争权夺利。参与到这场混战中的诸侯王主要有汝南王司马亮、楚王司马玮、赵王司马伦、齐王司马冏、长沙王司马乂、成都王司马颖、河间王司马颙、东海王司马越，史称"八王之乱"。

## 北方少数民族内迁

魏晋时期，中原地区诸强混战，导致人口不断减少。在曹魏统一北方之后，为了恢复经济，曾让周边游牧民族内附，因此当时的山西、陕西、河北等地，逐渐形成了大片的游牧民族聚居区。

晋帝国取代曹魏之后，依然延续了这样的政策。八王之

| 主线 | 事件 | 时间 |
| --- | --- | --- |
| 西晋的衰亡 | 八王之乱 | 公元291—306年 |
| 北方少数民族内迁 | | 公元304年 |

| 时间 | 事件 | 主线 |
|---|---|---|
| 公元304年 | 北方少数民族内迁 | 西晋的衰亡 |

乱爆发，晋帝国各诸侯王为了扩张自己的势力，纷纷邀请游牧民族势力加入本方。这些游牧民族被武装起来之后，逐渐开始反噬晋帝国。

随着时间的推移，这些游牧民族已经和汉人逐渐融合，渐渐从偏远地区迁入中华大地。晋武帝时期，就有二十多万匈奴人迁入内地，与汉人杂居在一起，从之前的游牧生活改变成农业定居生活。

但他们的生活并不安逸，长期以来因遭受汉族地主的奴役和剥削，过着饥寒交迫的生活。

此后，这些少数民族的上层精英们和西晋的一些地方长官趁着西晋内乱纷纷割据一方，建立起自己的政权，随后开始互相争夺地盘。

公元304年，匈奴贵族刘渊率先起兵反晋，自称大单于，随后建国号为汉，改称为汉王。

公元308年，他正式称帝，把都城迁到了平阳。刘渊死后，他的儿子刘聪即位。刘聪曾派大军进攻西晋，直至拿下洛阳和长安城。西晋的末代皇帝见兵临城下，只好袒露胸臂，牵着一只羊羔，拉着一口棺材，嘴叼玉璧，出城投降。至此，历经四任皇帝历时五十二年的西晋政权灭亡了。

虽然刘聪灭了西晋帝国，但他的好景也不长，两年后，他就被镇守关中的刘曜所灭。刘曜把都城迁到了长安，建立了史称前赵的政权。

公元329年，羯人石勒发兵灭掉前赵，自任皇帝，建立

**石勒雕像**

后赵政权。后赵政权经过三十年的经营，几乎统一了中国北方地区。

石勒死后，他的侄子石虎便杀死了他的儿子，篡夺了后赵政权。石虎为人十分残暴，为了满足奢靡的生活，他抢夺民女，勒索百姓，使得民不聊生。

石虎死后，大将军冉闵夺权成功，建立了魏国。他杀死了石氏家族的所有老小，还大肆屠杀羯人，短短的一天时间，就杀死了几万羯人。从前到后，有二十多万人死在了他的刀下，这激起了少数民族的强烈反抗。公元352年，鲜卑慕容部灭掉了冉魏，建立了燕政权。

从公元304年刘渊起兵到公元439年北魏统一中国北部，

| 主线 | 事件 | 时间 |
| --- | --- | --- |
| 西晋的衰亡 | 西晋灭亡 | 公元316年 |

| 时间 | 事件 | 主线 |
|---|---|---|
| 公元317年 | 司马睿称帝 | 东晋建立 |

共一百三十五年的时间里，各个民族的统治者先后建立了二十多个国家，其中实力比较强的有十六个，分别为成汉、前赵、后赵、前凉、北凉、西凉、后凉、南凉、前燕、后燕、南燕、北燕、夏、前秦、西秦、后秦，统称为十六国。

**司马睿建康称帝**

晋帝国经过八王之乱和刘聪占据洛阳后，在北方的统治已经名存实亡。此时司马睿在琅琊王氏的帮助下，渡长江到南方复兴了晋帝国，史称东晋。

司马睿于公元276年生于洛阳，其祖父琅琊王司马伷是司马懿的庶子。公元249年，司马懿发动政变，掌控了曹魏实权，并把自己的儿子们分派到各个重要地区出任都督，其中，司马伷就被分配到邺城。

此前邺城是曹操封魏王时的都城，也是曹魏王公们聚集之地，这里兵粮充足，是个军政要地。不久之后，司马伷被封为琅琊王。

在平吴之役中，司马伷立下大功，进拜侍中、大将军、开府仪同三司、督青州诸军事等职。司马伷死后，长子司马觐袭得琅琊王，虽然生平碌碌无为，但是他的地位十分显赫。

公元290年，司马觐去世，其子年仅十五岁的司马睿依例继承了琅琊王爵。公元304年，"八王之乱"越发激烈，东海王司马越挟持晋惠帝司马衷亲征邺城,镇守邺城的统帅是成都王司马颖。

司马颖此前曾杀死了执政的长沙王司马乂,迫使惠帝封他为继承人,司马颖取得要职之后只顾抢夺宫中财宝带回邺城,并且为人专横独裁,使得很多贵族权臣不满。于是,司马越便以惠帝的名义征召四方诸侯,共同讨伐司马颖,司马睿以左将军的封号也参与了这场讨邺战争。

司马越兵败逃回封国东海,司马睿的靠山东安王司马繇被司马颖杀害。司马睿感到十分危险,从邺城潜逃,十分艰难地回到了洛阳,把自己的家眷接走,带到了琅琊。

公元305年,司马越再次起兵,任用司马睿为平东将军兼都督徐州诸军事,留守下邳,帮助他料理后方。随后司马睿委任王导为司马。永嘉元年(公元307年)九月,司马睿偕王导渡江至建邺,在江东发展势力。

西晋灭亡的第二年,即建武元年(公元317年)四月六日,司马睿改元建武,建立东晋政权。

司马睿即位之初,他

**晋元帝司马睿**

| 主线 | 事件 | 时间 |
|---|---|---|
| 东晋建立 | 讨邺之战 | 公元304年 |

| 时间 | 事件 | 主线 |
|---|---|---|
| 公元376年 | 苻坚统一北方 | 南北朝政权更替 |

的势力还很单薄,没有足够的声望驾驭各个皇族成员,同样也未能得到南北士族们的支持,根基不够牢固。于是,王导便建议司马睿拉拢当地的两个名士顾荣和贺循。

司马睿亲自上门请二人做官,并委以重任,此后人们才纷纷开始拥护司马睿。随后,在王导兄弟的帮助下,司马睿逐渐在建康站稳了脚跟,巩固了地位。司马睿在登基时为了感谢王导和王敦两兄弟,还请他们一起坐上御座,接受百官的朝拜。

后来,司马睿封王导为尚书,执掌朝中政事,让王敦主管军事。于是在民间就流传了一句话,"王与马,共天下"。

### 淝水之战

东晋建立,司马睿政权屡经叛乱,经过几十年的努力,终于稳固了政权基础。

而中原地区,经过各政权的厮杀,终于在公元350年之后获得了短暂的统一,建立了前秦政权。

前秦是由少数民族将领苻坚于公元352年建立的,从公元357年开始,苻坚开始了对其他国家的吞并蚕食。

最早被苻坚灭掉的是前燕,随后是前梁和代国,至此前秦已经统一了中国北方地区,成为中国历史上第一个能够统一北方的非汉民族政权。

北方一统之后，苻坚打起了东晋的主意，想要通过南征来完成统一全国的政治目标。

公元383年，苻坚从全国各地征召了九十万大军，分三路南下征晋，一路披荆斩棘，攻破了东晋多个城池。

在危急存亡之际，东晋丞相谢安派出了谢石和谢玄，募得八万府兵之后，赶赴到淮水沿线。通过一番打探，东晋方面摸清了前秦部队的虚实，派出了由刘牢之率领的五千精兵夜间渡河突袭。

结果，前秦的前哨被破，大大激起了晋军的士气。随后，晋军部队赶赴到淝水东岸（今安徽寿县东南），准备正面对抗前秦军。

| 主线 | 事件 | 时间 |
|---|---|---|
| 南北朝政权更替 | 淝水之战 | 公元383年 |

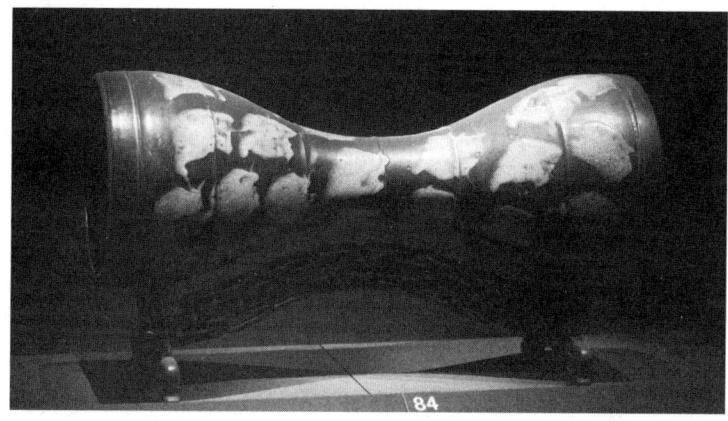

**羯鼓**

苻坚得知晋军已经抵达淝水之后，便登上了寿阳城城楼，观望敌军动向。他看到晋军列阵整齐，气势汹汹，顿时

| 时间 | 事件 | 主线 |
| --- | --- | --- |
| 公元383年 | 淝水之战 | 南北朝政权更替 |
| 公元385年 | 苻坚被杀 | |

感到十分惊慌，结果错把山上茂密的草木当成了晋军。《晋书·苻坚载记》："坚与苻融登城而望王师，见部阵齐整，将士精锐；又北望八公山上草森皆类人形，顾谓融曰：'此亦劲敌也，何谓少乎？'怃然有惧色。"这就是成语"草木皆兵"的出处。

慌乱的苻坚没有了之前的勇武，与晋军相持于淝水，按兵不动。

但对于晋军来说，此时不宜久战，时间拖得越久就越难取胜。于是，谢石、谢玄派人发函给苻坚，称："既然两国已经决定决一死战，不如找个宽阔的场地打个痛快。请贵军稍向后撤，等我军渡河之后决一雌雄。"苻坚同意了，但他心中也有自己的小算盘，等晋军渡河到一半的时候以骑兵突击，来个"半渡而击"，晋军必然大败。

结果现实完全没有按苻坚的计划进行，军队刚刚后撤，士兵们就感到莫名其妙，以为前方战败，搞得人心惶惶。同时，潜伏在前秦军的内奸朱序大喊道："秦军败了！"将士们听罢更加恐慌，争先恐后地四散逃命。就这样，前秦军还没交手就神奇地败逃了。晋军当然不会错失如此良机，马上渡河追击，杀得前秦军胆战心惊。前秦军败退的同时，还有大量士兵因互相踩踏而死。苻坚本人也因混乱而身中流矢，只得带着几千人马逃回淮北。

淝水大战失败后，前秦元气大伤，从此一蹶不振。苻坚不久之后也被部将姚苌所杀，短暂统一的北方再次陷于混战。

## 北魏立国与改革

在前秦短暂统一北方以后，又一个强大的政权出现了，它不但统一了北方，甚至也为中华的统一奠定了基础，这个政权就是鲜卑人建立的北魏。

鲜卑族拓跋部主要居住在大兴安岭附近，以游牧为生，在东汉以前，拓跋部在拓跋诘汾的带领下，逐渐向西迁移，进入漠北地区。到了拓跋力微时期，拓跋部又迁居到盛乐，当时的拓跋部仍然处于氏族部落联盟阶段。

公元315年，拓跋力微之孙拓跋猗卢被西晋封为代王。公元338年，拓跋什翼犍建立代国，定都于盛乐，此后拓跋部势力开始强大起来。但在公元376年，代国在前秦苻坚的进攻下灭亡。

公元386年，前秦瓦解，拓跋什翼犍之孙拓跋珪重新召开部落大会，恢复了代国，定都牛川。此后又迁都盛乐，改国号为魏，自称为魏王。为了与曹魏相区别，后世将拓跋珪建立的政权称为北魏。

为了复兴拓跋氏，拓跋珪四处征战，不仅击败了匈奴的刘显、刘卫辰两个部落，同时还击败了北方的高车族。

公元398年，拓跋珪迁都平城，称帝。此后，太武帝拓跋焘即位后，开始主动对外进攻。他曾先后十三次出兵柔然，征服了漠北一带。同时还在公元431年灭胡夏，平山胡，西逐吐谷浑。在公元436年灭亡北燕，公元439年灭亡北凉，最终统

| 主线 | 事件 | 时间 |
|---|---|---|
| 南北朝政权更替 | 拓跋什翼犍建立代国 | 公元338年 |
| | 拓跋珪称帝 | 公元398年 |
| | 太武帝统一北方 | 公元439年 |

| 时间 | 事件 | 主线 |
|---|---|---|
| 公元398年 | 拓跋珪称帝 | 南北朝政权更替 |
| 公元493年 | 北魏孝文帝迁都 | |
| 公元420年 | 东晋灭亡 | |

一北方，与南方的刘宋政权形成南北对峙的格局。

太武帝去世之后，从文成帝拓跋濬开始，北魏进行改革，将游牧经济逐渐转变为农业经济。在众多改革中，孝文帝拓跋宏改革的影响最为深远。

孝文帝在即位后，为了缓和阶级矛盾，实行了一系列改革措施。孝文帝改革的主要内容是汉化运动，其中包括均田制、户调制、迁都洛阳，改汉易俗等内容。这些举措不仅促进了北魏社会经济的发展，同时也促进了民族融合。

**孝文帝拓跋宏**

公元493年，孝文帝决定将都城从平城迁到洛阳。迁都后，将官制改成了魏晋南朝制度。孝文帝的改革遭到了保守的鲜卑贵族反对，公元496年，企图叛乱的拓跋恂被孝文帝处死，旧贵族在平城的兵变也被孝文帝镇压。孝文帝通过一系列强硬举措，保证了改革的顺利进行。

孝文帝的改革让北魏变得更加强大，但在孝文帝死后，仅仅三十年时间，北魏就迅速走向了灭亡。

### 宋武帝刘裕

尽管淝水之战取得了大胜，但是东晋并没有迎来国力的蒸蒸日上，反而出现了内乱。

权臣桓玄继承了父亲桓温的遗志，再次发动篡位，但没过半年就被"北府兵"著名将领刘裕击败。随后，刘裕迎晋安帝到建康，晋安帝成为刘裕所操控的傀儡皇帝。

虽然刘裕在灭桓玄的过程中展现了出色的军事才能，但是他在朝中立足不久，根基不稳，没有太高的政治威望。为了服众并站稳脚跟，刘裕开始了北伐，第一次是拿十六国中的南燕开刀。

当时南燕的领导者是个堪比桀纣的暴君，做出了不少荒淫无道的事，刘裕决定教训他们一番。

义熙五年（公元409年）四月，刘裕率大军从建康出发，经水路抵达下邳后弃船登陆，抛下了辎重，只带干粮轻兵疾行。刘裕军队孤军深入，又无险可守，如果敌人于后方截断退路，前方坚守不出，则会陷入十分危险的境地。

但刘裕准确地预料到荒淫的慕容超绝非有耐心之辈，为了建立军功，他一定会出城迎战。结果，当年六月，燕军果然出战应敌，与晋军在临朐遭遇。刘裕摆出四千辆车子从两翼推进，打得燕军骑兵只能和刘裕步兵胶着而战。同时，刘裕还派出了一支万人部队突袭临朐，并在正面发动猛攻。此战，晋军斩杀燕军十余名大将，大败燕军。

义熙六年（公元410年）二月，刘裕经过长时间的围城终于迫使南燕镇南长史、尚书悦寿开城投降，慕容超在突围的过程中被抓，至此，南燕被刘裕所灭。

刘裕北伐的同时，与他政见不合的广州刺史卢循发动

| 主线 | 事件 | 时间 |
|---|---|---|
| 南北朝政权更替 | 东晋灭亡 | 公元420年 |
| | 刘裕大败南燕 | 公元409年 |

| 时间 | 事件 | 主线 |
|---|---|---|
| 公元420年 | 东晋灭亡<br>刘宋建立 | 南北朝政权更替 |

了叛乱。卢循和部将率领军队从江西赣江乘船南下，进发建康。刘裕马上带兵提前赶回了建康，坚守不出。叛军面对坚守的刘裕军队感到束手无策，只能在附近地区徘徊劫掠。相持数个月之后，叛军已经十分疲惫，只好撤兵。刘裕看准时机，派出一支军队远攻广州，拿下了叛军的老巢，使得叛军只能在江浙沿海地区抢劫逃窜。没过多久，流离失所的叛军觉得与其这样逃亡下去，不如孤注一掷夺回广州。结果叛军被刘裕杀得大败，叛军首领全部被斩首。

经过一番征战，刘裕树立了威信，站稳了脚跟，很快就掌握了东晋王朝的实权。公元419年，他把晋安帝活活勒死，伪造遗诏传位给司马德文。司马德文即位之后，刘裕被封为宋王。但刘裕绝不满足于此，司马德文的皇帝当了不到两年的时间，刘裕就开始了篡位行动。他先是逼迫司马

**宋武帝刘裕**

德文禅让王位，随后用被子把司马德文捂死在床上。司马德文死后，刘裕就安安稳稳地坐到了皇帝的宝座上。

公元420年，篡位成功的刘裕建立了宋朝，至此东晋灭亡。

### 元嘉之战

东晋灭亡之后，中国进入了"南北朝"对峙阶段。中国

自此进入了历史上最为黑暗的时代，但同时也涌现了很多英雄良将。

刘裕代替东晋建立刘宋政权的同时，北方的拓跋氏则通过一系列的征战兼并，统一了北方，建立起了北魏政权。这两个新兴政权起初都忙于扫除附近的敌人，而无暇顾及彼此。

经过两代帝王的苦心经营，公元450年时，宋、魏两朝都已经安然度过了建国早期的动乱，国力日臻强盛，人民安居乐业。

俗话说"一山不容二虎"，在两朝完成富强大业之后，一场决一雌雄的大战也不可避免地爆发了，这就是历史上著名的"元嘉之战"。

**北魏瓦当**

元嘉二十七年（公元450年）二月，北魏太武帝派出十万大军攻打宋朝的悬瓠，还给宋文帝写了一封极具侮辱性的书信。宋文帝于当年七月派大军分两路北上，西路由名将柳远景统领，经湖北北部打到弘农、潼关；东路由王玄谟率领，渡黄河攻滑台。

宋军作战一度十分顺利，完全可以趁势北上大举进攻北魏腹地，但问题出现在了将领身上。在围城期间，王玄谟不听部下劝告，丧失攻城良机，又搜刮民财，大失人心，结果阻碍了北伐的继续进行。

| 主线 | 事件 | 时间 |
|---|---|---|
| 南北朝政权更替 | | |
| | 宋文帝北伐 | 公元450年 |

| 时间 | 事件 | 主线 |
|---|---|---|
| 公元450年 | 元嘉之战 | 南北朝政权更替 |
| 公元479年 | 刘宋灭亡 | |

此时，魏军发动了大举反扑，多次击退了东线的宋军主力。西路军见东路受挫，因兵力有限不敢孤军深入，也只得南撤。

宋军的南撤并没有稳住战局，反而大振了魏军的士气，越发大举南下，一直打到了长江北岸的瓜州。宋朝见形势紧急，从各地调配了大量军民，驻防于长江沿线。当时已经到了寒冷的冬季，魏军粮草无法供应，宋军又坚守不出，魏军只得撤军。

次年春天，魏军卷土重来。此时的宋军已经没有当初北伐时的雄心壮志，所守的防线逐渐从河北地区撤到了淮北，最后退到了淮南。至此，势均力敌的南北对峙转向了"北强南弱"。这一次魏军虽然又一次无功而返，但宋军也只剩下抵抗的余力。

因为宋文帝的年号为元嘉，所以历史上称这次战争为"元嘉之战"，这次战争使得宋朝元气大伤，只得偏安于南方，再无力北伐。

### 刘宋灭亡

元嘉之战让刘宋政权元气大伤，但是真正导致其灭亡的却是内部的自相残杀。

宋文帝一共在位三十年，在动乱的南朝算是在位时间很长的了。但没想到，宋文帝的太子刘劭因为等得不耐烦而找到了女巫严道育，以歪门邪道对老皇帝进行诅咒。

公元452年，诅咒败露，文帝既愤怒又悲伤，但他又不忍心废掉太子，只对太子进行一番痛斥和教育，四处抓捕女巫严道育。没想到的是，严道育居然藏在太子府中，文帝终于决定废黜太子。但此时，太子已经选择先发制人，发起了政变。

公元453年，刘劭召集了两千余名士兵冲进内城，以假诏书骗开了城门，带兵的张超之手持兵器直接杀死了正在讨论废立之事的文帝。随后，刘劭将重要大臣们全部拘禁起来，在几十名朝臣的"拥立"之下登基。

太子弑父篡位的消息很快就传到了地方皇子的耳朵里，远在湖北的三皇子刘骏马上举兵讨伐，一时间各地军政长官也纷纷响应。

不到三个月，失道寡助的刘劭就被讨伐军推翻，刘劭本人及全家老小被全部处死。

公元453年，孝武帝刘骏即位。刘骏上台的第一件事就是清除异己，还杀死了亲兄弟刘铄，因为当初刘铄是父亲文帝最喜爱的儿子，刘骏嫉恨已久。

公元454年，刘骏的叔父刘义宣也起兵叛乱，企图与侄子争夺王位，结果失败，刘义宣本人及其十六个儿子都被处死。

刘骏的另一个亲兄弟武昌王刘浑从小就顽劣成性，他觉得当皇帝是件好玩的事，便在雍州自立为楚王，还像模像样地建立了年号，任命了百官。结果，很快就被告发，刘骏将

| 主线 | 事件 | 时间 |
|---|---|---|
| 南北朝政权更替 | 刘劭发动政变 | 公元453年 |
| | 孝武帝即位 | 公元453年 |

| 时间 | 事件 | 主线 |
|---|---|---|
| 公元453年—479年 | 刘宋内乱 | 南北朝政权更替 |
| 公元479年 | 刘宋灭亡 | |

其贬为庶人，不久后责令其自杀。

目睹皇室宗亲纷纷被杀，原本与刘骏关系要好的刘诞心生恐惧。为了自保，刘诞开始招募士兵，储藏军备。公元459年，刘诞被人告发谋反，孝武帝马上派兵围困了刘诞的广陵城。数月后，城门被破，刘诞被杀。

石头城遗址

就这样，宋文帝死后，皇室成员爆发了大规模手足相残的内乱，政局因此混乱不堪。

刘骏死后，其子刘子业即位，此人更是个残暴的君主。他因怀疑叔父造反，便将其四肢砍断。已经八十岁高龄的老臣沈庆之直言进谏，却招来嫉恨，使得全家被灭门。

最后连刘子业身边的侍卫对他的暴行都看不下去了，终于在其独身一人的时候将其杀死。

刘宋政权内部的厮杀和君主的无道统治，终于把这个王朝折腾得摇摇欲坠。

公元479年，执掌禁军职权的萧道成迫使末代皇帝刘宋顺帝禅让皇位，这个持续了六十年的刘宋王朝终于在宫廷厮杀中断送了国运。

## 短命的南齐

萧道成取代了宋朝建立起了齐朝，为了与南北朝时期的其他齐朝相区分，历史上称其为"萧齐"或"南齐"。

萧道成远没有刘宋建立者刘裕那样的显赫功绩和非凡能力，因此在其即位之后低调了很长一段时间。他对内实行节约的政策，鼓励农耕发展经济，对外则尽量与北朝保持和平，维护国家的安定。

萧道成因目睹了刘宋王朝的灭亡，深知手足相残是王朝覆灭的重要原因，于是临死之前语重心长地告诫太子切勿手足相残。

后来上任的太子萧赜听从了父亲的遗命，善待同族兄弟，进一步实行勤俭节约的国策，在此期间社会比较安定。

武帝萧赜去世的半年前，太子已先一步去世了，哀伤的武帝只好立自己的孙子萧昭业为皇太孙。

当时年仅二十一岁的萧昭业是个十分聪明的人，但是他的人品却十分卑劣，善于做戏。当他得知父亲死后，第一反应便装出了悲痛万分的样子，可是一回到寝宫便开始饮酒作乐。

**南朝齐墓葬**

| 主线 | 事件 | 时间 |
| --- | --- | --- |
| 南北朝政权更替 | 南齐建立 | 公元479年 |
| | 齐武帝永明之治 | 公元482年—493年 |

| 时间 | 事件 | 主线 |
|---|---|---|
| 公元493年 | 齐武帝病逝 | 南北朝政权更替 |
| 公元501年 | 刘勰著《文心雕龙》 | |
| 公元502年 | 南齐灭亡 | |

萧昭业得知自己成为皇太孙后,马上叫女巫诅咒祖父早死。虽然此事并未被祖父发现,但大臣们已经看透了萧昭业的狼子野心,希望改立贤能的萧子良为储君。

武帝病危之时,萧子良一直带领众大臣在一旁侍候,虽然看上去是在尽孝,但其实也是心怀鬼胎。武帝去世前,先是假装昏了过去,大臣们见状马上换上了丧服,拿出了早已准备好的假诏书,企图宣布萧子良即位。

出乎意料的是,武帝竟然回光返照,苏醒了过来,他马上派人叫皇太孙。萧昭业立即带着士兵冲进了内宫,此时齐武帝已经死去,萧子良的夺位计划便没能得逞。

萧昭业即位成为南齐的第三位皇帝,史称齐文帝。虽然萧子良篡位的阴谋已经被其识破,但萧昭业上任之后并没有急着报复,而是将那些拥立萧子良的大臣们全部杀死。萧子良为此感到十分羞愧,再加上对未来的恐惧,不到一年就郁郁而终了。

南齐共存续了二十四年,经历了七任皇帝。而前两位皇帝就占去了大半时间,后面五位皇帝政权更替的频繁程度可见一斑。

可以说,南齐皇室自相残杀的猛烈程度完全不亚于刘宋,萧道成最不愿看到的手足相残还是上演了。

公元502年,齐和帝被迫把帝位禅让给了萧衍,至此,短命的南齐正式灭亡了。

## 北魏内乱

北魏孝文帝的改革让王朝的国力盛极一时,但是让人始料不及的是,北魏却也为此付出了惨痛的代价——分裂亡国。

孝文帝所强力推行的汉化制度彻底激化了胡汉之间的民族矛盾,以至于发生了六镇兵变。

所谓"六镇"是指北魏国境上的六个军事重镇,这里驻守着鲜卑最为精锐的部队,其领导者本人也是鲜卑的皇亲贵胄。

边境的主要敌人柔然败退后,北魏朝廷开始把军事中心转移到了南部,并大举开展汉化改革。那些本想以军功建功立业的贵族们受到了冷落,他们的地位和待遇迅速下降。朝廷的汉化改良派认为这些行伍出身的将军们胡化程度很高,不适合到朝中为官,于是上奏皇帝排挤武将,把武将们从重要官吏中剔除。

为国家立下赫赫战功的六镇将军们被彻底激怒了。一时间,北魏竟然形成了"洛阳派"和"北镇派",两派犹如水火一般,内乱的爆发只是早晚的事情。

**北魏千佛石塔**

| 主线 | 事件 | 时间 |
|---|---|---|
| 南北朝政权更替 | 六镇之乱 | 公元525年 |

| 时间 | 事件 | 主线 |
|---|---|---|
| 公元528年 | 河阴之变 | 南北朝政权更替 |

不久后,"六镇起义"终于爆发。内部矛盾重重的中央政府已经没有能力控制混乱的局面,使得地方豪强迅速起势壮大,其中一个名为尔朱荣的将领发展最为迅速。

尔朱荣通过集结北方豪强,镇压了各地方的起义军,随后他平定了叛乱,也掌握了北魏大权。

被控制的孝庄帝不甘任其摆布,便联合其他势力,亲手杀死了前来朝见的尔朱荣。结果,孝庄帝没过几天就被尔朱荣的弟弟尔朱兆所杀害。随后尔朱兆也像哥哥一样,拥立了傀儡皇帝。但在此时,各地区的割据势力再次兴起,其中以高欢和宇文泰最为强大。

高欢曾是尔朱荣的部下,尔朱荣深知高欢的能力和野心,曾告诫弟弟不要让高欢带兵外出,但尔朱兆却没有听从哥哥的建议。

正如尔朱荣所预料的那样,高欢后来拥兵坐大,杀死了尔朱兆,立了傀儡皇帝孝武帝。

孝武帝又不甘心做高欢的傀儡,便策划暗杀高欢,将重任交到另一个豪强宇文泰身上。

但高欢久经政治沉浮,提前做好了准备,当他得知宇文泰入都后,便先发制人,发兵洛阳。结果孝武帝无法抵抗,只好潜逃出城,直到遇到宇文泰手下的李贤才躲过一劫。

但是,在宇文泰的势力之下,孝武帝仍然是个傀儡,不甘心做傀儡的孝武帝最后还是因与宇文泰不和而遭到毒杀。

公元534年，宇文泰拥立元宝炬为帝，以长安为都城，重操国事，史称西魏。而高欢因自感无力讨伐宇文泰，便也拥立清河王世子元善见为帝，定都邺城，史称东魏。从此，北魏王朝一分为二，东西两魏对峙自立，北魏实际上已经亡国了。

## 南梁灭亡

萧衍篡位之后建立了梁朝，史称梁武帝。武帝在位时，北魏已经陷入动乱当中，南梁因此得以喘息。

梁武帝为人节俭，勤政爱民，在他的治理之下，南梁大大恢复了国力，甚至有赶超北魏之势。

但到武帝后期，他开始崇信佛教，为了弘扬佛教，他不仅免掉了僧侣们的赋税，还大兴土木建造寺庙，使百姓饱受徭役之苦。

**天宁古禅寺**

同时，皇室宗族和官员们还借此机会搜刮百姓，使得国库空虚，人民怨声载道。

公元547年，东魏的一位将领侯景与权臣发生矛盾，请求带着自己所管辖的河南十三州归顺南梁。武帝明知侯景其

| 主线 | 事件 | 时间 |
|---|---|---|
| 南北朝政权更替 | 北魏分裂 | 公元534年 |

| 时间 | 事件 | 主线 |
|---|---|---|
| 公元549年 | 侯景乱梁 | 南北朝政权更替 |
| 公元557年 | 南梁灭亡<br>南陈建立 | |

人复杂多变，非常不可靠，但他希望能借侯景之力统一天下，于是武帝接受了侯景的投降，并封以要职。

后来侯景在北伐战争中大败，使得东魏抓住机会南下伐梁。武帝为了保存梁国，竟与东魏商议献出侯景求和。

此事被侯景得知，走投无路的侯景盛怒之下干脆举兵叛变，他率领的军队直接攻破了建康。梁武帝被俘，饿死于狱中。

侯景为了斩草除根，屠杀了江南士族和萧梁子孙，进而篡位建汉。至此，南梁已经土崩瓦解。

公元552年，广州太守陈霸先与湘东王萧绎联合攻破建康，侯景在逃亡中被部下所杀。

侯景死后，那些萧家子孙纷纷拥兵自立，随后又是一番手足相残。江陵称帝的萧绎求助于西魏，灭掉了蜀地称帝的萧纪。第二年，萧詧又借西魏之力杀死了萧绎，成为西魏的傀儡皇帝。

萧绎死后，陈霸先拥立了傀儡皇帝萧方智，此时南朝的政权已经牢牢握在了陈霸先的手中。

公元557年，陈霸先废萧方智自立为帝，建立南陈政权，史称陈武帝。至此，南梁彻底

**陈武帝陈霸先**

公元534年，宇文泰拥立元宝炬为帝，以长安为都城，重操国事，史称西魏。而高欢因自感无力讨伐宇文泰，便也拥立清河王世子元善见为帝，定都邺城，史称东魏。从此，北魏王朝一分为二，东西两魏对峙自立，北魏实际上已经亡国了。

| 主线 | 事件 | 时间 |
| --- | --- | --- |
| 南北朝政权更替 | 北魏分裂 | 公元534年 |

## 南梁灭亡

萧衍篡位之后建立了梁朝，史称梁武帝。武帝在位时，北魏已经陷入动乱当中，南梁因此得以喘息。

梁武帝为人节俭，勤政爱民，在他的治理之下，南梁大大恢复了国力，甚至有赶超北魏之势。

但到武帝后期，他开始崇信佛教，为了弘扬佛教，他不仅免掉了僧侣们的赋税，还大兴土木建造寺庙，使百姓饱受徭役之苦。

**天宁古禅寺**

同时，皇室宗族和官员们还借此机会搜刮百姓，使得国库空虚，人民怨声载道。

公元547年，东魏的一位将领侯景与权臣发生矛盾，请求带着自己所管辖的河南十三州归顺南梁。武帝明知侯景其

| 时间 | 事件 | 主线 |
|---|---|---|
| 公元549年 | 侯景乱梁 | 南北朝政权更替 |
| 公元557年 | 南梁灭亡<br>南陈建立 | |

人复杂多变,非常不可靠,但他希望能借侯景之力统一天下,于是武帝接受了侯景的投降,并封以要职。

后来侯景在北伐战争中大败,使得东魏抓住机会南下伐梁。武帝为了保存梁国,竟与东魏商议献出侯景求和。

此事被侯景得知,走投无路的侯景盛怒之下干脆举兵叛变,他率领的军队直接攻破了建康。梁武帝被俘,饿死于狱中。

侯景为了斩草除根,屠杀了江南士族和萧梁子孙,进而篡位建汉。至此,南梁已经土崩瓦解。

公元552年,广州太守陈霸先与湘东王萧绎联合攻破建康,侯景在逃亡中被部下所杀。

侯景死后,那些萧家子孙纷纷拥兵自立,随后又是一番手足相残。江陵称帝的萧绎求助于西魏,灭掉了蜀地称帝的萧纪。第二年,萧詧又借西魏之力杀死了萧绎,成为西魏的傀儡皇帝。

萧绎死后,陈霸先拥立了傀儡皇帝萧方智,此时南朝的政权已经牢牢握在了陈霸先的手中。

公元557年,陈霸先废萧方智自立为帝,建立南陈政权,史称陈武帝。至此,南梁彻底

**陈武帝陈霸先**

灭亡了。

南陈在南朝四代中疆域最小，兵力最弱，虽然经过陈霸先的励精图治，但仍然没有达到刘宋时期的水平，完全成了一个偏安割据势力。

南陈的建立，预示着南朝在与北朝的对峙中彻底失败，华夏统一的大势已经不可逆转，唯一的疑问是，这个统一会由哪一个北朝政权来完成。

**北周统一北方**

高欢和宇文泰所扶持的东西两魏没过多久，就各自被他们的继承人所推翻了。

公元550年，高欢之子高洋灭掉东魏，建立北齐。公元557年，宇文泰之子宇文觉也推翻了西魏，建立了北周。从此，中国北方开始了周、齐对立时期。

高洋统治初期，对北齐治理还算贤明。他不但出台一系列改革政策，还真正地使北齐在短时间强盛了起来。但是好景不长，没过几年高洋就摇身一变成为典型的昏君形象，整日沉溺于酒色，不理朝政，还大兴土木，劳民伤财，使得国力衰微。

公元559年，无道的高洋因病去世，终年只有三十一岁。尽管高洋死了，但北齐的命运丝毫没有好转，接下来即位的君主都是昏庸无能之辈，朝政越发混乱。

相比之下，北周则日渐强盛。公元560年，一位才能出

| 主线 | 事件 | 时间 |
|---|---|---|
| 南北朝政权更替 | 南梁灭亡<br>南陈建立 | 公元557年 |
| | 北齐建立 | 公元550年 |
| | 北周建立 | 公元557年 |

| 时间 | 事件 | 主线 |
|---|---|---|
| 公元575年 | 北周武帝伐齐 | 南北朝政权更替 |
| 公元577年 | 北周统一北方 | |

众的帝王宇文邕即位了,史称北周武帝。他在位期间,不仅对国家内政进行了有力的改革,还逐渐吞并了周围各个少数民族的势力,使国力逐渐强盛,大有统一北方之势。

北周武帝孝陵双阙

公元575年,北周武帝亲率大军攻伐北齐,但因途中生病不得不撤军回朝。次年十月,北周武帝卷土重来,大举出兵北齐,值得一提的是,后来的隋朝建立者杨坚此时就是军中的一位将领。

以强盛的北周攻打衰败的北齐,结果可想而知。北周军队一路攻城拔寨、势如破竹,连续攻下多个北齐城池。

公元577年,北周军攻破了北齐都城邺城。时任北齐皇帝的高纬在慌乱之中,把皇帝之位传给了刚刚八岁的儿子高恒,随后带着高恒企图潜逃到南方的陈国。

结果,高纬与幼子在途中被北周军士兵抓获,最终被赐死。至此,北齐灭亡,北周统一了中国北方。

### 北周灭亡

北周武帝是一位十分有才能的君主,但可惜的是他在刚灭亡北齐的第二年就因病去世了。公元578年，北周武帝的儿子、荒淫无道的宇文赟即位了，史称北周宣帝。

武帝去世时，宇文赟曾用手指着棺材大骂道："老贼，你终于死了。"他在位的时候，根本无心管理朝政，每天沉浸在享乐之中，亲近奸臣小人，乱杀了很多忠臣良将。

这样的日子也只持续了不到一年时间，厌倦了应付各种朝政的宇文赟把皇位传给了他的儿子宇文阐，自己退到背后当起了太上皇。

**隋文帝时大佛**

当时宇文阐刚刚年满7岁，即位当天害怕得大哭，宇文赟所为可谓胡闹到了极点。

虽然宇文阐坐上了皇位，但朝中大权仍掌握在宇文赟手中，他把持朝政，却又不理朝政，整日纵欲嬉游。宇文赟的健康状况不断恶化，终于在一年之后病逝，时年仅二十二岁。

宇文赟死后，大权仍没有交到小皇帝手上。此前，杨坚身为皇太后杨丽华的父亲身居高位，在朝中一直有很大的势力。借此良机，杨坚便替小皇帝宇文阐主政了。

杨坚摄政之后主抓军事大权，当时的一位大臣颜之仪强烈反对外戚过度干政，提出应由宗室亲王当政。杨坚对此十

| 主线 | 事件 | 时间 |
|---|---|---|
| 南北朝政权更替 | 北周武帝去世、北周宣帝即位 | 公元578年 |
| | 北周宣帝去世 | 公元580年 |

| 时间 | 事件 | 主线 |
|---|---|---|
| 公元580年 | 北周宣帝去世 | 南北朝政权更替 |
| 公元581年 | 杨坚建立隋朝 | |

分不悦,罢免了颜之仪的官职,将其发配到了边远地区。

同时,宇文阐的六个兄弟也显得十分碍眼。杨坚一方面将他们封为高官,另一方面则架空他们,剥夺他们的实权,使他们有苦难言。同时,杨坚为了防止这些宗室皇亲到地方寻求支援,还以守孝为名将他们软禁在长安。

宇文阐还有一位年岁较大的叔父名叫宇文赞,他经常围在小皇帝的身边,这让杨坚怀疑他们在密谋反抗。于是,杨坚便送了多名美女给宇文赞,使其沉溺在美色之中无暇他顾。此种做法十分管用,很快,宇文赞便忙得连屋门都不出了。

稳定了朝中局势之后,杨坚还要对付地方的反对势力。当时的相州府总管尉迟迥是他的心腹大患。为了除掉尉迟迥,杨坚让尉迟迥的儿子请尉迟迥回到京师会葬先帝,同时又派自己的心腹韦孝宽接任相州府。尉迟迥早已猜准了杨坚有叛逆之心,便一面推延赶赴的时间,一面积极准备作战。

在与尉迟迥的敌对中,杨坚终于下定了篡位的决心,他派韦孝宽率大军发兵攻打尉迟迥,最终尉迟迥兵败被杀。

杨坚除掉外患之后,皇室宗亲们更加不安,便密谋于酒宴中刺杀杨坚。奈何杨坚早有防备,名正言顺地以谋反之罪杀掉了宇文家的全部王爷。

公元581年,杨坚已经做好了篡位准备。朝中上下基本上都安插了杨家氏族,他已经彻彻底底把皇帝架空了。面对此种局面,宇文阐只好听从了大臣们的意见,主动把皇位让给了外公。

## 附录：第六章主要参考文献

[1] 司马光. 资治通鉴[M]. 北京：北京联合出版公司，2016.

[2] 陈寿. 三国志[M]. 北京：北京时代华文书局，2014.

[3] 吕思勉. 吕思勉文丛：三国史话[M]. 武汉：华中科技大学出版社，2016.

[4] 吕思勉. 极简中国史[M]. 天津：天津人民出版社，2016.

[5] 吕思勉. 两晋南北朝史[M]. 武汉：华中科技大学出版社，2016.

[6] 王仲荦. 魏晋南北朝史[M]. 上海：上海人民出版社，2016.

[7] 唐长孺. 魏晋南北朝史论丛[M]. 北京：商务印书馆，2010.

[8] 姜正成. 一次阅读知南北朝[M]. 北京：当代世界出版社，2015.

[9] 易中天. 易中天中华史十二卷：南朝，北朝[M]. 杭州：浙江文艺出版社，2016.

| 主线 | 事件 | 时间 |
| --- | --- | --- |
|  |  |  |

# 第七章 隋朝大一统：乱世后的特殊时期

- 隋统一天下
- 开皇之治
- 隋炀帝即位
- 三省六部制
- 三征高句丽
- 开凿大运河
- 隋末农民起义
- 隋亡唐兴

作为中国历史上又一个大一统时代，隋朝的建立不仅结束了魏晋南北朝的分裂局面，更成为中华灿烂文明的新开端。隋朝虽然短暂，却建立起了统一的多民族国家，通过强有力的中央集权，来管理幅员辽阔的疆域。在一些制度体制方面，还为唐朝的制度建设打下了坚实基础。

| 时间 | 事件 | 主线 |
|---|---|---|
| 公元582年 | 陈后主即位 | 隋朝的建立和统一 |

## 隋统一天下

陈霸先建立陈朝之后，虽然通过武力稳定住了国内的局势，但此时的陈朝远没有刘宋时那般强盛。

陈朝前三位君主都称得上是明君，在他们的苦心经营下，遭到毁坏的江南经济有了很大恢复。但昏君陈后主即位之后，彻底让前人的努力化为乌有。

公元582年，陈后主即位。这是一位荒淫无道的君主，他在位期间每日都要与妃嫔、群臣游宴，把精力全部放在了吟诗弄墨上，彻底荒废了朝政。

此外，陈后主还大兴土木，为了建造自己心仪的豪华宫殿，不惜大量损耗百姓的劳力和财力。

当然，这样的昏君也最爱任用腐败的臣子，朝中重臣无论是宰相江总还是尚书孔范，都可以说是国家的"蛀虫"。他们看到陈后主整日沉溺于酒色，不但不加以制止，反而竭尽阿谀谄媚之能，陪着皇帝通宵达旦地喝酒作乐。

**隋文帝与陈后主**

就在陈后主与大臣们尽情享乐的五年中，陈朝已经被侵蚀得民困国贫，而北方的隋此时已经逐渐壮大，陈朝的命运也将走到尽头。

公元589年年初,隋朝分八路大军南下攻陈。尽管前线接连传来不利的战报,但陈后主丝毫不为所动,自信地认为陈朝有长江天险,隋军就算再强大也无法渡江进攻。

然而短短的两个月后,隋朝大将贺若弼和韩擒虎就已经带着大军渡过长江,直逼建康。此时的陈后主如梦初醒,意识到必须召集军队抵抗了,但是早已错过了最佳战机,陈朝灭亡的大势已定。隋军一路风卷残云般攻进了建康城中,不仅俘虏了大量陈国将士,还把绝望的陈后主收入监牢。

至此,曾凭借长江天险而偏安江南一百多年的南朝彻底结束了,已经分裂近三百年的中国疆土再次重归统一。

## 开皇之治

杨坚建立隋朝,攻灭陈朝后,结束了魏晋南北朝时期的分裂局面,实现了国家统一。与此同时,他还在政治、经济和文化等诸多方面,进行了一系列改革,彻底改变了魏晋南北朝时期的社会局面,创造了一个社会安定、百姓富足、文化繁盛的社会景象。

开皇之治对于后世的影响是异常深远的,虽然其不如贞观之治那样家喻户晓。但隋文帝时期的一系列改革举措,不仅结束了魏晋南北朝的混乱局面,更开创了新的大一统时期的繁荣局面。短短二世而亡的隋朝,也为大唐盛世留下了大

| 主线 | 事件 | 时间 |
| --- | --- | --- |
| 隋朝的建立和统一 | 隋军灭陈,天下重归一统 | 公元589年 |
| 隋朝的发展 | 隋文帝去世、隋炀帝即位 | 公元604年 |

| 时间 | 事件 | 主线 |
|---|---|---|
| 公元581—604年 | 开皇之治 | 隋朝的发展 |

量的宝贵财富。

隋文帝的改革措施主要表现在政治、经济和军事等方面。

在政治上,隋文帝进行了一系列改革,包括政治体制、土地制度、法律等内容。在政治体制上,隋文帝首创了三省六部制,同时还废除了在中国实行三百多年的九品中正制,创立了科举制度。这些举措对后世历朝历代都产生了深远影响。

在地方政治体制上,隋文帝简化了地方行政组织,将过去的州、郡、县三级制改为州、县二级制,同时还合并了一些郡县。

隋文帝所建立的新的政治体制,一直延续到清朝,成为中国封建社会新阶段的重要标志。

在经济方面,隋文帝推行了轻徭薄赋的富民政策,同时,还推行了均田令、输籍法,进行全国性户口调查,增加了国家税收收入。

为了统一度量衡,隋文帝废除了各种古币和私人铸造的钱币,统一使用五铢钱,进一步推动了隋朝经济的发展。

在军事方面,隋文帝改革了府兵制,规定三年一拣点以补充缺额。通过兵散于府,将归于朝的方式,可以有效防止将帅拥兵自重。

在统治时期,隋文帝还下令修建了西京大兴城和东京洛阳城,开凿了广通渠,对后世中国造成了深远影响。隋文帝时期采取的一系列举措,共同造就了"开皇之治"的出现。

当然,"开皇之治"伴随着隋文帝的离世而逐渐消失,隋炀帝的暴政让隋朝成为第二个二世而亡的朝代。隋文帝所开展的一系列举措,都成为后世效仿和学习的典范。

### 隋炀帝即位

隋文帝杨坚是中国历史上少有的长时间只宠爱皇后一人的皇帝,他的五个儿子也都是独孤皇后所生。早年,杨坚立杨勇为太子,杨勇仁孝,这让杨坚十分满意。

然而,随着杨坚在位时间越来越长,便开始对太子日益不满。他认为杨勇为人不思进取,没有上进心,缺乏权谋和驾驭臣下的手腕。

一年冬至,杨坚感觉到群臣对他的朝贺有所怠慢,便认为太子有意收买人心,从而孤立自己,因此越发反感。

与此同时,独孤皇后也对杨勇十分不满意,原因是杨勇贪恋美色,娶了很多妃子,气得太子妃元氏郁郁而终。于是,独孤皇后便经常在杨坚耳边说杨勇的坏话。

相比之下,杨广则更有心机,也更懂得做戏。每次皇帝和皇后驾到,他都很早迎接。当他外出时又总会先入朝告别,甚至痛哭流涕,表现出一副十分不舍的样子。这样长此以往,让杨广渐渐有了取太子而代之的机会。

杨广从他的一个心腹宇文述口中听说,杨坚对其属下杨素十分看重,甚至达到了言听计从的地步,而杨素凡事都愿

| 主线 | 事件 | 时间 |
|---|---|---|
| 隋朝的发展和衰亡 | 隋文帝去世 | 公元604年 |

| 时间 | 事件 | 主线 |
|---|---|---|
| 公元600年 | 太子杨勇被废 | 隋朝的发展和衰亡 |
| 公元587年 | 隋文帝创科举 | |

意与其弟杨约商议。于是杨广便让宇文述以赌博和饮酒等娱乐形式接近杨约,很快,宇文述便获得了杨约的好感,并说服了杨约投靠杨广。

随后,杨约又给杨素传达了杨广的意图,杨素心头一热,同意帮助杨广谋夺太子之位。

杨素要杨广主攻皇后,他在酒宴上称赞杨广的为人,又让杨广派亲信探听杨勇不轨的言论。一番努力之下,杨广和杨素制造了很多太子企图谋反的言论,禀告给了杨坚,杨坚听后信以为真,便废黜了太子,改立杨广。

被废掉的杨勇被幽禁起来,含冤的他为了引起父亲的注意进而陈述冤情,爬到树上大喊大叫。杨素却对杨坚说道:"杨勇此时已经疯了,被鬼怪附体,不要再见他了!"杨坚相信了杨素,便再也不愿见杨勇。

隋大兴城遗址

杨坚晚年到长安西北的仁寿宫避暑,因病情严重,便召杨广入宫侍疾。结果,此时已经全无顾忌的杨广终于表现出了他淫虐的一面,他色胆包天,企图非礼杨坚最宠爱的陈夫人,陈夫人慌乱之下,还没来得及系紧衣带便回到了仁寿宫。

杨坚看陈夫人神情慌乱便询问发生了什么事,陈夫人如实相告后,气得杨坚喊道:"独孤误我!"杨坚马上让他的两名亲信去长安召回杨广。

杨素得知之后，假传圣旨把杨坚的两名亲信关入大牢，与外界隔绝的杨坚不久病死，随后杨广即位，因为后来的暴虐无道，史称隋炀帝。

## 三省六部制

虽然我们常听说唐朝的"三省六部制度"，但这套制度，其实最初创于隋朝。自隋朝起，三省六部制度便被用来构建严密的中央组织，之后一直到清朝末年封建王朝土崩瓦解，其中的"六部"制度才逐渐消亡。

三省六部制，其三省为"中书省""门下省""尚书省"；其六部则为"吏部""户部""礼部""兵部""刑部""工部"，这六部皆属于尚书省，且每部都分为四司，共为三省六部二十四司。

三省六部制是严格贯彻君主命令的官职制度，也是统治者加强君主专制的重要手段。下面我们来具体看一下该制度的功能模式。

### 三省·中书省

作为封建王朝的官署名称，中书省早在三国时期就被魏国君主曹丕设立，其功能是掌管各类机要文案，并发布君主政令。到了隋文帝时期，中书省又被称作"内史省"，而后才改为中书省。中书省是掌管行政大权的部门，其长官权力

| 主线 | 事件 | 时间 |
|---|---|---|
| 隋朝的发展和衰亡 | 隋炀帝即位 | 公元604年 |
| | 三省六部制确立 | 隋朝初年 |

| 时间 | 事件 | 主线 |
|---|---|---|
| 隋朝初年 | 三省六部制确立 | 隋朝的发展和衰亡 |

如同宰相。到了宋代，中书省与掌管军事的"枢密院"合成二府，成为代表君主意思的最高机构。

### 三省·门下省

与中书省相同，门下省亦为官署名称。早在东汉时期，朝廷便设立了"侍中"一职，其功能为跟随皇帝左右，侍从参乘，方便皇帝问策。可到了南北朝时期，门下省官员充分发挥"近水楼台先得月"的优势，成为与中书省共分权力的中央政权机构中心，权力逐渐扩大。到了隋朝，门下省则依旧以"皇帝侍从机构"而存在，但可以与中书省官员共商国政，并负责签署奏章、审查诏令。

### 三省·尚书省

汉朝时，尚书省的前身为"尚书台"，其功能即皇帝的秘书机关。到了南朝宋时期，尚书台正式更名"尚书省"，成为朝廷的最高政令机构之一。尚书省在隋朝正式定型，并且划分为六部二十四司。六部长官皆以"尚书"挂名，如吏部尚书、礼部尚书等。而其下属的二十四司长官，则以郎官为名，负责执行各部尚书的命令。

### 六部·吏部

自隋朝起，吏部便掌管了全国官员的任免、升降与调动，可以说是大权在握。吏部共分四司，司长官为郎中，副长官为员外郎，属官则有主事、令史、书令史等。到了明清时期，吏部四司分别为文选清吏司、验封司、稽勋司和考功司，每司负责的事务不同，主要是为吏部的整体功能做辅助之用。

### 六部·户部

户部为封建王朝掌管户籍的机关，同时也负责整理财政经济，是接触钱银最多的机关。由于户部既管户籍又管经济，其长官户部尚书在不同时期，又被称作地官、大司徒、计相、大司农等。其下四个司，皆作管理户籍钱粮的辅助之用。

### 六部·礼部

礼部作为六部中最无实权的机构，其功能主要负责礼仪、祭祀等。但经过演变，其后期逐渐发展为管理全国科考事务与外邦往来之事，变得逐渐热络起来。其下设四司，亦皆为辅助礼部各项事宜之用。

### 六部·兵部

兵部最早起源于三国时期的"魏五兵制"，三国时期，魏国设置了中、外、骑、别、都五兵，并且令其武官掌管兵籍、军械、军令等。到了隋朝，隋文帝将这些统一合成兵部，此官署机构一直沿用到清朝末年。到了清光绪三十二年（公元1906年）时，朝廷才废掉兵部，改设陆军部。

### 六部·刑部

刑部为古代主管全国刑罚与政令的官署机构，由隋文帝初设，沿袭了北齐置都官。自隋炀帝后，刑部与最高法院大理寺并列，专门掌管法律与刑律。其下四司，皆通过审理、整合各地区死刑案件与京畿地区待罪案件，作辅助刑部功能之用。

| 主线 | 事件 | 时间 |
|---|---|---|
| 隋朝的发展和衰亡 | 三省六部制确立 | 隋朝初年 |

| 时间 | 事件 | 主线 |
|---|---|---|
| 隋朝初年 | 三省六部制确立 | 隋朝的发展和衰亡 |
| 公元598年 | 隋文帝东征高句丽 | |

### 六部·工部

工部为古代掌管各项工程事项的官署机构，也是起源最早的古代官署机构。周朝时便有负责修缮工程的冬官，汉成帝时期，则设置三位"民曹"，专门负责修缮宫宇及土木工程。隋文帝时期，工部的主要功能是负责全国的各项工程，包括屯田与水利工程等。

### 三征高句丽

隋文帝杨坚时期，是一个承袭北朝并统一中国的时代，这期间中原地区虽然渐渐被统一的隋帝国所统治，但边境地区游牧民族的侵袭问题却并没有彻底解决。

先是北方的突厥人入侵被击退，之后东北地区的高句丽也不断侵扰辽西地区。为了解决东北边患，隋文帝杨坚曾经派出三十万大军远征高句丽，但因士卒多病，且高句丽又主动投降谢罪，杨坚便退兵了。

隋炀帝杨广即位后，高句丽对辽西边境的侵犯又时断时续，再加上杨广好大喜功，因此颇想毕其功于一役地灭掉高句丽。

公元611年，杨广以不合礼数、不来参见的借口对高句丽宣战。他动员全国之力连夜赶工建造战船、战车，征召收集了大量民夫和粮食。一时间，隋朝全国的道路上都是满载兵甲粮草的车辆。

公元612年，隋炀帝第一次亲征高句丽，好大喜功的他共组织军队一百一十三万、民夫两百万，对外宣称总兵力达五百万，想一口吞下高句丽。

一开始，隋炀帝手下大将宇文述率先带着三十万大军一路狂飙，兵锋直指平壤。为了加快行军速度，甚至连粮草都扔了，轻装前行以一天获胜七次的效率击败对手。

然而，高句丽将平壤城修建得十分坚固，易守难攻，隋军只得暂时驻守在三十里开外的地方。当时，隋军先头部队已经远离了大部队，粮草接济不上，随着时间的推移，饥饿和寒冷的问题凸显出来，宇文述只好退兵。高句丽军趁机大举杀出，打得隋军大败而逃。

在这次战役中，隋军主力部队的军官们都害怕担责任，事无巨细都要向皇帝汇报，让杨广决断。结果使得军队行动脱节，错失战机。遇到宇文述的败兵之后，更是一泻千里。就这样，杨广第一次远征高句丽失败了。

**高句丽文物**

但杨广并没有灰心，他继续为第二次远征高句丽做准备。

公元613年，杨广第二次亲征高句丽。这次进攻十分顺利，二十多天的战斗后即将制服高句丽。结果就在这时候，

| 主线 | 事件 | 时间 |
|---|---|---|
| 隋朝的发展和衰亡 | 隋炀帝征伐高句丽 | 公元612年 |
| | 隋炀帝再征高句丽 | 公元613年 |

| 时间 | 事件 | 主线 |
|---|---|---|
| 公元614年 | 隋炀帝三征高句丽 | 隋朝的发展和衰亡 |
| 公元584—587年 | 隋文帝开通永济渠和山阳渎 | |

礼部尚书杨玄感起兵叛隋，致使杨广不得不放弃进攻，马上回朝。就这样，第二次远征高句丽也失败了。

平定叛乱后的第二年，隋炀帝决定第三次亲征高句丽。但是连年战争已经让两国的军民疲惫不堪，全国上下怨声载道。此时，隋朝国内频繁爆发农民起义，高句丽也疲于战争，主动遣使请降，隋炀帝稍稍挽回了颜面，最终决定撤军。

虽然对高句丽的战争停止了，但隋朝国内的矛盾已经不可调和。频繁的战争加之劳民伤财的大兴土木终于造成天下大乱，致使隋朝最后走向了灭亡。

### 开凿大运河

在一些传记小说中，隋唐大运河的开凿被说成是隋炀帝贪图享乐之举，这不免有些冤枉了隋炀帝。诚然，隋炀帝在历史上确实有荒淫的名声，但在开凿大运河这件事上，他却做出了一个明智的决策。

我国开凿运河的历史，最早可以追溯到先秦时期，春秋末期吴国开凿胥溪、邗沟、黄沟三条运河，秦朝时期开凿了灵渠，汉朝开凿了漕渠、阳渠，魏晋南北朝时期，不同地区也开凿了一些地方性运河。这些运河的开凿，都为隋朝开凿隋唐大运河提供了重要条件。

隋唐大运河主要是将历史上不同朝代开通的地方性运河进行梳理、连接，并不是重新选址开凿了一条新的运河。而且隋唐大运河与现在的京杭大运河也并非同一条运河。

隋朝开通运河的原因与其他朝代开凿运河的原因基本相同。从政治方面，主要是为了巩固政权和统一局面。在军事方面，则是利用运河输送军需物资。在经济方面，主要是为了解决南粮北运的问题。所以隋唐大运河的开通并不是因为隋炀帝自己贪图享乐的需要，而是主要为了加强中央集权统治。

在隋文帝时期，开通了永济渠和山阳渎。永济渠主要是在汉代漕渠基础上修建的，而山阳渎使用的则是春秋时吴国的邗沟故道。

隋炀帝所修建的隋唐大运河主要分为四条，分别是通济渠、邗沟、永济渠和江南运河。通济渠主要是利用汴渠的河道开通的，并非重新开拓河道。邗沟位于通济渠和江南运河之间，主要是利用东汉时期开凿的邗沟直道建设而成。同样，永济渠和江南运河也不是隋朝才开凿的，同样是在前朝基础上开凿而成的。

这四条运河共同构成了北起北京，南到杭州的隋唐大运河。之所以被称为隋唐大运河，是因为此后唐朝也对这一运河进行了疏浚和开凿，这才使得这条运河能够继续使用。

隋唐大运河的河道非常容易被淤塞，必须时常疏浚才能使用。以至于此后多个朝代对其进行疏浚和修整，但到南宋年间，因为缺乏及时疏浚，部分河道便因淤塞而废弃。

现在的京杭大运河是在元朝时期，疏浚、修整了前朝运河，又重新开凿了济州河、会通河、通惠河，才最终形成的。

| 主线 | 事件 | 时间 |
| --- | --- | --- |
| 隋朝的发展和衰亡 | 隋文帝开通永济渠和山阳渎 | 公元584—587年 |
| | 隋炀帝开凿隋唐大运河 | 公元605—610年 |

| 时间 | 事件 | 主线 |
|---|---|---|
| 公元605—610年 | 隋炀帝开凿隋唐大运河 | 隋朝的发展和衰亡 |

隋唐大运河的开通加强了南北方之间的沟通交流,同时也促进了沿河城市经济的繁荣,对于隋朝政权的稳固起到了一定作用。

当然,在开凿运河期间,大量征发民工从事运河开凿工作,死伤无数,给人民带来了沉重灾难。这在一定程度上也加重了人民群众对隋朝统治的不满,加之此后隋炀帝的暴戾统治,最终导致了隋朝末年农民起义的发生。

### 隋末农民起义

隋炀帝堪称中国历史上暴君的典范,他只为实现自己的政治目标,不顾人民死活。

他修驰道,修大运河,三征高句丽,这些浩大的政治举动背后,几乎全部是人民的血泪。同时,隋炀帝又穷奢极欲,他三下江南,引外国使节来朝,所耗费的巨资都来自民脂民膏。

隋炀帝的暴行,让人民生活在水深火热之中,几乎到了"不反即亡"的地步,这一点仅从当时诗人王薄的一首《无向辽东浪死歌》就能窥见端倪。

被国家征发会死,造反也会死,那么与其被残暴的隋炀帝虐待,不如铤而走险起来反抗。因此,农民纷纷起义反抗,有的地方连官兵都加入了反隋队伍当中。

在反隋起义军中,瓦岗军是比较大的一支。瓦岗军的首

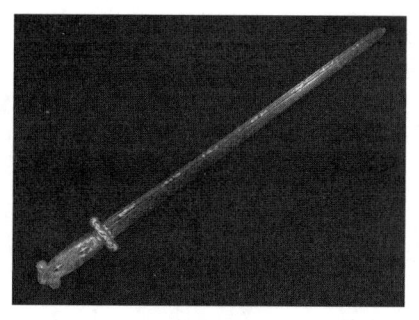

**隋时兵器**

领原来是一个小官,名叫翟让,他因得罪了长官而被打入监牢,判了死罪。一位狱吏见他十分可怜,便偷偷释放了翟让。

翟让马上跑到瓦岗寨召集了一些贫苦农民,开始起义反隋。起义军通过抢夺荥阳一带的官府富商,获得了大量金钱物资,从而进一步壮大。

在瓦岗军的发展过程中,出身显赫的读书人李密起到了很大作用。李密善于谋略,帮助翟让把瓦岗军的势力坐大,而真正让瓦岗军名动天下的则是击败了名将张须陀。

张须陀是隋朝老将,曾受命剿灭起义军,他也曾多次击败翟让。但在李密的谋划下,张须陀中了瓦岗起义军计策,最终全军覆灭,自己也身死沙场。

击败张须陀之后,翟让和李密还带军队攻打了兴洛仓,为了体恤那些苦难的百姓,瓦岗军开仓发粮,这样瓦岗军更加受到百姓的欢迎。

随着李密在瓦岗军中的地位越来越高,瓦岗军的最高权力也就逐渐到了李密的手中,此后李密便广造声势,号召全国人民起来反抗隋炀帝的统治。

河北的窦建德、江淮的杜伏威、辅公祐相继起义之后,

| 主线 | 事件 | 时间 |
| --- | --- | --- |
| 隋朝的衰亡 | 瓦岗寨起义 | 公元611年 |

| 时间 | 事件 | 主线 |
|---|---|---|
| 公元566年 | 李渊出生 | 隋朝的衰亡 |
| 公元616年 | 李渊太原平乱 | |

隋帝国风雨飘摇,终于走到了灭亡的边缘。

## 隋亡唐兴

在隋帝国灭亡的过程中,给予隋帝国最致命打击的是农民起义军,但最终取隋而代之的并非农民起义军将领,而是隋的贵族——李渊。

李渊是北周权贵李虎的孙子,隋文帝篡位北周,李虎因有功于隋文帝被封为唐国公。公元566年,李渊出生在大兴(即唐长安),七岁世袭唐国公爵。

**鲜卑生活**

李渊和隋炀帝还有另外一层关系,他们都有鲜卑血统,李渊的母亲独孤氏和隋炀帝的母亲独孤氏是亲姐妹,李渊是隋炀帝的表兄。

公元616年,已五十岁的李渊被隋炀帝派往太原负责剿灭动乱、防御突厥。

当时,长安流传着一首民谣《桃李章》,称李氏将成为下一任君王。隋炀帝听闻后十分不悦,再加上李渊与突厥的战事经常失利,使得隋炀帝萌生了除去李渊的想法。

反观李渊方面,他早对隋炀帝的荒淫残暴十分不满,同时民间大规模爆发了农民起义，隋帝国处于风雨飘摇之中，为自己的前途考虑，李渊也动了反隋的念头。

公元616年，隋帝国在北方已经完全陷入混乱当中。瓦岗起义军和隋军在河南对峙，河北窦建德起义军则几乎统一了河北。此时，隋炀帝却仍然坚持要巡幸江南，把北方的烂摊子留给了大兴百官。

隋炀帝的胡作非为，更坚定了李渊反隋的决心。公元617年阴历七月，李渊见时机已到，带着大儿子李建成和二儿子李世民向隋都大兴进军，后方太原则交给四儿子李元吉把守。

此时，隋军主力正在河南与瓦岗军对峙，李渊军队得以乘虚而入，很快就占领了隋的东都洛阳。但此时，李渊还没敢称帝，他推出了傀儡皇帝杨侑，遥尊隋炀帝为太上皇。

一年之后，隋炀帝在江都被禁军宇文化及的叛军杀死。同年，李渊废掉杨侑自称皇帝，大隋帝国就这样灭亡了。

| 主线 | 事件 | 时间 |
|---|---|---|
| 隋朝的衰亡 | 李渊反隋 | 公元617年 |
| | 江都之变 | 公元618年 |

## 附录：第七章主要参考文献

[1] 司马光. 资治通鉴[M]. 北京：北京联合出版公司，2016.

[2] 吕思勉. 极简中国史[M]. 天津：天津人民出版社，2016.

| 时间 | 事件 | 主线 |
| --- | --- | --- |

[3]吕思勉. 隋唐五代史[M]. 武汉：华中科技大学出版社，2016.

[4]岑仲勉. 隋唐史[M]. 北京：商务印书馆，2015.

[5]崔瑞德. 剑桥中国隋唐史：589—906年[M]. 北京：中国社会科学出版社，1990.

[6]李蒙. 帝国的黄昏：解密二十四朝末代皇帝[M]. 北京：中共党史出版社，2006.

[7]黄仁宇. 中国大历史[M]. 北京：生活·读书·新知三联书店，2014.

# 第八章

# 大唐盛世：中国历史的辉煌篇章

- 李渊称帝建唐
- 玄武门之变
- 贞观之治
- 玄奘西行取经
- 文成公主入藏
- 日本遣唐使
- 武周代唐
- 武则天之治
- 开元之治
- 安史之乱
- 马嵬坡之变
- 河北藩镇割据
- 宦官把持朝政
- 甘露之变
- 武宣之治
- 黄巢之乱
- 唐朝灭亡

唐朝是中国历史上最为辉煌的朝代之一，这一时期的中国国富民强、人才辈出，无论是政治、经济，还是文化，都处于世界领先地位。新罗、百济、日本等周边国家纷纷派遣唐使来唐朝学习先进制度和文化，这也是这些国家的政治体制和风俗文化与中国十分相近的原因。

| 时间 | 事件 | 主线 |
|---|---|---|
| 公元617年 | 李渊晋阳起兵 | 唐朝的建立及发展 |
| 公元618年 | 李渊称帝 | |

## 李渊称帝建唐

在隋帝国灭亡之后，中华大地的割据政权有十数个之多，其中最强大的是河北的窦建德、江南的杜伏威、隋朝叛军王世充、江南的辅公祐、河南的瓦岗军和李渊的唐军。

而李渊之所以能够脱颖而出，就在于他非常能够审时度势。

早前，李渊就曾面对是否和瓦岗军结盟的问题。当时，李渊并没有同意李密的结盟请求，但也不想让李密干扰自己的计划，便回信称愿意辅助李密取得天下，实际上就是一种韬光养晦。

占领大兴城的过程中，李渊一方面给予贫苦百姓以周济，另一方面则以严明的军纪来约束军队，使得大兴的士绅土豪、文武百官都倾心于他。

此后，他又拥立杨侑为帝，和很多留在北方的隋帝国军队达成了统一战线，让这些部队都归于自己阵营。

隋炀帝去世之后，李渊于公元618年正式称帝，他建国号为唐，将隋都大兴称为长安。

随后，李渊开始携唐军四处征伐，而他的征伐也往往采取远交近攻

**唐高祖李渊**

的策略，鼓动竞争对手彼此敌对，从而获取渔翁之利。

唐军用反间计平河西，用强兵收纳江南，对窦建德、王世充联军予以分化，用缓兵之计麻痹突厥。经过数年的战争，天下基本被李渊所平，此时，一个崭新的大唐帝国才真正出现在华夏大地上。

然而，当大唐帝国统一的曙光马上就要到来时，李渊却因为一场皇族的内部争斗而失去了皇位。

## 玄武门之变

公元618年，李渊称帝之后立长子李建成为太子，次子李世民为秦王，四子李元吉为齐王。

对这三个在他称帝过程中起到巨大作用的儿子，李渊想要一视同仁却根本做不到。

秦王李世民在建唐举事中立下过最大的战功，可以说，唐帝国能够在群雄逐鹿中脱颖而出，李世民起到了最大的作用。

但在建国之后，李渊却把长子李建成立为太子，这无疑让太子和秦王很难相处。

一方面，秦王功勋卓著，朝野内外有一大批人拥护；另一方面，太子面对秦王的时候也总感觉受到很大威胁。

而齐王李元吉，则是抱定让太子和秦王两败俱伤的想法，所以站在了相对较弱的太子一边共同排挤秦王。

| 主线 | 事件 | 时间 |
| --- | --- | --- |
| 唐朝的建立及发展 | 李渊立太子 | 公元618年 |

| 时间 | 事件 | 主线 |
| --- | --- | --- |
| 公元626年 | 太子李建成被杀 | 唐朝的建立及发展 |

太子李建成先是把秦王手下的谋臣大将一一调离京城，随后又在父亲面前诋毁秦王。早已对太子不满的秦王见此更是怒火中烧，决定实施反击。有一天，秦王听说太子要在某天早朝之时除掉自己，便决定先下手为强。

武德九年（公元626年）六月初三，秦王把太子和齐王的种种恶行汇报给了李渊，还说两人与皇帝爱妃有暧昧关系，在后宫胡作非为。李渊听后十分震惊，觉得应该马上处理，便吩咐三人明日早朝当面对质。

**唐太宗**

早朝之前，李世民就已经做好了准备，他用重金收买了玄武门守将何常，安排长孙无忌和尉迟敬德等人埋伏在玄武门附近。

太子和齐王也听到了风声，于是便备好兵马，准备随时与秦王开战，但没想到秦王下手这么快。

当两人毫无准备地走到宫城玄武门时，齐王突然意识到了气氛不对，二人连忙调转马头往回跑。结果这时有人喊道："太子殿下和齐王为何不前去上朝？"

齐王向后一看，秦王正拉弓搭箭瞄准他们。齐王躲过箭之后马上反击，结果三箭都没能射中秦王，而太子却已经倒地身亡了。

齐王赶快下马钻进了树林中,但秦王带人随后赶到,在一番厮杀之后,齐王被秦王手下大将尉迟敬德杀害。

太子和齐王的手下们听闻二人遭遇不测,便带兵赶赴秦王府,秦王见他们来势汹汹,就让尉迟敬德马上禀告高祖李渊。

此时,李渊正在泛舟游玩,突然尉迟敬德身穿盔甲跪在地上说道:"太子和齐王谋反,秦王派我前来护驾。"

李渊大惊失色,问道:"太子和齐王身在何处?"

尉迟敬德答道:"如今已被秦王处死。"

李渊听罢十分痛心,一时间两个儿子突然死亡,但镇定片刻后,马上与大臣们商议对策。

宰相答道:"秦王功勋卓著,深得人心。如今皇上的两位儿子已死,不如顺水推舟,立秦王为太子。"

还没等李渊想好,尉迟敬德便催促道:"此时秦王危在旦夕,尽快调兵保护秦王是当务之急!"李渊无奈,只好依从尉迟敬德的意思,传了圣旨。玄武门之变三天之后,李渊便把秦王李世民立为太子。两个月之后,又让位给李世民。

玄武门争斗虽然是李氏王朝内部的一幕惨剧,却让大唐帝国揭开了崭新的一幕。随后,文成武德的李世民成为国家的领导者,在他的统治下,一个强大繁荣的贞观盛世载入了中华的史册当中。

| 主线 | 事件 | 时间 |
|---|---|---|
| 唐朝的建立及发展 | 玄武门之变 | 公元626年 |

| 时间 | 事件 | 主线 |
|---|---|---|
| 公元626年 | 李世民即位 | 唐朝的建立及发展 |
| 公元627—649年 | 贞观之治 | |

## 贞观之治

公元626年,李世民奉李渊为太上皇,继皇帝位,也就是后来的唐太宗。

隋朝的衰落给唐太宗的内心造成了很大影响,他下定决心吸取经验教训,以隋炀帝为反面教材,开始了一系列改革。

这一时期,国力有了迅速的发展,人民生活水平也大大提高,广为后世赞颂,被称为"贞观之治"。

在政治制度上,唐太宗在位期间使隋制更趋于完善。他延续了三省六部制,特设政事堂,行合议问政,收三省互相牵制之效。他还鼓励官员积极进谏,不要因畏惧触怒皇帝而停止谏言。魏征就是敢于向皇帝进言的代表人物,他曾多次犯颜直谏,被后世称为"一代名相"。

用人方面,唐太宗十分爱才,任人唯贤,不问出身贵贱。因而其在当政时期,得以从社会各界搜罗出很多杰出人才。其中就包括人称"房谋杜断"的房玄龄和杜如晦;忠直廉洁之士长孙无忌、杨师道、褚遂良等;一代名将李靖、李勣等。

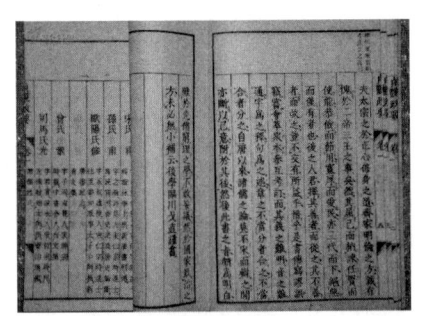

贞观政要

刑罚方面，唐太宗十分重视法治，常常以身作则，带头守法。同时，唐太宗重新修订了法律，推行了《贞观律》，减轻了刑罚，使社会稳定，犯罪率大大降低。

军事方面，唐太宗大力推行府兵制，多次对外征战。先后攻灭了突厥汗国、吐谷浑汗国，高昌、焉耆、龟兹等西域诸国，薛延陀汗国，还把漠南、漠北、西域、青海纳入唐朝的统治范围之内，又先后击败高句丽、吐蕃，使吐蕃称臣于唐朝。一时间，唐朝威名远扬，太宗被周边的诸族称为"天可汗"。

经济方面，唐太宗认识到人民的重要性，常说"水能载舟，亦能覆舟"。为了改善人民的生活，太宗轻徭薄赋，让百姓休养生息，从不轻易征发徭役。

此外，唐太宗还十分重视商业发展。先前各朝各代往往看不起商人，实行"重农抑商"的政策，使得商人的地位远远低于农民，国家商业和经济发展缓慢。经唐太宗改革之后，商人不再受到歧视，政府反而为他们提供了很多便利条件，新兴商业城市就像雨后春笋般破土而出。

贞观之治为后期的开元盛世奠定了良好的基础，同时也将中国传统农业社会推向了更为繁盛的时期。

## 玄奘西行取经

在贞观末期，大唐国力日盛，文化也达到了繁荣昌盛的

| 主线 | 事件 | 时间 |
|---|---|---|
| 唐朝的建立及发展 | 唐太宗对外征伐 | 公元627—649年 |

| 时间 | 事件 | 主线 |
|---|---|---|
| 公元615年 | 玄奘出家 | 唐朝的建立及发展 |
| 公元629年 | 玄奘请命西行 | |

顶点,此一时期,宗教也逐渐发展到了高峰,具有代表性的事件就是玄奘法师西行取经。

玄奘出生在一个殷实的官吏家庭,他从小就聪明好学,性情温良淳朴。当时,玄奘的二哥在洛阳净土寺做和尚,经常带玄奘念佛听经。久而久之,玄奘便对佛教产生了浓厚的兴趣,十三岁那年便决定出家为僧。

出家之后,玄奘刻苦钻研佛经,加之天资聪颖,经常能把刚刚讲过的佛法复述下来,全寺和尚都自愧不如。到了二十八岁时,玄奘已经成了佛学界的后起之秀。但是,对佛经的研究越深入,玄奘就发现越多困惑和不解。加之当时所翻译的佛经与原文有很大出入,使得国内出现了各种版本的解读和体系,因此,玄奘决心到佛教的发源地天竺求学。

当时,国家对边境的管理十分严格,还不允许国民出入国境,导致很多决定一同出行的僧人都打了退堂鼓,但玄奘没有放弃。

公元629年,玄奘开始了遥远的西行之路。他先是遇到了从长安学经完毕要回甘肃秦州的僧侣孝达,二人便结伴而行,随后又与一名护送官马的

大雁塔

官差乘羊皮筏到达凉州。

当时凉州的都督李大亮听闻玄奘要越境出关,便下令让他马上回京。结果,当地的一位法师因钦佩玄奘的壮志,便派两个弟子护送他走到了河西走廊的最后一个城市——瓜州。

恰逢瓜州的地方长官也是个佛教徒,他听闻高僧玄奘要来,便欣然招待了他,并告知西行路线。西行之路不仅有连绵的沙漠,而且还要越过五座烽火台,一经守军发现就有生命危险。两位护送的和尚一看,马上就离开了。

但玄奘决心已定,什么也阻止不了他。他一个人偷偷溜出了玉门关,在通过五座烽火台时,玄奘被军官发现,差点死于非命。好在这一路遇到了很多佛教徒,最后玄奘绕过第五座烽火台后,就进入了八百里长的莫贺延碛大沙漠。

一路艰难险阻,整整四年之后,玄奘终于来到了心中的圣地天竺,开始了他的求学生涯。

公元645年,玄奘千辛万苦带着六百五十七部从天竺取来的佛经回到了大唐。回国之后,玄奘请求唐太宗支持他翻译佛经,并开始了中国史上规模最大的一次译经行动。七十五部一千三百三十五卷重要经论在玄奘和众多佛学家们的笔下翻译完成。

他还将他西行取经的过程写成了《大唐西域记》,对后世认识西域的历史和文化等方面有十分重要的影响。

| 主线 | 事件 | 时间 |
| --- | --- | --- |
| 唐朝的建立及发展 | 玄奘法师到达天竺 | 公元632年 |
| | 玄奘法师归国 | 公元645年 |
| | 玄奘著《大唐西域记》 | 公元645年 |

| 时间 | 事件 | 主线 |
|---|---|---|
| 公元632年 | 松赞干布建立吐蕃王国 | 唐朝的建立及发展 |

**文成公主入藏**

在贞观末年，另一件影响深远的大事就是唐吐和亲，文成公主入藏。

贞观年间，随着大唐的强大，很多偏远的少数民族都主动向唐朝示好，少数民族的首领前来向唐朝提亲，以求加强政治交往，这在当时是非常常见的外交事件，唐太宗为了稳定与邻邦的关系也乐得让他们如愿。

在和亲历史上，一个来自吐蕃名叫松赞干布的首领就迎娶了唐朝的文成公主，成就了一段佳话。

松赞干布是吐蕃王朝第三十三任赞普，而实际上却是吐蕃王朝立国之君。他先后平定了吐蕃内乱，实现了西藏地区的统一，正式建立了吐蕃王国。

统一吐蕃之后的松赞干布早就对邻邦盛唐有着深深的仰慕之情，公元634年，松赞干布派出了使者远赴长安与大唐天子交好。当他听说突厥与吐谷浑都娶得了唐朝的公主时，便命使者带着厚礼提亲，但当时唐太宗并没有答应。

使者无功而返后，对松赞干布说："刚开始唐朝对我礼遇有加，但是恰逢吐谷浑王入朝，在中间挑拨，使得唐朝君王不愿远嫁公主。"

松赞干布听罢十分气愤，不久便发兵吐谷浑，将吐谷浑人赶到了青海之北。

公元638年，松赞干布率大军攻打唐朝松州，结果唐朝的主力部队还没出手，先锋部队就已经击败了吐蕃军。松赞干布大惊失色，马上带着部族退出了党项、白兰羌、吐谷浑等地，并向唐朝遣使谢罪，送来了无数奇珍异宝。这一次，唐太宗终于同意将文成公主嫁给松赞干布。

公元641年，唐朝派江夏王、礼部尚书李道宗一路护送文成公主进入吐蕃。

**松赞干布和文成公主像**

回到吐蕃之后，松赞干布喜悦地对左右部下说："当年我的父辈祖辈都没能与上国通婚，如今我娶得了大唐公主，真是荣幸啊。我愿为公主建筑一城，以向后代夸耀我的事迹。"于是，松赞干布不久就为文成公主建筑了城邑和宫殿。

由于文成公主不喜欢吐蕃人的赭面习俗，松赞干布便下令停止了赭面习俗。为了表达对唐朝的友好，松赞干布还换下了传统的吐蕃服饰毡裘，转而穿上大唐流行的丝绸衣物，还派出吐蕃贵族子弟到唐朝学习文化，如《诗》《书》等，又请唐朝的文人来帮助治理吐蕃。

经过这一次和亲，中原汉文化传入吐蕃，而吐蕃的风俗也传入了中原，中原与吐蕃之间的交往由此开启。

| 主线 | 事件 | 时间 |
|---|---|---|
| 唐朝的建立及发展 | 松赞干布遣使求亲 | 公元638年 |
| | 文成公主入藏 | 公元641年 |
| | 孙思邈著《千金方》 | 公元652年 |

| 时间 | 事件 | 主线 |
|---|---|---|
| 公元630年 | 日本第一次派出遣唐使 | 唐朝的建立及发展 |

## 日本遣唐使

从公元七世纪到公元九世纪，日本为了学习中国先进的制度和文化，多次派出遣唐使。据统计，在二百六十年里，日本一共派出了十九批遣唐使，其中有十六批遣唐使到达了大唐。

公元630年，日本第一次派出遣唐使。公元838年，则是日本最后一次派出遣唐使。在公元894年，日本本已经任命了遣唐使，但由于菅原道真的劝阻，日本开始停止派遣遣唐使来唐。

在这二百多年间，日本派出的遣唐使来唐可以看出明显的时期划分。不同时期日本派出遣唐使的目的和规模也有所不同。一般来说，日本遣唐使来唐的历史主要可以分为下面几个阶段：

第一阶段是公元629年到公元661年。这一时期正处于贞观之治和武则天统治时期，唐朝政治经济达到鼎盛。日本派出遣唐使主要是为了学习唐朝先进的政治体制，从而在日本建立同样的中央集权体制。

这一时期日本派出遣唐使的规模较小，各类人员配备也不够齐全，其主要目的在于学习和开展外交活动。

第二阶段是公元662年到公元671年。这一时期日本派出遣唐使的规模依然不大，但其目的发生了明显改变。虽然同样要学习唐朝的先进制度文化，但更多是为了修复与唐朝之间的关系。这是因为在公元663年，唐朝与日本在朝鲜爆发了一场白江口之战。

在此次战争中，唐朝水军以不到200艘战船的兵力，击败了有千余艘战船的日本水军，焚毁日本战船无数，上千名日本水军丧生白江口。在取得白江口之战胜利后，唐军和新罗联军进一步攻占了百济国。

随后，唐朝派使者前往日本，日本为护送使者回唐，派出了第五批遣唐使，此后的第六批遣唐使来唐也是为了修补与唐朝的关系。当时的日本很担心唐朝会趁着白江口之战的胜利，进攻日本本土。

第三阶段是在公元697年到公元758年，这一时期也是日本派出遣唐使规模最大的一个时期。这一阶段唐朝正处于开元盛世时期，政治、经济、文化、军事都处于鼎盛时期，日本遣唐使来唐为日本带回了许多盛唐先进的文化与技术，在很大程度上促进了日本经济的发展和文化的繁荣。

第四阶段是从公元770年到公元850年，这一时期日本遣唐使的规模同样不小，但当时唐朝的政治经济发展已经处于末期，朝廷内外一系列争权夺利的斗争让大唐盛世不复存在，可供这些遣唐使学习的东西也变得少之又少。

由于日本派出遣唐使需要耗费大量的经费，加之唐朝末期动乱不断，日本于公元894年做出停止派出遣唐使的决定。

日本遣唐使来唐需要经历千辛万苦，波涛汹涌的大海随时会将他们的船只吞没。在众多批次的遣唐使中，很少有不

| 主线 | 事件 | 时间 |
| --- | --- | --- |
| 唐朝的建立及发展 | 白江口之战 | 公元663年 |
| | 阿倍仲麻吕来唐 | 公元716年 |
| | 空海来唐 | 公元804年 |

| 时间 | 事件 | 主线 |
| --- | --- | --- |
| 公元894年 | 日本停止派遣遣唐使 | 唐朝的建立及发展 |
| 公元649年 | 唐太宗去世，唐高宗即位 | 武周代唐 |

遭遇海难的。即使如此，日本遣唐使依然源源不断地来到唐朝，将先进的制度和文化带回到日本。

正是这种对先进技术和文化孜孜以求的精神，才让日本的经济文化得到发展。也正是借鉴了盛唐的先进制度和文化，日本才逐渐形成了自己独具特色的制度文化体系。

**武周代唐**

公元649年，唐太宗去世。因为早年的储位之争，太宗嫡长子李承乾和嫡次子李泰相继被贬谪，太子之位便落到了太宗和长孙皇后的第三子李治身上。

李治仁孝，性格谦和，但也因此缺少政治手腕，在其登上皇位后的一段时间里，朝政大权一直掌握在顾命大臣长孙无忌、褚遂良等人的手中。

为了夺回政治的主动权，李治在后妃武则天的帮助下，笼络了一批可以和长孙无忌等人分庭抗礼的庶族官员，但没想到，此举虽然打击了长孙无忌，却让武则天有了实现其政治野心的机会。

武则天是唐朝开国功臣武士彟的次女，祖籍为并州文水县，公元624年生于利州。公元637年，太宗李世民听闻武则天仪容美丽便召其入宫，封为五品才人，赐号"武媚"，当时武则天才十四岁。

武则天入宫之后并没有得到太宗的宠爱，地位一直没有提高。直到李世民病重，武则天与照料太宗的太子李治产生了感情。

公元649年，李世民病逝，按照制度，没有为太宗生育子女的嫔妃们要一起进入感业寺为尼，武则天就是其中之一。

一天，李治到感业寺祭奠太宗周年忌日，恰巧与武则天相遇，因无子而失宠的王皇后看准时机，主动请求把武则天纳入宫中，目的是打击情敌萧淑妃。李治欣然同意，武则天得以再次入宫。

武则天进宫之后，很快就给李治生了一个儿子，取名李弘。公元652年，武则天被拜为二品昭仪，独宠后宫。此时，意识到问题严重性的王皇后和萧淑妃开始联合，她们经常在皇帝面前诋毁武则天，但李治充耳不闻。

武则天工于心计而且心狠手辣，她用计谋先后除去王皇后和萧淑妃，一步步爬上皇后的位置。在这个过程中，她借用李治对长孙无忌等人的不满，培植了强大的个人势力。

当初，在废立皇后的过程中，长孙无忌等人坚决反对废立，而中书舍人李义府则坚决支持"废王立武"。李治和武则天重重赏赐了李义府，朝中的中层官员们看到了实惠便纷纷投入到"废王立武"的阵营中。

公元655年，李治下定决心，颁布诏书，将武则天立为皇后。

公元659年，在李治和武则天的共同努力下，长孙无

| 主线 | 事件 | 时间 |
| --- | --- | --- |
| 武周代唐 | 武则天入宫 | 公元637年 |
|  | 高宗立武则天为皇后 | 公元655年 |

| 时间 | 事件 | 主线 |
|---|---|---|
| 公元683年 | 唐高宗去世，唐中宗即位 | 武周代唐 |
| 公元684年 | 唐中宗遭废黜，唐睿宗即位 | |

忌、于志宁、韩瑗、来济等一批元老大臣终于被削职免官，逐出了京师。

李治早年患有风疾，发作起来便不能上朝，为此武则天曾想尽办法。公元660年，李治风疾复发，头晕不止，无法处理朝政，只好让皇后武则天代为处理。

借着这个机会，武则天玩弄权术，进一步培植势力，并锻炼出很强的政治手腕。

公元683年，李治因病驾崩，庙号唐高宗。高宗留下遗诏令太子李显即位，是为唐中宗，武则天被尊为皇太后。

身为皇太后的武则天当然不肯让出权柄，她寻找机会废掉了李显，转而立第四子李旦为皇帝，是为唐睿宗。

睿宗是一个淡泊权力的人，一生只追求安逸，因此不会对武则天造成任何威胁，武则天也乐得儿子是个不管事的天子。

此时，武则天的权力已经非常大了，可以临朝称制，自专朝政。

武则天的专权惹来了很多人的不满，功臣之后徐敬业以支持庐

**武则天像**

陵王李显进行号召，在扬州举兵反对武则天，十多天的时间就召集了十万部众。武则天派李孝逸为扬州道大总管，率兵三十万前往征讨，徐敬业兵败自杀。

这件事后，朝野上下再也没有敢挑战武则天权威的人了。

公元689年，武则天举行了一次规模宏大的"敬献图宝"典礼，在这次仪式上，她自封为"圣母神皇"，称帝之心已经昭然若揭。

一年之后，武则天正式称帝，她将国号改为"周"，年号为"天授"，自称为"圣神皇帝"，成为中国历史上前无古人的第一任女皇。

## 武则天之治

从公元690年登上皇帝位，到公元705年病逝，中国第一个女皇帝的王朝维持了十五年，在崇尚男权的中国古代，一个女皇帝能够当这么久，唯一的原因就是，武则天做得真的比较出色。

在武则天刚刚登上皇位的早期，她曾残酷屠戮李姓宗室和反对者，并用酷吏实行恐怖统治，一时间朝野人人自危，这成了她最大的历史污点。

除此之外，她宠信佞臣，尤其是对于武家宗室里的小人，不但袒护而且重用，这也成了她的罪状之一。

| 主线 | 事件 | 时间 |
|---|---|---|
| 武周代唐 | 唐中宗遭废黜，唐睿宗即位 | 公元684年 |
| | 武则天称帝 | 公元690年 |

| 时间 | 事件 | 主线 |
| --- | --- | --- |
| 公元690—705年 | 武则天之治 | 武周代唐 |
| 公元705年 | 神龙政变 | |

除此之外，武则天在内政外交上虽然达不到唐太宗的水平，但至少要远远好过她丈夫唐高宗。

武则天轻徭薄赋，与民休息，虽然她也曾为政治目的大兴土木，但终武周一朝，基本上让百姓过上了安居乐业的生活。

即位之初，为了打击反对派，武则天曾起用大批庶族人才，尤其是强力推行科举制，给底层人以上升阶梯，这对于整个民族的发展来说无疑是极大的好事。

并且，武则天基本上维护了中华帝国在当时的国际地位，对外战争虽有胜有负，但最终还是挽回了高宗时期帝国在西北、东北边陲的颓势，重振了帝国雄风。

**武则天陵前无字碑**

公元705年，武则天身体日渐衰弱，趁此机会，忠于大唐的官员发动宫廷政变，拥立庐陵王李显复辟皇帝位，维持十五年的武周帝国就此宣告终结。

当年年底，武则天在上阳宫的仙居殿病逝，享年八十二岁。在遗诏中，武则天省去帝号，称"则天大圣皇后"，并赦免王皇后、萧淑妃二族以及褚遂良、韩瑗、柳奭三人的亲属。

## 开元之治

武则天去世之后，唐朝的政局就一直很不稳定。先是即位的唐中宗被皇后韦氏毒死，韦后把持朝政想重现武则天故事，这招致了李唐宗室的不满。

武则天四子李旦的儿子李隆基与武则天的爱女太平公主联合发起政变，除掉了韦氏一干党羽。由此把李旦推上了王位，是为唐睿宗。

唐睿宗淡泊恬静，将李隆基立为太子之后，便将全部政事都交给了儿子和妹妹。

野心勃勃的太平公主也想效仿武则天篡权夺位，李旦见机不妙，便赶紧把皇位让给了李隆基，自己只顾逍遥快活，让李隆基去应对太平公主的阴谋。

李隆基先发制人，以阴谋叛乱之罪一网打尽了太平公主及其党羽。自此，李隆基成为名副其实的皇帝，史称唐玄宗。

唐玄宗登上皇位之后励精图治，很快就让大唐政局焕然一新。

武则天在位时，为笼络人心提拔了大批官吏。中宗即位之后，他的皇后和女儿又大肆卖官，使得唐朝官吏十分冗滥，官场乌烟瘴气。

李隆基除掉太平公主后，所做的第一件事就是大刀阔斧地裁减多余无用的官吏。据相关史料记载，李隆基曾一次性

| 主线 | 事件 | 时间 |
|---|---|---|
| 唐朝的发展和建设 | 唐中宗遇害，唐睿宗即位 | 公元710年 |
| | 唐隆政变 | 公元710年 |
| | 唐睿宗禅位，唐玄宗即位 | 公元712年 |

| 时间 | 事件 | 主线 |
|---|---|---|
| 公元712年 | 唐睿宗禅位，唐玄宗即位 | 唐朝的发展和建设 |

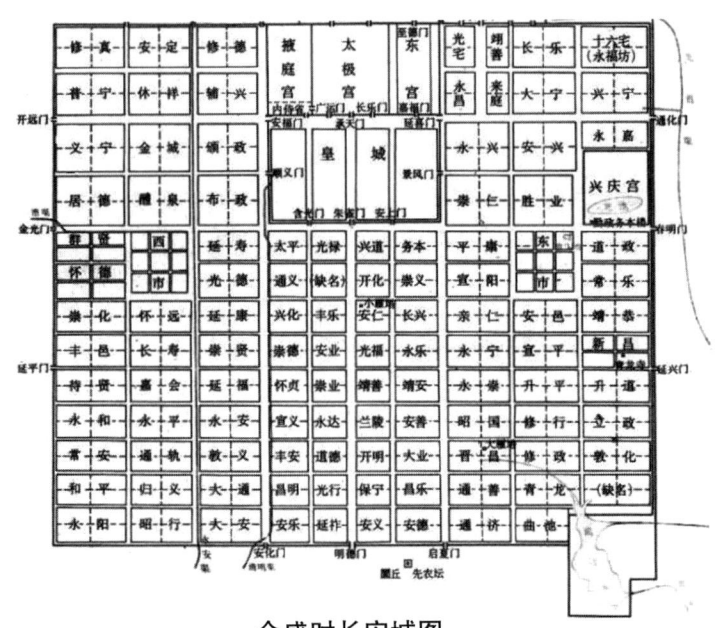

**全盛时长安城图**

裁掉了数千名官吏，随后，他又恢复了太宗时期的谏官制度和史官参政制度。

为了让基层官员能真正服务百姓，唐玄宗还亲自出题考查县官，留下那些优秀的，不合格的则一律淘汰。总体来说，唐玄宗在选贤举能和惩罚贪官上，做出了不错的功绩。

同时，唐玄宗还着手发展唐朝经济。当时的豪强和寺庙占据了很大一部分土地，使得农民少地，甚至还出现了"天下户口逃亡过半"的情况。为了改变这种局面，唐玄宗下令把那些抢占的土地收归国有。同时，为了起到震慑作用，还拿薛王开刀，把他所抢占的民田收缴，并严加惩处。

由于当时佛教的恶性膨胀，寺庙占据了大量的土地，又不缴纳租税，给国家造成了很大的负担。因此，唐玄宗下诏裁掉了不少僧尼，使得国内的纳税人增多，财政支出减少。同时，还减少了不少后宫宫女，提倡节俭，反对奢华之风。

通过唐玄宗的一系列改革，大唐帝国焕然一新，从朝廷到民间都沐浴在玄宗新政的春风里，很快国力便有了全面的提升。当时，长安城内店铺林立，人如潮涌，很多商人不远万里来长安通商，其中不乏波斯、大月氏的商人。

如此繁华的盛唐时代，引无数后人敬仰。当时的唐朝已经达到了中国封建时代最繁荣鼎盛的时期，被后人称为"开元盛世"。人们都在心中默默祈祷，希望此种繁华能长久持续下去，然而让人遗憾的是，仅仅二十多年后，这一切就都化为了泡影。

## 安史之乱

唐玄宗执政后期，繁荣的社会和安定的国防让他渐渐变得懈怠，进而从早期的励精图治转变为追求享乐。

后期的唐玄宗穷奢极欲，且宠信佞臣，他再也听不进逆耳的忠言，国家政事都由口蜜腹剑的宰相李林甫把持。

李林甫为人精明强干，但无比奸诈狠毒，在他把持朝政的十几年里，对上蒙蔽玄宗，对下则阻塞言路，玩弄权术。

唐朝初期有边将立功之后被征召入朝成为宰相的惯例，

| 主线 | 事件 | 时间 |
|---|---|---|
|  | 开元盛世 | 公元712—741年 |
| 唐朝的衰落 |  |  |

| 时间 | 事件 | 主线 |
|---|---|---|
| | | 唐朝的衰落 |
| 公元753年 | 鉴真东渡 | |
| 公元755年 | 安禄山谋反 | |

李林甫为了稳固自己的位置，大量起用没有文化的胡人出任边将，从而堵住了边将入朝的通道，但也为大唐的衰落埋下了祸根。

李林甫死后，这个祸根终于爆发，一场由突厥胡人的混血儿安禄山主导的叛乱如潮水般淹没了大唐帝国。

安禄山是营州柳城人，即今天的辽宁朝阳人，他很小的时候父亲就去世了，他的母亲带着他嫁给了突厥将军安波至的哥哥。不久之后，安禄山离开了突厥部落，与一些朋友过起了居无定所的生活。

安禄山从小没读过书，更不识得汉字，但相传他做过胡汉买卖中介，因此会说六种游牧民族的语言。在一次犯罪之后，他被当地官吏抓获，几经审讯，安禄山非但没有被判罪，还被一位官员看重选为亲兵，这位官员就是幽州节度使张守珪。

胡人牧马

安禄山身材肥胖，皮肤白皙，作战勇猛还十分机灵。张守珪非常器重他，后来甚至收他为义子，把他提拔为偏将。

安禄山的外表给人的感觉十分耿直甚至有些痴，但他内心却十分狡诈。一次，他受命攻击契丹部落，为了杀死契丹人，先是请他们喝放有迷药的酒，随后等他们睡熟了唤人将其杀死，凭借这个阴毒的方法，他杀死了几十个契丹首领。

在张守珪的照顾下，安禄山在幽州的地位越来越高，终于，朝廷也注意到了这位能征善战、足智多谋的胡人守将。

后来安禄山得到了面见唐玄宗的机会，他十分谄媚，竭尽所能讨好玄宗。他对玄宗说："当时，我的家乡闹了一场虫灾。我焚香起誓，若我对皇上不忠，便叫这些蝗虫吃了我的心。若我忠心不二，就让虫子散去吧。说罢，天上飞来无数禽鸟，把蝗虫全部吃掉了。"玄宗闻罢十分开心，还命史官记下了此事。

玄宗爱好歌舞，安禄山便投其所好，向李龟年学习舞蹈。结果因身材肥胖，跳出的舞蹈显得十分笨拙。但他仍然经常找机会向玄宗展示，引得玄宗发笑。

有一次，玄宗开玩笑地问安禄山："你这肥胖的肚子里装的是什么？"

安禄山答道："没有别的，全是对皇帝的赤诚之心。"安禄山的巧嘴使得他深受皇帝的宠爱。

随着安禄山逐渐得宠，他开始对权倾朝野的李林甫有些傲慢无礼。但后来他发现，满朝文武都对李林甫十分恭敬，而且李林甫能把自己的想法看得一清二楚。于是，安禄山转变了态度，开始对李林甫卑躬屈膝。当他听到李林甫夸赞他时，便高兴得手舞足蹈，喜不自胜。若听到李林甫批评他，他便捶胸顿足，唉声叹气。

当时杨贵妃得玄宗万千宠爱于一身，安禄山便也想办法

| 主线 | 事件 | 时间 |
| --- | --- | --- |
| 唐朝的衰落 | 颜真卿出兵抵抗安禄山 | 公元755年 |

| 时间 | 事件 | 主线 |
|---|---|---|
| 公元763年 | 安史之乱平息 | 唐朝的衰落 |

取得杨贵妃的宠爱。尽管安禄山比杨贵妃年长，但仍认杨贵妃为干娘，并以此得到了自由出入宫廷的特权。

每次进宫后，安禄山都先去拜见杨贵妃，后来告知玄宗称："胡人的礼仪是先敬母亲，后敬父亲。"玄宗十分高兴，并深信不疑，还为他建造了豪宅，赐予他皇家胜地华清宫的沐浴权。

随着李林甫的去世，朝廷中再也没有了能够制衡安禄山的人，此后，再无顾忌的安禄山不断向玄宗要权要钱要兵，并把河北三镇都纳入了自己的管辖之下。

唐玄宗在位时期，由于均田制被破坏，建立于其基础上的府兵制亦随之瓦解，朝廷开始实行募兵制。唐玄宗大量扩充军镇，设节度使，赋予其军事统领、财政支配及监察管内州县的权力。当时，朝廷共设有九个节度使和一个经略使，其中北方诸道权力的集中更为显著，经常以一人兼任两三镇节度使，安禄山身兼范阳、平卢、河东三镇节度使，完全有了与朝廷抗衡的资本。然而，对于安禄山的坐大唐玄宗依然茫然无知，还对那些劝他警惕安禄山的大臣加以贬谪，从此，朝野上下再也没有人敢说安禄山一个不字了。

公元755年，安禄山叛乱如期而至，此时，唐玄宗才如梦方醒，但为时已晚，繁荣昌盛的唐朝走到了崩溃的边缘。

数年之后，安禄山和其继任者史思明相继死去，安史之乱宣告平息，大唐帝国再次统一了中华版图，但此时的大唐已经再也找不回往日的模样了。

## 马嵬坡之变

天宝十四年（公元755年）十二月十六日，安禄山以"忧国之危、奉密诏讨伐杨国忠"为借口在范阳起兵。安禄山带兵从范阳一路长驱直入，仅用三十五天的时间就攻占了东都洛阳，进而控制了河北大部分地区，河南的很多郡县也都望风投降。

唐朝军队此时完全可以死守潼关，保卫京师。但是由于玄宗想尽快平叛，加之杨国忠借机挑唆，迫使哥舒翰率领二十万仓促组建的军队出关迎战安禄山的百战劲旅，结果唐军惨败。

潼关失守，关内就再也没有关隘可守。加之安禄山一路连胜，士气正旺，唐军根本无法阻挡，一路上很多官员都擅离职守，弃城逃亡。此时，纸醉金迷的玄宗终于意识到情况的紧急，他马上询问宰相杨国忠解决办法。杨国忠经过与大臣们的商议，建议皇上带着杨贵妃逃离长安，前往蜀地。

于是，玄宗听从了杨国忠的建议，当天晚上便带着杨贵妃出城逃亡。

玄宗本以为一路上会有各地官员接待，哪想到地方官员早就逃跑了，饥肠辘辘的玄宗只好让太监到百姓家中讨要食物，结果送来的只有高粱馍馍，甚至没有餐具。

当朝天子唐玄宗勉强咽下干硬粗劣馍馍的时候，有位老人挤到御驾之前，对玄宗说："那安禄山早就想造反了，

| 主线 | 事件 | 时间 |
|---|---|---|
| 唐朝的衰落 | 潼关失守 | 公元756年 |
|  | 安禄山占领长安 | 公元756年 |

| 时间 | 事件 | 主线 |
|---|---|---|
| 公元756年 | 马嵬坡兵变 | 唐朝的衰落 |

多年前就有人告发，结果都落个关押被杀的下场。人们谁也不敢再说什么，那些朝廷大臣只顾溜须拍马，蒙蔽了陛下的双眼！"

唐玄宗更加悲伤了，说道："都怪寡人太糊涂，悔不当初啊！"

数天艰苦的路程后，队伍来到了马嵬坡，此时将士们又累又饿，想到匆匆逃出长安而没来得及带走的家眷，很多人都心中愤恨，加之天气炎热，士兵劳累过度，拒绝继续前进。

此时，杨国忠的政敌——太子李亨、宦官李辅国和陈玄礼一致认为，除去杨国忠的时机已成熟，于是他们谋划了一个计策来杀掉杨国忠。

计策是由陈玄礼出面对将士进行煽动，说这场叛乱全是由杨国忠引起的，杀了杨国忠就可平息叛乱。

这时，正好有二十多名吐蕃使者在驿站西门外堵住杨国忠的马头，向他请求供给。

激怒了的士兵们立即将他们包围，并大喊："杨国忠与吐蕃谋反！"杨国忠逃进西门内，军士们也冲了进去将其乱刀砍死。士兵们杀死杨国忠后，又把玄宗的驿馆围了起来。

玄宗听闻外面十分吵闹，便向太监询问发生了何事，太监只好如实相告。玄宗大惊失色，走出驿馆想要安抚士兵们回营休息，结果士兵们不听玄宗的安抚，依旧吵嚷。

玄宗找来了陈玄礼，询问士兵不散的原因。陈玄礼回答道:"杨国忠已死,杨贵妃也不能留下来。"

玄宗当然舍不得自己最为宠爱的妃子,便问道:"贵妃深居宫中,如何谋反?"

一旁的贤宦高力士小声对玄宗说:"虽然贵妃无罪,但如今将士们杀了贵妃的哥哥杨国忠,如果留着贵妃,他们怎么会安心呢?请陛下慎重考虑,要保住陛下的安全,就得让将士们心安。"

玄宗为了保全性命,狠心让两个内侍将杨贵妃勒死了。陈玄礼验明之后,向将士们传达了贵妃已死的消息,将士们终于放心地回到了营中休息,马嵬坡兵变得以平息。

**虢国夫人游春图**

马嵬坡之变后,玄宗因为杨贵妃的去世对一切都失去了兴趣,而太子李亨则在李辅国的协助下与玄宗分道扬镳。

数月之后,玄宗入蜀,而太子李亨则即位皇帝,开始主持平叛大业,是为唐肃宗。

经过唐肃宗和其子唐代宗两代人的努力,安史之乱终于被平定了,但此时,大唐已经告别了玄宗时的辉煌鼎盛,江河日下了。

### 河北藩镇割据

公元763年,安史之乱终于平定,破碎的大唐山河重归

| 主线 | 事件 | 时间 |
| --- | --- | --- |
| 唐朝的衰落 | 唐玄宗禅位,唐肃宗即位 | 公元756年 |
| | 唐肃宗去世,唐代宗即位 | 公元762年 |

| 时间 | 事件 | 主线 |
| --- | --- | --- |
| 公元711年 | 河西藩镇设立 | 唐朝的衰落 |

一统。然而,表面上统一的背后,却是大唐再不复往日荣耀的实质,究其原因就是藩镇已经坐大,进而开始威逼中央。

所谓藩镇割据,就是地方上拥有军政大权的节度使,雄踞一方,不服从中央命令,财政收入归己所有。节度使死后,象征权力的节杖由他的子弟或部将继承,并由中央朝廷在形式上追认。他们是世袭的独立国王,是名副其实的土皇帝。大唐的藩镇肇端于公元711年,为了防止吐蕃入侵,贺拔延嗣被任命为凉州都督,全权负责防御吐蕃,这使得河西藩镇成了唐朝的第一个藩镇。

在唐玄宗时期,藩镇开始大量出现。如公元717年置幽州藩镇节度使和朔方藩镇节度使,公元718年置安西四镇节度经略使,到了天宝年间,节度使已经达到了十个。随着藩镇的不断设置,府兵制也开始被募兵制所取代,募兵代替府兵,更让藩镇有了独霸一方的可能。

安禄山叛乱被平定之后,唐帝国中央并没有一举平定所有的割据势力,因为中央军力有限,帝国被迫接受了一些叛乱部将的投降,重新任命他们为节度使。在八世纪中期,全国出现藩镇四十多个,形成了"天下尽裂于方镇"的割据局面。在这些节度使中,以河北三镇势力最为强大,这些节度使自行世袭,拥兵自重,导致中央没有足够力量去插手管理。

所谓河北三镇,指的是位于河朔地区的三个主要势力,分别是范阳节度使、成德节度使、魏博节度使。

范阳又称幽州或卢龙,在今天河北北部,北京、保定及长城附近一带；成德在幽州以南和山西接壤的地区，在今天河北的中部；魏博后改称天雄，是今天渤海湾至黄河以北。

这三个地区是安史之乱主要的策源地，这里胡汉杂居，民风彪悍。安史之乱后，安史降将和帝国军阀相继割据于此，依仗武力不听朝廷号令，甚至与朝廷分庭抗礼，到代宗一朝这些问题也没有解决。

**唐开元通宝钱**

唐代宗去世，唐德宗即位，德宗力图削弱藩镇势力，结果激起河北藩镇叛乱，朝廷出兵进剿。正当双方处于胶着状态时，镇压叛乱的一支军队在都城哗变，哗变的士兵占领了长安并大肆抢掠，史称"泾原兵变"。

"泾原兵变"爆发的原因是出征部队对帝国给予的后勤非常不满，又遭到帝国管理者的欺凌，义愤之下终于把矛头指向了帝国。

唐德宗逃到汉中后，用了四年时间才把叛乱平息下去，因此对河北藩镇的讨伐也只能不了了之。

唐德宗之后，经过唐顺宗、唐宪宗、唐穆宗、唐敬宗四朝，藩镇问题仍然没有改变。其实，解决藩镇问题的曙光曾在唐宪宗时出现过。

唐宪宗即位之后，开始讨伐叛镇。公元806年，西川节

| 主线 | 事件 | 时间 |
|---|---|---|
| 唐朝的衰落 | 地方藩镇割据 | 公元763年 |
| | 唐代宗去世，唐德宗即位 | 公元779年 |
| | 陆羽著《茶经》 | 公元780年 |
| | 泾原兵变 | 公元783年 |

| 时间 | 事件 | 主线 |
|---|---|---|
| 公元806—820年 | 唐宪宗削藩 | 唐朝的衰落 |
| 公元784年 | 宦官执掌神策军 | |

度使刘辟叛乱被镇压；公元814年，彰义节度使吴少阳之子吴元济举兵叛乱遭到镇压；公元818年，淄青节度使李师道举兵叛唐也遭到镇压。

然而，宪宗虽然镇压了藩镇割据，却没有从根源上解决藩镇制度存在的问题。在唐宪宗死后，唐穆宗即位，主张裁减兵员，河北三镇的将士成为主要裁减对象，这使得"河朔三镇"又举兵叛乱。朝廷派兵讨伐，却无功而返，由于军费开支过大，朝廷只得承认现状。

唐敬宗之后，唐文宗和唐武宗都立志削藩，但最终无功而返，此时，大唐已经步入帝国晚景了。

到了晚唐时期，藩镇开始互相兼并。为了镇压农民起义，唐朝中央征集各镇士兵。许多藩镇利用这一机会扩充实力，藩镇割据现象愈演愈烈。随着唐朝中央政权的瓦解，藩镇割据成了既成事实。

**宦官把持朝政**

从中国历史发展来看，宦官专政主要出现在每个朝代的中后期，唐朝也是如此，与其他朝代不同的一点是，唐朝宦官专政的出现与安史之乱有着重大关联。

在安史之乱前，唐朝宫廷就有宠幸宦官的历史，如唐玄宗宠幸高力士。然而，当时的宦官仍然是以皇帝家奴的身份出现的，绝没有把持朝政的可能，直到安史之乱发生。

安史之乱中，李辅国辅佐唐肃宗顺利获取帝位，他也因此成为唐代权宦的第一位。在此之后，程元振、鱼朝恩等一批权宦登上历史舞台，甚至还出现了宦官欺凌皇帝的现象。

安史之乱不仅让唐王朝由盛转衰，同时也造成了藩镇割据的局面。天下变得动荡不安，统治阶层内部斗争日趋激烈，这些因素都为宦官专权创造了条件。

藩镇叛乱和朝臣反叛使皇帝对大臣心生猜忌，在此情况下，皇帝不再相信朝臣，而转向相信身边的宦官。唐朝宦官把持朝政并不是通过干涉皇帝的思想和行为，而是直接担任具体的官职，包括枢密使、神策军中尉等职位，这当中具有转折性的事件就是"泾原兵变"。

"泾原兵变"发生时，唐德宗只身逃亡，身边文臣武将没有任何人来护驾，还是一群宦官率领神策军先赶来护驾。这使得德宗对朝臣大失所望，转而把之前斥退的宦官当成了忠臣，在平乱之后，更是让宦官执掌神策军兵权，全权负责护卫皇城。

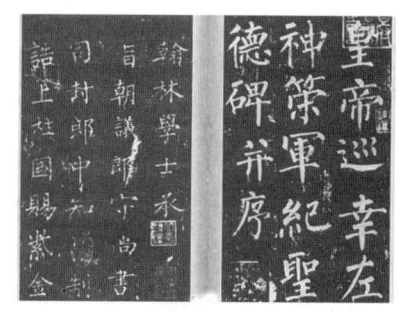

**神策军碑**

有了兵权，宦官就有了说话的本钱，所以在唐朝中后期，朝廷正事大都由宦官插手，皇帝和大臣很多时候根本做不了主，原因就在于兵权在宦官手中。

| 主线 | 事件 | 时间 |
| --- | --- | --- |
| 唐朝的衰落 | 泾原兵变 | 公元783年 |

| 时间 | 事件 | 主线 |
|---|---|---|
| 公元784年 | 宦官执掌神策军 | 唐朝的衰落 |
| 公元806年 | 白居易作《长恨歌》 | |
| 公元826年 | 唐敬宗被害 | |

除了处理政事之外,宦官们还掌管着宰相、大臣的任命。对于奉承自己的人,他们会极力推荐。对于与自己作对的人,则会极力排斥。

在唐朝后期,宦官甚至掌握了废立、生杀皇帝的权力。顺宗在位仅一年,就因为触犯宦官的利益,而被逼退位。文宗更是在"甘露之变"后遭到宦官监视。将皇帝当作提线木偶来掌控,这可以说是唐朝宦官把持朝政的独有特点。

### 甘露之变

在中国历史上,宦官专权一次最典型的事件就是甘露之变。

宝历二年(公元826年)十二月,唐敬宗被宦官李克明杀死,文宗李昂被扶植称帝。即位的文宗一心想铲除宦官势力,夺回政权,于是便想建立自己的班底,他从下层官吏中分别提拔了郑注、李训为御史大夫和宰相,将二人作为心腹。

文宗采纳郑注等人的建议,先是利用宦官之间的矛盾任命权宦王守澄部下仇士良为左神策中尉,掌管一部分禁卫军,以削弱王守澄的军权。

接着,文宗又用计彻底削去王守澄的兵权,下令王守澄饮毒酒自尽。

此后,郑注又从凤翔挑选出几百名勇士,装备棍棒和利斧成为亲兵,准备在宦官们参加王守澄的葬礼时,派亲兵将宦官全部消灭。

但在计划的实施过程中出了问题，原因在于李训为了抢占功劳，力劝文宗改变计划，更换动手的时间。结果文宗听从了李训的新计划。

太和九年（公元835年）十一月的一个早晨，李训先是暗中派人上报皇上在左金吾大厅后的石榴树上出现甘露，乃祥瑞之兆，接着李训又声称派官员前去查看，结果并非甘露。文宗此时按照计划派仇士良等宦官再次前往一探究竟，目的当然是把宦官一网打尽。

在李训的心腹韩约的陪同下，仇士良走向了左金吾门口，机警的他见韩约的表情十分紧张，便怀疑有问题。结果，仇士良发现了早已埋伏的亲兵，马上转身跑到皇上休息的地方。

仇士良把皇帝推进了轿子，带到了宦官们的势力范围。李训拉住轿子，却被宦官们推倒在地，只得眼睁睁地看着文宗被带走。

**唐文宗陵**

挟持文宗之后，穷凶极恶的仇士良马上指挥神策军四处搜寻，把朝中的一千多名官员杀害。最终，他们在终南山找到并杀死了李训。郑注听说计划败露，便马上退回到了凤翔，但也被监军张仲清所杀。

| 主线 | 事件 | 时间 |
|---|---|---|
| 唐朝的衰落 | 甘露之变 | 公元835年 |

| 时间 | 事件 | 主线 |
|---|---|---|
| 公元840年 | 唐文宗去世，唐武宗即位 | 唐朝的衰落 |
| 公元840—846年 | 唐武宗改革 | 唐朝的中兴 |

文宗被抓住之后，被软禁了起来，郁闷的他只能以饮酒赋诗来排解心中的郁闷。后来，他彻底心灰意冷了，对翰林学士周墀说："我虽贵为天子，如今却被家奴宦官所欺辱。还不如那些亡国之君！"

公元840年，忧劳成疾的唐文宗去世，年仅三十岁。

### 武宣之治

唐文宗去世之后，帝国皇位落到了唐文宗的弟弟李炎手中，是为唐武宗。

唐武宗即位之初韬光养晦，逐渐把权力从宦官手中夺了回来，之后他任用贤相李德裕，对帝国弊政进行了一系列的改革。

武宗君臣严刑峻法，让社会风气一时井然有序；加强相权，让中枢政治代替宦官政治；对外强势，对吐蕃等西疆部落软硬兼施，稳定了帝国边境；打击藩镇，树立了中央的权威；厘清税负，减轻了人民的负担；消减僧尼，增加了政府的财政收入；削减门荫，给寒门士族以科举上升的通道。

**会昌开元通宝**

在唐武宗和李德裕的治理下，大唐终于有了重振雄风的样子。然而不幸的是，唐武宗的统治只持续了六年时间，公元846年，唐武宗服食丹药而亡，他的叔叔李忱即位，是为唐宣宗。

唐宣宗继承唐武宗的改革成果，并在此基础上进行了发扬，让大唐帝国获得了短暂的中兴。

然而由于宣宗本身的问题，这场短暂的中兴又很快宣告终结，大唐帝国在宣宗后期，已显现出亡国的态势。

李忱早年比武宗更善于韬光养晦，这也使得宦官们误认为他容易控制，所以在武宗病逝之后宦官们极力推举李忱即位。

宣宗即位之后，一改往日颓唐的作风，他打击不法权贵，贬斥宦官，对外用兵，为文宗时死于宦官之手的大臣平反昭雪，在很多方面都颇有建树。

宣宗天资聪颖，且十分勤勉，这都让他对中兴大唐无比自信。

然而，他刚一登基便贬谪了武宗时的名相李德裕，让很多士人为此寒心，唐诗中都留下"八百孤寒齐下泪，一时南望李崖州"之语。

且宣宗性格刻薄多疑，虽然可以说得上是御下有术，但也让真正有才能的官员没有施展的空间，所以终宣宗一朝，执掌中央的宰相不是唯唯诺诺之辈就是钻营谄媚之徒。

宣宗的勤政加上武宗的政治遗产，让宣宗时期的大唐再

| 主线 | 事件 | 时间 |
|------|------|------|
| 唐朝的中兴 | 唐武宗去世，唐宣宗即位 | 公元846年 |

| 时间 | 事件 | 主线 |
|---|---|---|
| 公元859年 | 唐宣宗去世，唐懿宗即位 | 唐朝的中兴 |
| 公元859年 | 浙东农民起义 | 唐朝的衰亡 |

次出现了短暂的繁荣景象，因此历史上对这一时期也有"大中暂治"的美誉。

但最大的问题是，这样的繁荣是建立在宣宗一个人努力的基础上的，他并没有建立起一个健康且高效的政治团队，所以在大中末期，当宣宗身体和精神都有所倦怠之后，帝国就逐渐出现了败象。

公元859年，宣宗病逝，长子李漼即位，是为唐懿宗。唐懿宗是一个沉溺享乐不理政事的天子，又赶上宰相无能，大唐帝国便再也不可能复兴了。

### 黄巢之乱

唐宣宗末年，摧毁大唐王朝的第三支利剑——农民起义终于到来，浙江裘甫率义军反唐，拉开了唐末农民起义的序幕，而农民起义的最高潮则是历史上著名的黄巢之乱。

黄巢于公元820年出生于曹州冤句（今山东菏泽西南）的一个盐商家庭。自幼粗通笔墨，略有诗才，但是擅长骑马射箭，有一身好武艺。

成年后，黄巢屡试不第，科举没能让他走上仕途，却坚定了他造反的决心。一次落第之后，他写下一首《不第后赋菊》："待到秋来九月八，我花开后百花杀。冲天香阵透长安，满城尽带黄金甲。"从这首诗也能看出黄巢想要一展抱负的决心。

当时是唐懿宗年间，浙江农民起义虽然被平息了，但中原起义仍然此起彼伏。其中一个叫王仙芝的人聚集一支一千多人的队伍，揭竿而起，在山东掀起了很大的波澜。

一年后，黄巢效仿王仙芝聚集一支两千多人的队伍，并与王仙芝会合，打着推翻腐败唐朝的旗号，号召人民起来反抗。

一时间，引起了很多人的响应，特别是那些被苛捐杂税压得走投无路的人。短短的几个月后，黄巢的队伍就发展到了几万人之众。

**唐代武士**

公元875年，黄河流域发生了特大洪灾。没过多久，又赶上了蝗灾，越来越多的农民开始对生活感到绝望。走投无路之下，很多人加入了黄巢的队伍，由此起义军的队伍越发壮大。

一路披荆斩棘，起义军的领地不断扩大，从山东一直蔓延到中原地区。

此时，唐王朝意识到了危机，便调集了各路人马企图从四面包围义军。但黄巢等义军领导者十分灵活，他们竭力避开朝廷的主力部队，开向空虚的城池。很快，大片空虚的城镇就被义军所占领。

公元878年，起义军一号人物王仙芝被俘后遭到杀害。黄巢进而成了起义军最高领袖。经过多年苦心经营，农民起义军一度发展到了六十五万大军。

| 主线 | 事件 | 时间 |
|---|---|---|
| 唐朝的衰亡 | 王仙芝起义 | 公元875年 |
| | 黄巢起义 | 公元878年 |

| 时间 | 事件 | 主线 |
|---|---|---|
| 公元881年 | 黄巢攻破长安 | 唐朝的衰亡 |
| 公元884年 | 黄巢起义失败 | |
| 公元873年 | 唐懿宗去世，唐僖宗即位 | |

公元881年，黄巢率军兵临长安城下，攻破长安之后，黄巢自立为帝，建国号为"大齐"。

但好景不长，唐朝军队两年之后又围困了长安，黄巢内部的主要将领朱温变节降唐，黄巢只好从长安退出，回到山东继续发展力量，以期日后反扑。

公元884年，黄巢的起义军被唐征召的沙陀军队李克用军打败，黄巢死于非命，一场轰轰烈烈的农民起义宣告结束。然而此时，大唐帝国其实也早已在这场起义中名存实亡了。

### 唐朝灭亡

唐懿宗即位之后，皇帝不理政事，宰相自私无能，加上藩镇跋扈，外敌强大，实际上大唐王朝已经不可能再有所作为了。

一场场农民起义，虽然没有完全摧毁唐朝，但掌握实权的地方势力其实早已不把中央当回事儿了。

公元873年，唐懿宗病逝，皇位由其第五子李儇继承，是为唐僖宗。唐僖宗和其父一样，只知道享乐而毫无励精图治的作为。经过这父子二人，到了僖宗兄弟唐昭宗即位时，唐朝政权实际上已经不属于李唐而归朱温掌握了。

朱温本是黄巢手下的一位将领，在黄巢起义后期反叛黄巢，受了唐朝的招安。但当时，唐帝国已经没有属于中央的部队了，派出剿灭黄巢的不是反叛的农民军就是征召的游牧民族部队或藩镇部队。

朱温在投降唐朝后，唐僖宗曾赐名全忠，官拜汴州刺史、宣武军节度使。随后，朱温与帝国各路人马一起围困长安，使得黄巢招架不住只得撤退。

后来朱温奉命又和沙陀军李克用部一起联合剿灭黄巢。此时，大唐帝国内具有较强实力的军事组织就是朱温部队、李克用部队和军阀李茂贞部队。

朱温像

战胜黄巢之后，野心膨胀的朱温立即就把矛头指向了李克用，他设计想要除掉李克用，结果被李克用识破，两人从此分道扬镳。

李克用统兵回到河西，朱温则将矛头指向李茂贞，在一番明争暗斗之后，朱温从李茂贞手中夺得了天子唐昭宗，学着曹操的样子，挟天子以令诸侯。

在长安，朱温对掌权势力进行血腥杀戮，那些宦官、宗室、士族几乎都被他逐个消灭。此后，他又强迫唐昭宗把都城迁往洛阳。其他割据势力对此十分不满，结成了同盟军，打着唐昭宗的旗号一起讨伐朱温。

在一片讨朱声势中，朱温杀死了唐昭宗，另立年幼的皇子李柷为帝，是为唐哀帝。

在成功平息了讨伐联军之后，朱温终于捅破了"窗户纸"。开平元年（公元907年）四月，他逼迫唐哀帝禅让皇位，在部下和官僚们的拥戴下登上了皇帝宝座，建号为大

| 主线 | 事件 | 时间 |
| --- | --- | --- |
| 唐朝的衰亡 | 朱温降唐 | 公元882年 |
| | 朱温挟持唐昭宗 | 公元904年 |
| | 朱温代唐称帝 | 公元907年 |

| 时间 | 事件 | 主线 |
|---|---|---|
| 公元907年 | 朱温代唐称帝 | 唐朝的衰亡 |

梁,统治中国将近三百年的大唐王朝就此灭亡。

## 附录:第八章主要参考文献

[1] 司马光. 资治通鉴[M]. 北京:北京联合出版公司,2016.

[2] 蔡东藩. 中华史:唐史[M]. 北京:北京联合出版公司,2019.

[3] 吕思勉. 极简中国史[M]. 天津:天津人民出版社,2016.

[4] 吕思勉. 隋唐五代史[M]. 武汉:华中科技大学出版社,2016.

[5] 岑仲勉. 隋唐史[M]. 北京:商务印书馆,2015.

[6] 黄仁宇. 中国大历史[M]. 北京:生活·读书·新知三联书店,2014.

[7] 崔瑞德. 剑桥中国隋唐史:589—906年[M]. 北京:中国社会科学出版社,1990.

[8] 斯图亚特·戈登. 极简亚洲千年史[M]. 长沙:湖南文艺出版社,2017.

[9] 张国刚. 唐代兵制的演变与中古社会变迁[J]. 中国社会科学,2006(4).

[10] 杨志玖. 试论唐代藩镇割据的社会基础[J]. 历史教学,1980(6).

[11] 彼得·弗兰科潘. 丝绸之路:一部全新的世界史[M]. 杭州:浙江大学出版社,2016.

# 第九章

# 五代十国：辉煌之后的衰落

- 契丹的壮大
- 后梁的建立与灭亡
- 后唐的兴灭
- 后晋灭亡
- 后汉的瞬兴瞬灭
- 后周的建国与发展
- "十国"兴亡

　　五代十国是中国历史上的又一大分裂时期。五代是指唐朝灭亡之后，中原地区依次更替的后梁、后唐、后晋、后汉和后周五个政权。十国则是指中原地区之外存在的包括前蜀、后蜀、南吴、南唐、吴越在内的十余个政权。作为中国历史上最为混乱的一个时代，五代十国连接着隋唐和宋元。这一时代出现的新变化深刻地影响了宋元时期的社会经济和文化风貌。

| 时间 | 事件 | 主线 |
|---|---|---|
| 公元872年 | 耶律阿保机出生 | 契丹的兴起 |

## 契丹的壮大

唐王朝灭亡之后，中原王朝陷入了数十年的混乱当中，这数十年里，五个王朝迭代出现，然而让人没有想到的是，在这五代更迭的过程中，起着关键作用的居然是曾经位于唐帝国边陲的游牧民族——契丹。

契丹的壮大要得益于其部落的一位英雄——耶律阿保机。

耶律阿保机刚出生时，契丹内部正在争夺首

**辽太祖耶律阿保机**

领之位，其祖父耶律匀德实遭到杀害，父亲和叔伯们纷纷逃往异地，他在祖母的保护下才得以安身。

等阿保机稍稍长大一点，他开始显露出远远高过同龄人的聪慧。阿保机在幼年时期便能谈论国家大事，等他父辈执掌国政，遇到一些难题时也都会向这个小孩子咨询。

阿保机长大成人之后，身材变得十分魁梧强壮，善于骑射，他组建了自己的侍卫亲军，征战各个邻近小部落，迅速崛起，成为契丹的一个后起之秀。

其伯父被杀之后，阿保机继承了伯父的职位——于越，相当于中原王朝的宰相。他带着自己的亲兵先后击溃并降服了小黄室韦，破越兀、兀古、六奚诸部。

经过多年征战拼杀，阿保机凭借赫赫战功于公元907年当上了可汗。但阿保机不满足于此，他的理想是开疆扩土，称霸天下。为了使自己的部族发展得更为强大，他主动向先进的汉人学习，建造了不少冶炼银铁的作坊，鼓励本族人与汉人交易货品。

但他的改革很快就引起了一些契丹贵族的反对，最先谋划叛变的是他的几个弟弟。

阿保机得知弟弟们叛变的消息后，先发制人把弟弟们全抓了起来。但他深知改革一定会让很多传统的契丹贵族感到不解，便耐心向弟弟们解释自己的用意，还宽容地释放了他们，并一同上山盟誓。

但阿保机的宽容并没有换来弟弟们的珍惜。他的弟弟们又发起了第二次、第三次叛乱。

他的一个弟弟剌葛逃向了北方，阿保机带兵紧追其后。直到土河地区，阿保机停止了追击，对部下说："现在攻击，叛军必定尽力反击。等过些日子，将士们会因为远离家乡而对剌葛不满。到时我们再进攻，必定大获全胜。"果然如阿保机所预测的那样，没过几天，叛军们就发生了内讧，阿保机趁机进攻，轻松取胜。阿保机放了几个弟弟，但把其他三百余名大小首领砍头示众了。

阿保机做可汗九年后，他的改革给契丹带来了翻天覆地的变化。但其他七位酋长密谋发动兵谏，强迫阿保机退让可汗之位。

| 主线 | 事件 | 时间 |
|------|------|------|
| 契丹的兴起 | 耶律阿保机崛起 | 公元907年 |

| 时间 | 事件 | 主线 |
|---|---|---|
| 公元916年 | 耶律阿保机称帝契丹国建立 | 契丹的兴起 |

面对武力胁迫,阿保机假装同意,并交出了旗鼓。随后,他对众人说:"我已在可汗之位坐了九年,收服了很多汉人,我想带领自己的一部统治汉人,可以吗?"得到同意之后,阿保机借机邀请各部首领集会,实则暗中设下伏兵,等大家喝得大醉时,将各部首领全部杀死。

夺回了军政大权后,阿保机于公元916年在龙化州设下祭坛,正式称帝,国号契丹,史称辽太祖。

阿保机称帝之后,并没有停止征伐的脚步。他先后向西北打败了强悍的突厥、党项等民族,向南攻占了汉人的很多领土,向东消灭了渤海国。

公元926年,阿保机在返回京都的途中因病去世。此时,他已经为后人建立了一个强大的政权——辽。

### 后梁的建立与灭亡

契丹在北方发展的同时,在北方唐帝国的故土上,朱温建立的后梁开始了艰难的创业。

为了稳定国家,朱温从偏重军事的立场转到了以政治为纲的立场。他开始关注人民和土地,尽最大努力恢复农业发展,以

**后梁开平钱**

求人民得以休养生息。为了防止武将尾大不掉，他开始警惕那些握有重兵的将领，一旦发现有可疑迹象，便马上采取行动，或杀或关，毫不留情。

当然，朱温自立为帝的做法也激起了其他诸侯的愤怒。如刘仁恭、刘守光、李茂贞、赵匡凝等人，纷纷发动讨伐后梁的战争。其中最难对付的就是他的宿敌李克用、李存勖父子。

朱李双方一直沿黄河对峙，李克用父子在对峙中一直占据着主动地位。

后梁建立当年，朱温与李克用军队发生了潞州之战。后梁军队先是长驱直入，将潞州团团包围。此时李克用正好去世，朱温因此便有些骄惰。没想到李存勖趁此时机，带兵发动了偷袭，一举击败了后梁军。

在公元910年和公元911年这两年里，双方又发起了柏乡之战。后梁再次战败，元气大伤，从此，后梁彻底转为被动。

乾化二年（公元912年）六月，朱温之子郢王朱友珪见自己即位无望，便弑杀了父亲，即位称帝。没想到刚过半年时间，朱友珪就被朱温的另一个儿子朱友贞所杀。朱友贞把黄袍披到了自己身上，当上了皇帝，史称后梁末帝。

后梁末帝上位之后，开始打压敬翔、李振等元老重臣，重新起用了赵岩、张汉杰及张汉伦等新臣，并把他们安排到十分重要的职位上。

这些人逐渐掌握权力后，开始中饱私囊，把朝局搅得乌

| 主线 | 事件 | 时间 |
|---|---|---|
| 五代的存续 | 潞州之战 | 公元907年 |
| | 柏乡之战 | 公元910—911年 |
| | 朱友珪弑父即位 | 公元912年 |

| 时间 | 事件 | 主线 |
|---|---|---|
| 公元923年 | 后梁灭亡 | 五代的存续 |
| 公元923年 | 后唐建立 | |

烟瘴气。公元920年，就爆发了以毋乙、董乙为首的起义，但很快就被朝廷镇压了下去。

除了要解决国内起义，后梁末帝还要着手解决将领拥兵自重的问题。节度使杨师厚病死后，末帝把其驻守的魏博镇分为二镇，使得兵力分散，结果这一做法造成了魏博兵变，二镇很快就归附了李存勖。由此后梁的实力越发衰弱了。

同光元年（公元923年）十月，李存勖于夹河大战大败后梁军，生擒后梁大将王彦章，袭破开封。后梁宗室全部被杀，后梁末帝自杀而死，至此后梁灭亡。

### 后唐的兴灭

灭后梁之后，李存勖建立后唐，并决定定都于洛阳。当时，后唐的国力还算强盛，携灭后梁的余威先后吞并了岐国和前蜀。

但是，随着帝国的发展，后唐内部却出现了重重的忧患。定都洛阳之后，李存勖召回了之前被赶走的宦官，对他们委以枢要之职，还任用了李袭吉等保守派，使得内政与唐朝后期一样逐渐衰败。

**后唐绘画出行图**

与此同时，李存勖也渐渐不思进取，开始不务政事，醉心于纵欲玩乐，还自取艺名"李天下"，宠信伶人敬新磨、伶官景进等人。

皇帝不在其位，李存勖的妻子刘皇后便开始大肆干预朝政，收受贿赂，她将国家一半的税收吞入后宫，还迫使朝廷暂扣军粮用以补充其他支出，从而导致后唐军在征讨蜀国的时候发生兵变。

虽然李存勖的爱将郭崇韬完成了灭蜀任务，但是另一位大将李继岌对不能深入参与军事事务感到不满，于是他向朝廷密报，企图陷害郭崇韬。在刘皇后胡乱干预下，郭崇韬被处决。从此，后唐军的军心涣散，兵变反叛接连发生。

不久之后，赵在礼率领魏博军于魏州（今河北大名）叛乱，朝廷派李嗣源前往平叛。结果，李嗣源反而倒戈相向。各路后唐军此时都不愿继续效命于朝廷，汴州与洛阳很快就被叛军攻陷了，李存勖也在内乱之中被流箭射死。

李嗣源攻进洛阳之后开始屠杀反对者，然后自称为帝，即后唐明宗。李存勖的儿子李继岌在长安自杀。

后唐明宗对朝政进行了一番改革，他诛杀宦官，任用贤人，废除了不少冗余机关，建立了三司等财政机关，改善百姓生活，提倡节俭节约，兴修水利工程，加强中央军实力。在他的努力下，朝政和国家逐渐稳定下来。然而，在后唐明宗晚年，内乱再次爆发。

公元933年，明宗病重，其子李从荣因夺位被杀，幼子

| 主线 | 事件 | 时间 |
| --- | --- | --- |
| 五代的存续 | 李嗣源称帝 | 公元926年 |
| | 李从厚即位 | 公元933年 |

| 时间 | 事件 | 主线 |
|---|---|---|
| 公元934年 | 李从珂自立为帝 | 五代的存续 |
| 公元936年 | 石敬瑭起兵灭后唐 | |

李从厚即位，史称后唐闵帝。

闵帝即位时，凤翔节度使李从珂和河东节度使石敬瑭拥兵自重。宰相本想以调动节度使的方式来分散兵权，结果反而激起反叛。

公元934年，李从珂打着"清君侧"的旗号，带兵攻入都城洛阳。闵帝在逃跑的路上被石敬瑭抓获，最终被李从珂杀害。李从珂自立为帝，史称后唐末帝。

在此期间，先前被灭掉的前蜀也反叛建国。当时，李存勖吞并前蜀之后，任命孟知祥为西川节度使。等到后唐明宗叛变夺位之时，孟知祥趁机发动叛变，称帝建国，史称后蜀。孟知祥去世，其子孟昶即位。孟昶是个无能之辈，不仅嬖幸宠妃，还信任庸才，勉强将后蜀维持了三十年。

后唐末帝素来与石敬瑭不和，末帝登基之后，越发猜忌石敬瑭。石敬瑭也非常担心末帝会对自己下手，因而时刻准备着叛变。

公元936年，末帝把石敬瑭调任天平军。石敬瑭在桑维翰与刘知远的建议之下，与契丹取得了联系，向辽太宗耶律德光称儿，以事后割让燕云十六州为代价，请契丹发兵支援。在契丹人的帮助下，石敬瑭于太原建立后晋，史称后晋高祖。公元937年，后晋军与契丹军联合发兵南下，后唐将领杨光远、赵德钧等人先后投降。在后晋军攻入洛阳的同时，后唐末帝自焚而死，至此后唐灭亡。石敬瑭按照事前的约定，将燕云十六州割让给了契丹国。

## 后晋灭亡

石敬瑭虽然获得了帝位,但日子过得并不安稳。一方面,他遭到了军方的强烈敌视,成德(今河北正定)的安重荣和河东(今山西太原西南)的刘知远都准备起义夺帝了;另一方面,石敬瑭的屈辱行为也为契丹人不齿。每当有契丹使者来到都城,石敬瑭都要在别殿拜受诏敕,尽管如此,仍经常遭到契丹人的责难。终于,石敬瑭在公元942年忧郁去世。

石敬瑭死后,其侄石重贵即位。早年因哥哥早死,石敬瑭收石重贵为义子。由于石敬瑭的五个儿子都已早死,而石重睿年纪尚幼,只好让石重贵即位,史称后晋出帝。

石重贵即位之后,朝中大权被侍卫亲军都指挥使景延广所掌管。此人不仅无勇无谋,还狂妄自大。他改变了先前以契丹为敬的外交政策,不光拘禁契丹使者,还杀死契丹商人,掠夺契丹货物,引得契丹大为不满。两国矛盾激化,大战一触即发。

狂妄的景延广不但不积极备战,反而口出狂言挑衅对方。结果契丹大怒,派出大军侵犯中原。

**后晋高祖石敬瑭**

| 主线 | 事件 | 时间 |
| --- | --- | --- |
| 五代的存续 | 石重贵即位 | 公元942年 |

| 时间 | 事件 | 主线 |
| --- | --- | --- |
| 公元946年 | 耶律德光攻后晋 | 五代的存续 |
| 公元947年 | 后晋灭亡 | |

连年的对战中，后晋军民积极抵抗外敌，契丹军队屡次战败而退。

公元946年，契丹皇帝耶律德光再次进攻后晋。他让降将赵延寿与瀛洲刺史诈降，把假情报送到后晋朝廷。后晋出帝求胜心切，马上派杜重威统领大军北上。杜重威深入敌营之后，一面请求朝廷增兵；一面整日作乐，不顾军事。

尽管后晋朝兵多将广，实力上强于契丹，但是由于主帅无心作战，整日沉溺于酒色，契丹军抓住机会截断了后晋军的粮道，情况十分危急。

其实，战况一直是按照杜重威的计划进行的。他本来的意图便是投降契丹，如今时机已到，便与副将李守贞商议，派出使者与契丹取得联系，进而投降。契丹方面虽然包围了后晋军，但是奈何后晋军人多势众，想要取胜也绝非易事。

当耶律德光收到杜重威投降的消息之后，非常高兴。马上许下承诺，事成之后，立杜重威为帝。达成共识之后，杜重威召集诸将，宣布即将投降的消息。很多将领都不愿意，但在刀斧手的胁迫之下，只好同意。杜重威向全军宣布投降的消息之后，全军上下哭成一片。

后晋军主力部队投降之后，汴京城内早已空虚。契丹大军轻松攻进开封府，抓获了石重贵全家，将其全部迁往了契丹境内的建州（今辽宁朝阳境内）。次年，耶律德光在后晋留下的皇宫中宣告统治中原。统治中原十一年的后晋，至此灭亡。

## 后汉的瞬兴瞬灭

早在石敬瑭去世之时,身为河东节度使的刘知远就预料到天下即将大乱。他一面经营自己所管辖的太原地区,一面处死了吐谷浑首领白承福,夺得了大量金银财宝和马匹装备。然后,当契丹大举进犯汴梁时,刘知远采取了"坐山观虎斗"的策略,既不反抗也不趁机造反。等契丹彻底灭了后晋之后,刘知远主动示好契丹,耶律德光也高兴地称其为儿。没过多久,中原人民便积极起兵反辽,很多将领劝说刘知远发兵攻辽,但刘知远依然不为所动。

契丹人自知无法控制中原,便向北撤军。刘知远终于看准时机,在太原称帝。为了掩人耳目,刘知远十分小心,只称帝不改年号,称这一年为天福十二年,即公元947年。后晋出帝石重贵被契丹人挟持北上之后,他表现出伤心欲绝的样子,带着亲兵迎接后晋出帝。但实际上,他刚走到寿阳便掉转方向回到了太原,趁中原地区空虚,渡黄河进入洛阳,杀死了契丹人走前所立下的傀儡皇帝李从益,自立为帝。他冒称为汉高祖刘邦之后,故以汉为国号,史称后汉。

**后汉高祖刘知远**

| 主线 | 事件 | 时间 |
|---|---|---|
| 五代的存续 | 后汉建立 | 公元947年 |

| 时间 | 事件 | 主线 |
|---|---|---|
| 公元947年 | 后汉建立 | 五代的存续 |

刘知远称帝之后，他昔日的幕僚也摇身一变成了朝廷重臣，占据了各个要害官职。这些人大多凶残贪婪，做出了不少骇人听闻之事。比如宰相苏逢吉，当年他还在河东做幕僚的时候，刘知远以"静狱祈福"为由大赦囚犯，结果苏逢吉却擅自把全部囚犯统统杀死，把静狱理解为全部杀光。成为宰相之后，苏逢吉依旧如故，他曾草诏把盗窃者的本家、四邻和保人全族处斩。但最终由于太过残酷，遭到人们的驳斥，只好勉为其难删去"全族"二字。

中央高官残暴无道，地方官吏也上行下效。卫州刺史叶仁鲁对待盗贼的方法十分残忍，有的直接杀死，有的则挑断手筋脚筋，扔到深山老林之中，让其自生自灭。这些"宛转号呼，累日而死"的人中，有很多并非盗贼，而是无辜的百姓。后汉统治时期，此类暴政不胜枚举，百姓生活在水深火热之中。

后汉高祖刘知远在位时间很短，刚做了一年的皇帝就病死了。其子刘承祐即位，史称后汉隐帝。当时，隐帝年纪尚幼，没有能力驾驭朝中众臣。朝政大权被杨邠、史弘肇、王章、郭威等人所掌握。那些带兵打仗的武官往往瞧不起文臣，由此引发了文武官员之间的矛盾。

这些专横跋扈的武夫悍将们根本没把年幼的皇帝放在眼里，在朝堂之上大吵大嚷，甚至舞刀弄剑。隐帝实在无法容忍，便和亲信商议除掉这些嚣张的大臣。他先是埋伏士兵于殿门之后，等杨邠、史弘肇、王章上朝之时，一举消灭。随后又密谋杀死镇守邺都的郭威。结果消息走漏，郭威盛怒之下起兵造反，带着大军杀入了汴梁。隐帝在逃亡途中，被捕获杀死。

郭威又演了一出好戏。他先请太后临朝称制，下令迎刘知远之侄武宁节度使刘赟为帝。结果还没等刘赟赶到，郭威便派人假报契丹入侵，自己带兵迎敌。行军途中，士兵哗变，突然将黄袍加于郭威身上，郭威被拥为皇帝，不仅不再迎敌，反而回到汴梁。刘赟行至半路，就被人所杀。

公元951年，郭威正式登基，定国号为周，史称后周。郭威史称后周太祖皇帝。至此，短命的后汉存在了三年便宣告灭亡了。

## 后周的建国与发展

后周是五代最后一个朝代。后周开国皇帝郭威是后汉高祖刘知远的顾命大臣，在后汉隐帝时期，郭威多次平定藩镇叛乱。

登基后，郭威进行了一系列改革，减轻了百姓的徭役。同时，还整顿了军纪和朝廷内部的政治风气。

后周的兴盛与后周太祖郭威的厉行节俭有很大的关系，他不仅禁止各地进贡珍奇美味，同时还将宫中的金玉器具全部砸碎，以此来表示自己厉行节俭的决心。在经济方面，他下令奖励耕种，平均赋役，促进了北方社会经济的发展。在文化方面，他重视儒学，注重科举选士。在军事方面，限制

| 主线 | 事件 | 时间 |
| --- | --- | --- |
| 五代的存续 | 后汉灭亡，后周建立 | 公元951年 |

| 时间 | 事件 | 主线 |
|---|---|---|
| | | 五代的存续 |
| 公元955—958年 | 后周世宗亲征南唐 | |
| 公元960年 | 陈桥兵变 | |

藩镇权力,坚决镇压反叛的藩镇。这种全面综合的管理方式,让后周经历了一段时期的繁荣。

后周太祖郭威死后,他的儿子们因为在其起兵邺都的时候全部被杀,所以只能由其养子柴荣即位,史称后周世宗。柴荣即位之后,不仅在高平之战中成功抵御了北汉的进攻,同时还屡次对外发起战争。

后周的首都是开封,其统治范围包括了今天的河南、山东、山西南部、河北中部、陕西东部、甘肃北部和长江以北的安徽、江苏地区。后周世宗柴荣即位后,从公元955年到公元958年,他三次亲征南唐,几乎吞并了南唐在长江以北的所有地区。在公元959年,柴荣又北上攻辽,几乎攻打到了幽州地区。

**后周世宗柴荣**

在北上攻辽的过程中,后周军队一路长驱直入,接连攻下莫州、瀛洲和易州等地。但在向幽州进军时,后周世宗因为身染重病,只得班师回朝。同年,后周世宗病逝于汴梁。

后周世宗病逝之后,年仅七岁的恭帝即位。公元960年,陈桥兵变爆发,殿前都点检赵匡胤被拥立为皇帝。赵匡胤即位后,将国号改为宋,同样定都开封。历经三帝,享国十年的后周就此灭亡。

## "十国"兴亡

唐朝灭亡后,中国历史进入了一个新的大分裂时代。中国北方先后出现了后梁、后唐、后晋、后汉和后周五个势力较强的王朝,南方的形势则表现得较为混乱。

南方地区先后出现了九个规模较小的割据政权,在中国历史大舞台中上演了"你方唱罢我登场"的戏码。加上北方地区的北汉政权,五代十国的政权正式凑齐。

"十国"不仅出现时间、存在时间参差不齐,版图大小和帝王名号也都千差万别。

南吴的创始者是吴王杨行密,他死后由其子杨渥即位。公元908年,杨渥因兵变被杀,杨隆演继其位,并于公元919年正式成为吴国国王。

但此后一段时间,南吴大权一直掌握在大丞相徐温手中。即使在公元927年杨溥称帝后,皇帝依然没有实权。公元937年,徐温养子徐知诰成为南吴统治者,并将国号改为齐(史称徐齐),自此,南吴灭亡。

南唐的发展史最早也要从徐温说起,通过发动政变,徐温和张颢杀死了杨渥。在争权斗争中,徐温又杀死了张颢,独揽南吴大权。此后其养子徐知诰在937年建立徐齐,而在939年,又称自己为唐王室后裔,改名李昪,并改国号为唐,此即为"南唐"。

李昪去世后,其子李璟继承皇位,并积极对外扩张。其

| 主线 | 事件 | 时间 |
| --- | --- | --- |
| 十国兴亡 | 南吴政权建立及灭亡 | 公元902—937年 |
| | 南唐政权建立及灭亡 | 公元937—975年 |

| 时间 | 事件 | 主线 |
|---|---|---|
| 公元907—925年 | 前蜀政权建立及灭亡 | 十国兴亡 |
| 公元934—965年 | 后蜀政权建立及灭亡 | |
| 公元917—971年 | 南汉政权建立及灭亡 | |
| 公元907—951年 | 南楚政权建立及灭亡 | |

在公元951年灭了南楚,但在公元957年又被后周世宗打得去掉了帝号。其子李煜即位后,在诗词方面取得较大成就,但在治国方面少有建树。公元975年,宋军攻破金陵后,南唐灭亡。

前蜀由西川节度使王建建立。其在位时大力发展经济,依靠着成都平原得天独厚的自然条件,前蜀在经济、政治方面取得了不错的成绩。但在王建死后,其子王衍并没有像其父亲那样励精图治,在公元925年,被后唐军队所击败,成为亡国之君。

后蜀由西川节度使孟知祥所创,在后唐灭前蜀后,孟知祥趁后唐内乱之时,自立后蜀。其子孟昶励精图治,让后蜀国势日渐强盛。但其在统治后期,也开始贪图享乐,最终在公元965年,后蜀被宋军所灭。

南汉发迹于岭南地区,在青海节度使刘隐的铺垫下,其弟刘岩称帝建国。刘岩在世时,大力推广科举制度,这使得南汉国力蒸蒸日上。但在刘岩以后,几代皇帝大多昏庸无道,致使南汉国力每况愈下,最终被宋攻灭。

南楚为武安军节度使马殷所创,该政权先后依附后梁、后唐,在公元927年,马殷改潭州为长沙府,作为南楚的国都。其后,马氏家族内部的争权斗争让南楚一片混乱,南唐借此机会在公元951年攻灭南楚。但在南唐灭南楚后,楚将刘言起兵击败南唐军,继续占有湖南。随后湖南地区政权归属几经更迭,在公元963年最终被北宋占据。

吴越政权由镇海、镇东节度使钱镠建立，公元978年，钱弘俶向北宋献土。至此，历时七十二年的吴越政权覆灭。

公元909年，后梁封王审知为闽王，在其统治下，闽国获得迅速发展，国力明显提升。在他去世后，闽国经历了一系列政权更迭。最终，在公元945年，南唐军队攻陷福州，闽国灭亡。

荆南政权由朱温部下高季兴所创，在后梁灭亡后，高季兴向后唐称臣，并被封为南平王。后唐明宗曾起兵征讨荆南，但因为江南雨季而没有成功，荆南政权得以延续。

为了能够延续政权，荆南几乎向所有政权称臣，但同时还会抢夺其他政权的物品。公元963年，高继冲投降于宋，荆南政权就此覆灭。

公元951年，北汉由后汉高祖刘知远的弟弟刘崇创立。在"十国"之中，北汉国力相对较弱，但其始终坚持依靠辽国，所以虽然几经政权更迭，国力下降，却依然没有灭国。

公元969年，宋太祖赵匡胤亲征北汉，却久攻不下，只得退兵。公元979年，宋太宗赵光义继续征讨北汉，北汉虽然有辽国的援军，但仍然被宋军所攻灭。

五代十国可以说是中国历史上最为混乱的时代之一，"十国"的建立及灭亡轨迹正印证了"打江山容易，守江山难"这句话。

| 主线 | 事件 | 时间 |
|---|---|---|
| 十国兴亡 | 吴越政权建立及灭亡 | 公元907—978年 |
| | 闽国政权建立及灭亡 | 公元909—945年 |
| | 荆南政权建立及灭亡 | 公元924—963年 |
| | 北汉政权建立及灭亡 | 公元951—979年 |

| 时间 | 事件 | 主线 |
| --- | --- | --- |

附录：第九章主要参考文献

[1]司马光. 资治通鉴[M]. 北京：北京联合出版公司，2016.

[2]吕思勉. 隋唐五代史[M]. 武汉：华中科技大学出版社，2016.

[3]本刊. 讲透五代十国[J]. 国家人文历史，2018(13).

[4]李婍. 五代十国那些皇帝[M]. 北京：北京言实出版社，2014.

[5]黄仁宇. 中国大历史[M]. 北京：生活·读书·新知三联书店，2014.

# 第十章

## 宋元鼎革：灿烂文化和铁血征伐

- 陈桥兵变和黄袍加身
- 杯酒释兵权
- 宋太祖改革
- 辽朝的强盛
- 杨家将抗辽
- 澶渊之盟
- 王安石变法
- 女真建金灭辽
- 靖康之难
- 南宋建立
- 岳飞之死
- 铁木真统一蒙古
- 蒙宋联合灭金
- 元军征日
- 崖山之战和南宋灭亡
- 元朝建立与扩张
- 元的内乱与灭亡
- 元末农民起义

宋元时期是中国封建社会民族融合加强、社会经济发展的一个重要阶段。宋朝的建立结束了五代十国的分裂局面，元朝的建立则带来多民族融合的发展。这段时期的历史虽然不如隋唐时期辉煌灿烂，却是中国封建社会的重要阶段。无论是社会经济，还是科技文化，都呈现出了高度繁荣的景象。

| 时间 | 事件 | 主线 |
|---|---|---|
| 公元959年 | 后周世宗病逝 | 宋朝的建立 |
| 公元960年 | 陈桥兵变 | |

## 陈桥兵变和黄袍加身

公元960年,后周朝廷刚刚经过年前的大丧,政局开始步入正轨。当时,后周朝廷中枢由符太后和宰相范质、王溥等人操控,然而军权却由殿前都点检赵匡胤等人掌握。

这年春天,北方边境镇州和定州上报朝廷,称北汉和辽国联军南下,企图入侵后周领土,请求朝廷派军支援。

匆忙中,符太后和执政大臣未查明情况便派澶州节度使慕容延钊带兵抵抗,又派出禁军最高长官兼宋州归德军节度使赵匡胤领兵增援。

朝廷众臣于当年正月初三送赵匡胤出征,当天傍晚,赵匡胤率军行至陈桥驿(今封丘东南陈桥镇)休息。第二日清晨,赵匡胤的弟弟赵光义和多位将领鼓动士兵发动兵变,将黄袍覆于赵匡胤的身上,拥立他为皇帝。

事情发生得太过突然,赵匡胤还没等反应过来就已经被将士推上了马,转而回京。此时,赵匡胤勒住缰绳,在马背上对将士们说道:"你们为了荣华富贵而拥立我当皇帝。如果你们听从我的话,我便同意当这个皇帝,否则,我绝不当这个天子。"

宋太祖像

将士们听罢，下马跪在赵匡胤面前，说道："愿意听从您的指令！"

赵匡胤接着说道："第一，我尊敬符太后，不要惊扰她。第二，诸位公卿大臣与我平起平坐，你们不得侵犯他们的权利。第三，禁止劫掠国库、市场和朝廷的财物。听命者有赏，违反者全族斩首！"

众将士听罢，齐声喊道："从命！"

就这样，赵匡胤带着军队回到了京都，后周符太后看到大势已去，也只好让后周恭帝将皇位禅让给赵匡胤。

赵匡胤以和平的方式取得了皇位，建国号为宋，史称宋太祖。

## 杯酒释兵权

赵匡胤以武力逼迫后周恭帝禅位，如果他不采取一些策略的话，那么没人敢保证宋不会成为下一个后周。

为了结束这种武将坐大便威逼朝廷的局面，赵匡胤想了很多办法。

一天，赵匡胤召见丞相赵普，提出了一个问题："从唐末以来，短短的数十年竟更替了八姓十二君，战乱就没有停止过。如今朕当了皇帝，想要让国家强盛和平，爱卿有什么好办法吗？"

赵普高居丞相之位，精通治国之道，对赵匡胤所提出的

| 主线 | 事件 | 时间 |
|---|---|---|
| 宋朝的建立 | 陈桥兵变 | 公元960年 |

| 时间 | 事件 | 主线 |
|---|---|---|
| 公元961年 | 宋太祖杯酒释兵权 | 宋朝的发展 |

问题已经思考很久了。

他回答道:"唐末战乱纷纷的症结在于藩镇权力太重,地方将领拥兵自重,稍有不臣之心便可反叛。要想让天下安定和谐,就要削夺地方将领的权力,收其兵权,这样天下自然太平。"

赵普的话深得赵匡胤之心,作为以前的重臣,他深知地方官员拥兵自重的危害。于是,一个削夺兵权的计划就在赵匡胤的心中生根发芽。

其实,在宋朝建立之初,赵匡胤就已经吸取了前朝灭亡的经验,开始加强对禁军的控制。为了加强中央集权,太祖又采取了一些削权的措施。

建隆二年(公元961年)的七月初九,宋太祖邀石守信等高级将领共进晚宴。三巡酒过,众人酒酣之际,宋太祖示意侍从退下。

侍从退下之后,宋太祖长叹一声。众人不解,纷纷询问太祖有何苦恼。太祖说道:"朕之所以能坐到皇帝的位置,都是因为你们的扶持,在我的心中一直挂念着你们的功德。但是,即位之后,我发现做一个皇帝太难了,反而不如节度使来得痛快。我整夜整夜地无法安心入睡。"

石守信等人不知何故,便赶忙询问。太祖继续说道:"天下人谁不想坐上皇位,我能心安吗?"石守信听出了太祖话中有话,连忙叩头说:"如今陛下天命所归,谁还敢有异心,微臣请愿领兵讨伐!"

太祖说道:"朕知道你们都是我出生入死的爱将,都没有二心。但是如果你们的部下贪图富贵,把黄袍加到你们的身上。就算你们不想当皇帝,恐怕也是身不由己了!"

此时,众将领已知皇帝有所猜忌,搞不好会招来杀身之祸,全都大哭起来,跪在地上一边表忠心,一边恳请皇帝给他们指一条明路。

太祖看罢说道:"人生如白驹过隙,十分短暂。人们之所以想要得到财富无非是为了个人享受和使后代免于贫困而已。你们若是能放弃兵权,我会给你们多置良田美宅,让你们的生活无忧无虑。同时,朕再与你们结姻,我们互不猜忌,上下相安,不是很好吗?"

虽然有些将领稍有异议,但是禁卫兵权完全控制在太祖手中,反抗无异于鸡蛋碰石头,只好俯首听命,感谢太祖的恩德。

第二天,石守信等人便上书朝廷,称身患重病,请求解除兵权。宋太祖欣然接受,另选出一些资历浅、容易控制的将领管理禁军。禁军领兵权被一分为三,由此,皇权对军队的控制大大加强了。

此事之后,宋太祖又借机对兵制、官职和财税制度进行了很多改革,其目的只有一个,将权力统一到中央上来,从

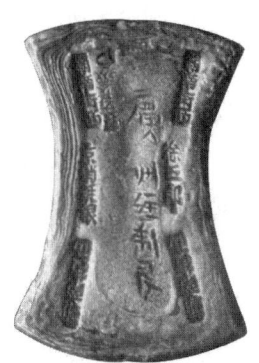

**宋代银锭**

| 主线 | 事件 | 时间 |
|---|---|---|
| 宋朝的发展 | 宋太祖杯酒释兵权 | 公元961年 |

| 时间 | 事件 | 主线 |
|---|---|---|
| 公元960—976年 | 宋太祖改革 | 宋朝的发展 |

而彻底消灭藩镇割据的隐患。

宋太祖的改革是卓有成效的,但因为权力都统一到了中央,地方的自主权大大降低了,从而为后来困扰宋朝百年的冗官冗兵问题埋下了伏笔。

**宋太祖改革**

北宋建立初期,政权并不稳固,契丹、北汉、南唐等政权的存在,始终威胁着北宋的统治。宋太祖赵匡胤通过"先南后北、先易后难"的战略逐步消灭了南唐、北汉等政权,北宋也由此进入稳定发展时期。

刚刚结束乱世的宋太祖需要做的事情还有很多,在杯酒释兵权的同时,他还需要整顿五代以来的积弊,不断加强中央集权统治,进行政治、经济、文化等多方面的改革。

在政治方面,宋太祖主要立足于加强中央集权、革新科举制度两方面。

为了让地方权力逐步集中到中央,中央权力更好地集中在皇帝手中,宋太祖在中央设立了参知政事、枢密使、三司使,用来分割宰相的权力。而在地方,则安排知州和通判共同管理政事,相互制衡。

除此之外,北宋还沿袭唐制设立了御史台,作为最高监察机构。

在革新科举制度方面,宋太祖充分认识到唐朝和五代时期科举制度的积弊，做出了一些革新举措。主要包括锁院制度、弥封制度、誊录制度等内容。

锁院制度是指在确定主副考官之后，将他们锁于贡院之中，防止他们对外泄露考试内容。

弥封制度是指在考生考完试之后，将其姓名、籍贯用纸封起来，在最后统计成绩的时候，才能拆封来看。

誊录制度则是为了防止考生在试卷中留下记号，所以朝廷会选择一些人来将考生试卷誊录一遍，再交由考官评判。

在经济方面，宋太祖除了减轻徭役，重视农业生产外，还十分注重对黄河水患的治理。在五代时期及宋朝初年，黄河水灾不断，公元962年，宋太祖下令沿河修筑堤坝，并种植树木，防止水患复发。除了对黄河进行治理，宋太祖还疏浚修正了运河、汴河等河道，大大促进了农业生产的发展。

在文化方面，宋太祖非常注重"文以靖国"的理念，反对由武官治理国家，在完善科举，创设殿试的同时，他还任用了一批名士贤才，使得宋朝的政治文化空前繁盛。

正是通过在这些方面的改革举措，北宋摆脱了五代时期的积弊，不仅政治开明，经济文化繁荣，科学技术也得到迅速发展。

宋太祖统治时期的北宋，造就了"建隆之治"的盛世，这一时期也是北宋历史上最为强盛的时期。

| 主线 | 事件 | 时间 |
|---|---|---|
| 宋朝的发展 | 宋太祖改革 | 公元960—976年 |

| 时间 | 事件 | 主线 |
|---|---|---|
| 公元907年 | 耶律阿保机统一契丹 | 宋辽并立 |
| 公元936年 | 契丹夺取幽云十六州 | |

### 辽朝的强盛

宋朝时期,北方游牧民族的威胁始终是困扰它最严重的问题,威胁宋北方边境的始作俑者就是契丹族建立的辽国。

公元907年,耶律阿保机正式成为契丹部落首领,公元916年定都上京临潢府。辽朝全盛时期的疆域,东面可到日本海,西面到达阿尔泰山,北面到额尔古纳河、大兴安岭一带,南面则到河南南部的白沟河。

公元936年,河东节度使石敬瑭以自称儿皇帝、割让燕云十六州为条件,请求耶律德光(辽太宗)发兵攻打后唐。随后,耶律德光(辽太宗)率契丹铁骑击败后唐军队。在契丹的协助下,石敬瑭建立了后晋,而契丹则得到了燕云十六州。

契丹人

公元944年，因后晋出帝不肯臣服，耶律德光（辽太宗）借机南下，公元947年，耶律德光攻占东京开封府，登基称帝，将国号改为辽，史称辽太宗。称帝之后，因为纵兵掠夺财物和不让节度使返回镇地，招致反抗，被迫重返北方。

辽太宗在引军北返途中病逝，公元947年，耶律阮被拥立为帝，即辽世宗。辽世宗继承先辈遗志，多次对中原用兵。公元951年，辽世宗在协助北汉攻打后周过程中，由于纵酒打人，引起将士不满，被耶律察割杀死。

耶律察割在发动政变之后自行称帝，却又被辽太宗长子耶律璟和耶律屋质率兵所杀。平定叛乱之后，耶律璟被立为帝，是为辽穆宗。辽穆宗时期是辽朝最为混乱的时代，由于政局动荡，辽穆宗不得不放弃继续出征中原的政策。

与常年不理朝政的辽穆宗不同，随后即位的辽景宗不仅勤于政事，在军事方面也有所建树。辽景宗时期依然采取不主动南伐中原的方针，在其统治初期，辽朝还与北宋聘使往来。但在宋太宗亲征北汉之际，辽朝派出数万兵士支援北汉。在北汉战败之后，辽景宗将主要军事力量集中在幽州和蓟州。在与宋军的高梁河之战中，成功击败宋军。

辽景宗去世后，辽朝进入到萧太后摄政阶段。摄政期间，萧太后励精图治，让辽朝进入了全盛时期。这一时期，辽朝在与宋朝的战争中屡战屡胜，更在陈家谷擒获了被称为"杨无敌"的北宋名将杨业。而北宋时期著名的杨家将，正是杨业的子孙。

| 主线 | 事件 | 时间 |
|---|---|---|
| 宋辽并立 | 耶律德光建立辽朝 | 公元947年 |
| | 耶律察割政变称帝 | 公元951年 |
| | 萧太后摄政 | 公元986年 |

| 时间 | 事件 | 主线 |
|---|---|---|
| 公元976年 | 宋太宗即位 | 宋辽并立 |
| 公元979年 | 杨业抗辽 | |

## 杨家将抗辽

北宋建立后，宋太祖赵匡胤用了十余年的时间平定了荆南、后蜀、南唐、吴越、南汉等江南地区。但燕云十六州一直在辽国的统治之下，收复燕云十六州一直是宋太祖的心愿，但直到其死时也没能实现。

公元976年宋太祖去世，宋太宗即位。从公元979年开始，宋太宗用七年的时间对辽国发动了多次战争，有一个忠心为国抗击辽军的英雄世家，便是后来被人们广为传颂的杨家将。

杨家将中最为主要的人物是杨业，当时因为他作战勇猛，屡战不败而被称为"杨无敌"。

**杨业雕像**

青年时期的杨业曾在后汉刘知远弟弟刘崇的手下担任副手。宋太宗时期，杨业被任命为代州刺史，负责戍边御辽的重要任务。在代州北面四十里的地方，有一个被称为雁门关的天险，想要通过这里，必须要从山间的崎岖小路通行，自古就是兵家必争之地。在杨业刚刚继任时，就带着几百名宋军与十万辽军于此打过一仗。当时杨业采取了出奇制胜的策略，带着军队从羊肠小道绕到敌人后方，袭击辽军的老巢。结果辽军见杨业的军旗纷纷大惊，不战而退，杨业由此威震雁门关。

公元986年，宋太宗以曹彬为主将，率领三路宋军攻击大辽，同时以潘美为主将、杨业为副将，从雁门关出击。杨业战功累累，一路大捷，收复了四个州。而曹彬则打了不少败仗，吃了大亏。于是，宋太宗便下令让潘美和杨业带兵掩护四州官兵撤退。

这时，辽军派出了十万大军浩浩荡荡而来，宋军情势十分危急。杨业为了完成掩护任务，很快便制订出了一套作战计划，即自己带兵进攻应州，从而分散敌军的兵力，进而消灭敌方的精锐部队，掩护主力撤退。

然而，此时潘美的一个监军却坚持让杨业出兵雁门北川。杨业深知这种战法很可能失败，但他想到了一个败中求胜的方法，请求潘美带精锐部队埋伏在陈家谷，等他引来敌军大部队，再轰然而出，一举包围敌军。

结果，万万没想到的是，等杨业把辽军引到陈家谷时，潘美竟然已经带走了伏兵。无奈之下，杨业只好英勇突围，身负重伤的杨业战到完全不能动弹，终于被辽军所俘虏。他的儿子杨延玉和部将王贵等人阵亡。杨业被带到敌营之后，绝食三日，殉国。

**澶渊之盟**

公元997年，宋太宗去世，宋真宗即位。此时，宋朝国

| 主线 | 事件 | 时间 |
|---|---|---|
| 宋辽并立 | 宋太宗攻辽 | 公元986年 |
| | 杨业被俘绝食而亡 | 公元986年 |
| | 宋真宗即位 | 公元997年 |

| 时间 | 事件 | 主线 |
| --- | --- | --- |
| 公元1004年 | 辽军侵宋 | 宋辽并立 |
| 公元1004年 | "交子"出现 | |
| 公元1005年 | 澶渊之盟 | |

力虽与日俱增，在与辽的对抗上却不占上风。

公元1004年，辽国派大军入侵宋朝腹地，宋真宗闻讯后十分慌张，召集大臣商议对策。诸位大臣纷纷主张皇帝迁都逃跑，只有当时的宰相寇准非但不同意迁都，还以死力劝真宗亲征。

寇准分析了当前的局面，认为皇帝御驾亲征必能起到大破贼寇的效果，如果弃掉都城逃亡蜀、楚等偏远地区，辽军趁机深入，大宋江山就有灭亡的风险。

怯战的真宗听罢，认为寇准的意见有一定道理，只好咬着牙御驾亲征了。

在亲征的途中，真宗再次出现了打退堂鼓的想法。此时，又是寇准留住了真宗，他说："群臣懦弱无知，陛下不要听信他们的话。如今敌寇已经迫近，危机四伏，当下只有迎战，不可后退半步。宋军将士看到陛下亲征都士气高涨，如今您要是向后撤退，士气瞬间瓦解，敌军趁势而入，恐怕您连都城都回不到……"

终于在寇准的再次力劝下，宋真宗坚定了迎战辽军的决心。

宋真宗亲临前线督战，大大激起了宋军将士们的士气。宋辽军队于澶渊（今河南濮阳地区）相持了十多天，战斗一度陷入了僵局。就在这时，一场意外发生了，勇猛的辽国南院大王萧挞凛带着几十轻骑到澶州城下巡视，此时他并不知道宋军已经把先进的远程武器"床子弩"送上了前线。

床子弩号称九牛弩，据说要用九头牛才能拉弓上弦，最远射程达两千余米，在冷兵器时代，可以说非常恐怖了。

萧挞凛进入射程范围之后，宋军便瞄

濮阳古城

准了其头部，毫不留情地射了过去。这位征战四方，曾打败十几个部族和国家未逢对手的辽国名将，也是辽军的精神领袖，就这样倒在了澶州城之下。辽军因此士气大挫，辽国领导者萧太后听闻萧挞凛死讯之后，痛哭不止，"辍朝五日"。

祸不单行，痛失大将之后，辽军的粮草也因补给线拉得过长而供应不上了。在这种情况下，萧太后不得不另作图谋，听从了降将王继忠的建议，派出使者向宋军传达了和谈的意愿。

宋真宗本来就没想和辽国打仗，如今得知和谈的消息，更是欣然接受，马上就派出了使者曹利用与辽国商议和谈事项。

寇准和边防大将杨延昭听闻真宗议和的消息后，马上上书力谏，都称："如今辽军已是强弩之末，正是趁机剿灭的好时机。如果放虎归山，十年之后，他们又会卷土重来。"但畏敌如虎的宋真宗一心想着避战求全，以不忍生灵涂炭为

| 主线 | 事件 | 时间 |
|---|---|---|
| 宋辽并立 | 澶渊之盟 | 公元1005年 |
| 辽宋和谈 | | 公元1005年 |

| 时间 | 事件 | 主线 |
| --- | --- | --- |
| 公元1005年 | 澶渊之盟 | 宋辽并立 |
| 公元1022年 | 宋仁宗即位 | 宋朝的发展 |
| 公元1048年 | 活字印刷发明 | |
| 公元1063年 | 宋英宗即位 | |

由，同意了议和。寇准无奈，只好同意。

宋朝与辽国达成了盟约：第一，宋朝继续占有关南瀛、莫二州的国土，不必归还；第二，宋辽两国结为兄弟之国，永不交兵；第三，释放两方的罪犯，接受叛降；第四，宋朝每年要送给辽国绢二十万匹、白银十万两，称为"岁赐"；第五，开通贸易。盟约签订之后，双方各自退兵。

这便是历史上著名的澶渊之盟。后来，辽又以出兵相威胁，勒索宋朝增加银十万两、绢十万匹。这长期成为人民的沉重负担，一直到宋朝末年。

**王安石变法**

公元1022年，宋真宗病逝，宋仁宗即位。宋仁宗在位期间，对内选贤任能，轻徭薄赋，崇尚简朴，对外谋求和平，宋帝国一片繁荣景象。

然而在繁荣当中，冗兵冗官冗员和土地兼并等问题也开始成为帝国的隐忧。

公元1063年，宋仁宗去世，宋英宗即位。宋英宗在位五年，虽有所调整，但依然没有解决困扰帝国的大量问题。英宗晚年，国库收入创历史之最，但财政入不敷出，三冗现象可见一斑。

公元1067年，宋英宗去世，宋神宗即位。此时，社会问题已经迫在眉睫，加上宋神宗锐意进取，一场改革就这样轰轰轰烈烈地开始了。

公元1069年，宋神宗任命王安石为参知政事，主持变法事宜。

为了让宋朝的财政增收，实现人民温饱，王安石创立了一个常设的改革机构。他带头重新建立起了一个新的财政体系，即制定了一套收入和支出固定的预算，任何官吏不能以任何原因超出这个预算。就这样，国家的支出被削减了百分之四十。

王安石

| 主线 | 事件 | 时间 |
| --- | --- | --- |
| 宋朝的发展 | 宋神宗即位 | 公元1067年 |
|  | 王安石变法 | 公元1069年 |

农业上，为了能改善农民的贫困处境，王安石让国家同意贷款给农民。这些贷款在春天交给农民，等到秋天丰收后，农民再把本金和利息一起偿还国家。

他还废除了那些让农民怨声载道的强迫劳役，让农民以岁捐取代被迫劳役，而这笔钱则用于公共工程的施工和建设。

此外，在土地方面，他于公元1073年把整个国家以类似现在的平方米为单位进行划分，这是新土地税定额的基本单位，每个人按照自己在整个区域所占的比例交纳税金。

另外王安石还加强了商业管制，一切日用品都由官吏定价，他们硬性规定了市场价格，由国家收购全部未售出的货

| 时间 | 事件 | 主线 |
|---|---|---|
| 公元1069年 | 王安石变法 | 宋朝的发展 |

品,而且税捐可以用实物来代替。那些由官吏们囤积的各种产品,在匮乏时期再重新分配出去。这些改革的目的,无非是为了稳定商业发展,打击投机行为。

在选拔人才的制度上,科举考试在中国古代由来已久,尽管王安石本人就是文人出身,但他深知国家需要的是优秀的管理人才,而不是那些儒家学究。

公元1071年,王安石裁掉了文体比观念更重要的词赋考试,而更多地把重点放在考察个人观点和实践知识上。然而就是这些文学上的改革让王安石遭到了很多大官僚们的猛烈攻击。

其中,被批评最严重的是青苗钱制度。这项制度规定,国家以百分之二十的利率发放青苗钱,而私人出的利率则要高至百分之五十。在现实操作中,当遇到糟糕的收成时,农民们便无力偿还本金和利息,要么被没收财产,要么选择逃跑。

另外,贫困的农民普遍很难抵制飞来横财的诱惑,总是过早地挥霍掉这些种地钱。而地方政府也是无节制地把钱借给农民,主要是因为百分之二十的利率大大增加了地方政府的收益。这个改革后的政府,反而成了一个大规模放债的高利贷者。

虽然王安石的初衷是好的,但实施的结果让宋帝国的财政更加不堪,人民更加贫困。因此保守派对改革派的攻击显得游刃有余,只要把青苗钱制和之前的更为稳妥的"常平仓"计划相对比，改革的弊端便显现无疑了。

公元1085年，神宗皇帝去世，他的十五岁儿子宋哲宗即位。改革派开始失宠，以司马光为代表的保守派重新掌权朝政。至此，王安石变法以失败告终。

王安石变法宣告失败，但更重要的是，自此以后，党争开始成为宋帝国的主要矛盾，这也直接导致了北宋的灭亡。

## 女真建金灭辽

在宋帝国改革的同时，辽帝国陷入了长时间的衰败当中，此时，东北地区的另一个游猎民族女真开始强大起来，并最终建立了另一个强大的北方政权。

女真族是生活在我国东北地区的一个少数民族，到了宋朝，女真族成了辽国的附庸。在辽国统治下，女真人受尽了压迫，直到一位女真英雄的出现才逐渐改变了这种局面，他就是完颜阿骨打。

完颜阿骨打出生在一个女真贵族家庭，他在父亲和哥哥去世之后继承了酋长之位。上任之后的阿

**女真人兵器**

| 主线 | 事件 | 时间 |
|---|---|---|
| 宋朝的发展 | 司马光编成《资治通鉴》 | 公元1084年 |
| | 沈括著《梦溪笔谈》 | 公元1095年 |
| 辽朝的灭亡和金朝的建立 | 完颜阿骨打统一女真 | 公元1113年 |

| 时间 | 事件 | 主线 |
|---|---|---|
| 公元1114年 | 完颜阿骨打击败辽军 | 辽朝的灭亡和金朝的建立 |
| 公元1115年 | 金国建立 | |

骨打带着强悍的族人用武力统一了其他女真部落，随后，他到处招兵买马，并发誓要推翻辽国的统治。

政和四年（公元1114年）六月，阿骨打仅带领两千五百人的小部队就大败了腐败的辽国军队，使得女真人反辽的信心更加高涨。

当年十一月，辽国派出十万大军，企图消灭女真反抗势力。当辽军正准备渡过鸭子河的时候，阿骨打带着三千七百名女真勇士迎敌。这些祖祖辈辈以打猎牧马为生的女真人异常英勇，在他们凶猛的攻击之下，辽军士兵纷纷丢盔弃甲，四散奔逃。

胜利之后，女真人把俘虏的辽人收编到自己的军队中，至此女真军队首次突破了万人。阿骨打率领军队乘胜追击，占领了很多辽国的城镇，于公元1115年建立了金国，阿骨打史称金太祖。

辽国见女真人已经起势，便想避其锋芒，主动和谈，但阿骨打并没有同意。于是，气急败坏的辽国便动员倾国之力讨伐大金，号称百万大军。

阿骨打得知之后，召集了各部将领，哭着对他们说："当初我发兵反抗辽国，是为了让族人过上好日子，免遭压迫。如今，辽国倾全国之力来袭，恐怕我们会无法抵抗，不如你们砍下我的脑袋，拿去投降辽国。但是，现在辽国人已经恨我们入骨，就算投降也未必有活路，这可如何是好？"

众部将听罢，纷纷对阿骨打说道："如今进退两难，不如拼死一战，我们一定听从您的调遣！"

阿骨打随后分析了局面，说道："辽国的兵力远远超过我们，人多势众。我们就不能再分散兵力了，我看他们的中军最为强大，而辽主一定就在中军督战。我们如果拼尽全力击败中军，士气必将大振，然后一鼓作气，大事可成。"

于是，女真将领们按阿骨打的计划包抄了辽国中军，一举获胜。辽主惊慌万分，马上掉头逃命。辽军立即土崩瓦解，没了士气，在逃跑的途中还互相踩踏，大败而归。来不及带走的牛马、器械、财宝很快都被女真人缴获。

此后，金国不断侵蚀辽国土地，而腐败的辽国完全没有反抗的实力。公元1123年，金国隔海与北宋达成协议，联合灭辽，辽国于是在双重夹击下最终亡国。

## 靖康之难

宋金联合灭辽之后，宋本有机会收复燕云十六州，从而走上统一中原的道路。然而，此时的宋帝国已经病入膏肓，辽被灭之后，正好让金看到了宋的孱弱，于是，金又把刀尖转而对准了宋帝国。

王安石变法失败之后，宋帝国陷入了无休止

**清明上河图**

| 主线 | 事件 | 时间 |
|---|---|---|
| 辽朝的灭亡和金朝的建立 | 金国建立 | 公元1115年 |
| | 辽国灭亡 | 公元1125年 |
| 北宋的灭亡 | 金军南侵 | 公元1125年 |

| 时间 | 事件 | 主线 |
|---|---|---|
| 公元1125年 | 金军南侵 | 北宋的灭亡 |
| 公元1126年 | 靖康之难 | |

的党争当中，政局混乱不堪，社会矛盾沸腾，经过宋哲宗庸碌的十五年，到了宋徽宗时期，宋帝国已经到了崩溃的边缘。

公元1124年，宋与金开始出现矛盾，此时，宋徽宗所做的就是不断地息事宁人。而宋的息事宁人反而更助长了金的气焰。

公元1125年，金军第一次南侵，就在危机存亡之际，宋徽宗选择的不是抵抗而是逃避。他急忙把皇位禅让给儿子宋钦宗，自己带着宠臣出都城避祸去了。

公元1126年，也就是靖康元年，在宋朝君臣还在朝中商议是否放弃北方三镇对金的谈判中有所坚持的时候，金军已经兵临宋的都城开封了。

此时，昏庸的宋钦宗竟然罢免了主战派大臣李纲，转而寄希望于一个名叫郭京的士兵。郭京自称能够施展法术，钦宗皇帝竟然信以为真，将郭京奉为神明，让其操练所谓的"六甲神兵"。

郭京整日一副胸有成竹的样子，却毫无作为。这可急坏了朝中大臣，于是纷纷催促郭京出兵。结果等到郭京不得不出兵时，所谓的"神兵"完全没有战斗力，被金军一击而溃。郭京见大事不妙，马上借故逃跑了。闹剧谢幕后，没多久开封就被攻破了。

无奈的宋钦宗只好到金军大营前请降。金太宗随后下令把徽宗和钦宗贬为庶人，并向宋朝索取一千万锭金子和两

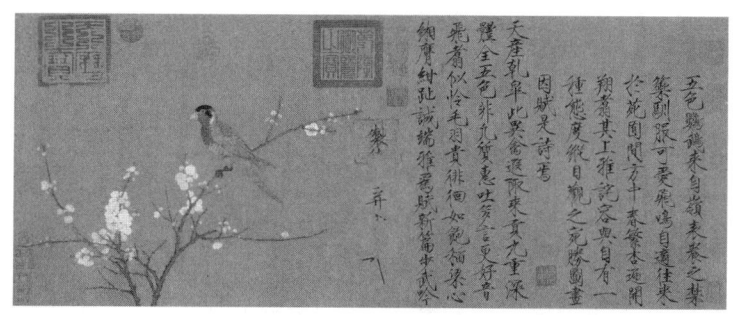

**宋徽宗书法绘画**

千万锭银子、帛一千万匹、马一万匹。

金兵南下后感到水土不服,便准备撤回老家。在撤军之前,任宋朝宰相张邦昌为帝,建号大楚。随后还带走了宋徽宗、宋钦宗等皇族三千余人,大小官员和各种工匠十多万人。数年之后,徽宗和钦宗死在了异国,还耻辱地被封为昏德公和重昏侯。

这次灾难给宋朝留下了难以磨灭的耻辱,又因发生在靖康年间,故史称"靖康之难"。

## 南宋建立

在靖康之难时,宋朝主动向金国求和。金国提出的条件除了财物,还要割让太原(今山西太原)、中山(今河北定州)、河间(今河北河间)三镇,并把亲王和宰相作为人质,送进金营。

结果年仅十九岁的康王赵构勇敢地站了出来,主动请缨

| 主线 | 事件 | 时间 |
|---|---|---|
| 北宋的灭亡 | 靖康之难 | 公元1126年 |
| 北宋灭国 | | 公元1127年 |

| 时间 | 事件 | 主线 |
|---|---|---|
| 公元1127年 | 南宋建立 | 南宋的建立 |

**宋高宗赵构**

进入金营当人质。同赵构一同前往的还有少宰张邦昌。刚走到金营前，胆小如鼠的张邦昌已经被金兵强大的气势吓得瑟瑟发抖、魂飞魄散。而赵构则表现得淡定从容，视死如归。

一天晚上，姚平仲带着宋军偷袭金营，以图勤王，结果被金军发现并击溃。金军元帅完颜宗望十分愤怒，带着刀斧手问罪赵构和张邦昌。结果张邦昌一见这形势，便吓得不敢说话，瘫软在地上。而赵构则淡淡地答道："宋国军兵几十万，有几十人没看管好，跑了出来，也算正常。"

完颜宗望见赵构从容不迫，丝毫没有慌乱，便怀疑其为假亲王，乃将门之后冒充的，便叫宋钦宗换来一个新人质，于是肃王赵枢代替了赵构。肃王赵枢也是胆小之人，见金兵的反应与张邦昌一样，金人便认定此为真亲王。

议和后没多久，金军又发兵了。此时，完颜宗望已经知道赵构是真亲王，并担心其日后对金国不利，便提出要赵构亲自前来议和。钦宗于是派出了赵构前往金营。当赵构走到磁州时，被当地的知州宗泽拦了下来。

宗泽认为，金兵围困并攻破开封已成定局，在大宋宗亲之中，只有赵构在外，其他人全被围困在开封城内。如果出现宗亲们被全部剿灭的局面，赵构则成了唯一的皇族后裔，也是凝聚人心、反抗金兵的一面旗帜。

于是，在宗泽和磁州人民的苦苦挽留之下，赵构留了下来。

不久，金军攻破了开封，宋徽宗、宋钦宗等皇室成员全被俘虏北上。张邦昌被金国扶持为皇帝，但他为人十分软弱胆小，既没有取代赵氏称帝的野心，也没有这方面的能力。金人让他当这个中原地区皇帝，不过是设一个傀儡政权，以便后期操控。结果这个傀儡皇帝还没坐稳，就被人轰了下来。

幸免于难的赵构很快就成了大臣们拥护的热门即位人选。终于，赵构在广泛支持下于公元1127年在应天府登基称帝，史称宋高宗。他改年号为建炎，仍使用大宋国号。

这位新上任的皇帝并没有北伐的打算，反而希望能偏安于南方。于是，赵构采取了"弃淮守江"的战略，把两淮地区放弃，直接迁都于南方。

一系列迁都准备做好之后，公元1132年，赵构正式带着重臣从商丘迁到了南方临安，即今天的浙江杭州。为了与此前的宋朝相区分，历史上称赵构所建立的宋朝为南宋，而此前则为北宋。

| 主线 | 事件 | 时间 |
| --- | --- | --- |
| 南宋的建立 | 宋高宗迁都临安 | 公元1132年 |

| 时间 | 事件 | 主线 |
|---|---|---|
| 公元1137年 | 金军再次南侵 | 南宋和金的对峙 |

## 岳飞之死

赵构登上皇位之后，首先想到的不是北伐，而是要保住自己的皇位。

一方面，他担心金朝归还自己的哥哥宋钦宗，那样自己就要把皇位让出来；另一方面，他又担心因战乱而爆发地方将领起义，发生类似"陈桥兵变"那样的老故事，进而推翻自己的统治。

赵构内心的真实想法不能直接向大臣们袒露出来。此时，一个御史中丞看透了赵构的内心，这个人就是秦桧。

秦桧多次向皇帝进谏，要主动与金国和谈，并暗示和谈只是一种方式，真正的目的在于解除外界对皇帝位置的威胁。秦桧的意见完全符合赵构内心的真实意图，于是秦桧成了赵构的红人，一跃被提拔为南宋一人之下、万人之上的宰相。

公元1137年，金国再次派大军南下，英勇

岳飞像

的爱国将士誓死抵抗外敌，给金军造成了不小的打击。其中，最为著名的便是岳飞，他所带领的岳家军骁勇善战，打得金兵节节败退，收复了不少北方城镇。

岳飞越是努力拼杀，后方的赵构就越是不满。因为，赵构想要的并不是雪耻，而是保住帝位。照秦桧的计划向金国称臣，那么自己还能当个"藩王"，而随着金兵因水土不服回到东北，赵构就依然是南方的帝王。

公元1138年，金国派使者入宋，对赵构说："如果宋朝愿意向金朝称臣，那么金朝就同意返还徽宗的灵柩和钦宗本人。"

赵构听罢大悦，回答道："若金国能奉还我父皇徽宗的灵柩，我便愿意称臣。而我兄长钦宗从小就不适应江南的气候，如今年事已高，就不必送回来了。"

大臣们听闻赵构要议和称臣，纷纷前来上书劝阻。但是赵构心意已决，谁也劝不动他。在议和的最后阶段，岳飞仍在前线思考如何迎回二帝。气得赵构在一天之中连发了十二道金牌，召回岳飞。

岳飞面对沉重的压力，不敢违抗，在撤退的时候，流着热泪对身边的将士说："准备了十年的反攻，我费尽心血。可就在这一天，全部化为乌有。"

和议谈妥后，金国向南宋发来诏书，将南宋降为金朝的藩属国。宋朝皇帝要向金朝皇帝称臣，并年年纳贡。随后，金朝按照约定归还了宋徽宗的灵柩。这次充满屈辱的和议被

| 主线 | 事件 | 时间 |
| --- | --- | --- |
| 南宋和金的对峙 | 岳飞抗金 | 公元1137年 |
| | 绍兴和议 | 公元1138年 |

| 时间 | 事件 | 主线 |
|---|---|---|
| 公元1142年 | 岳飞被杀 | 南宋和金的对峙 |
| 公元1162年 | 铁木真出生 | 蒙古的统一 |

称为"绍兴和议"。

赵构和秦桧不但没感到耻辱，反而显得十分高兴。赵构还主动为百官加官晋爵，大赦天下。而那些主战的将领们，如岳飞、韩世忠、张俊则拒绝接受这充满屈辱的奖赏。赵构闻罢，十分生气，立即解除了三人的兵权，还纵容秦桧以"莫须有"的罪名将岳飞处死。

就这样，赵构达成自己的心愿，巩固了自己的皇位，而南宋也彻底转变为偏安一隅的地方政权。

**铁木真统一蒙古**

公元1162年，铁木真出生在一个蒙古贵族的家庭中，他的父亲是蒙古乞颜部的酋长。

铁木真九岁时，他的父亲就被世仇塔塔尔人所杀。随后他与家人过了很多年颠沛流离的生活，多次死里逃生。

成年后的铁木真穿着黑貂皮斗篷，朝见了当时克烈部的强大首领

**成吉思汗像**

脱斡邻勒，并表示效忠意愿。早先，铁木真父亲曾有助于脱斡邻勒，因此，脱斡邻勒欣然接受了铁木真的效忠，并把他纳入自己的属臣之中。

铁木真作为克烈王的忠诚属臣，多次协助克烈王出征讨伐其他部落。公元1198年，贝加尔湖的塔塔尔人受到了来自东南方金军、西北方克烈人和铁木真联军的攻击，在这次夹击下，塔塔尔人惨败。随后，克烈王趁乃蛮人内讧的时机与铁木真一同打败了乃蛮人。

但铁木真的效忠并没有换来克烈王的信任。在克烈王儿子塔阳的挑拨下，铁木真与克烈王彻底决裂。从此之后，铁木真不再依附于他人，而是成为自己部落的主人。

当时，克烈王联合了其他多个部落一起对抗铁木真。就在铁木真难以抵挡的时候，转机出现了，反铁木真联盟内出现了矛盾，几位部落领袖分成了两派，还有一位名叫塔力台的首领归顺了铁木真。

形势大大好转之后，铁木真于公元1203年秋天向克烈王军队发起了突袭。这场突袭使铁木真获得决定性优势，不久之后，克烈人便归降了铁木真，而昔日的克烈王则逃到乃蛮境内被杀。

征服克烈人之后，蒙古草原上只剩下一个拥有独立政权的部族了，那就是塔阳所统治的乃蛮族。公元1203年，铁木真采取了弟弟铁木哥和叔叔答力台的策略，于春季出发，打了对方一个措手不及。春季时，马往往比较瘦弱，蒙古人一

| 主线 | 事件 | 时间 |
|---|---|---|
| 蒙古的统一 | 铁木真出生 | 公元1162年 |
| | 铁木真突袭克烈王 | 公元1203年 |

| 时间 | 事件 | 主线 |
|---|---|---|
| 公元1206年 | 铁木真统一蒙古草原 | 蒙古的统一 |
| 公元1231年 | 蒙金战争 | 蒙古的征伐 |

般在秋季出发打仗,那时马匹比较肥壮。

这场惨烈的遭遇战于杭爱山爆发了,铁木真的部队十分勇猛,就像恶狼驱羊一般攻击追赶乃蛮军。乃蛮首领塔阳被打得身负重伤,但塔阳手下的将士们依然一批又一批地不屈死战。铁木真十分赞赏他们的勇气和忠诚,有心赦免他们,但遭到了拒绝。最后,这些忠诚的战士全部以死效忠。

铁木真统一了蒙古各部之后,于公元1206年春在斡难河河源附近召开大会。蒙古贵族们一致推选铁木真为至高无上的汗,即成吉思汗。

**蒙宋联合灭金**

成吉思汗统一蒙古之后,开始对欧亚大陆发起了大规模的征服战争。戎马一生的成吉思汗横扫了欧亚大陆,建立起了一个巨大的蒙古帝国。但在其准备攻打金朝的时候,六十六岁的成吉思汗去世了。

成吉思汗临终

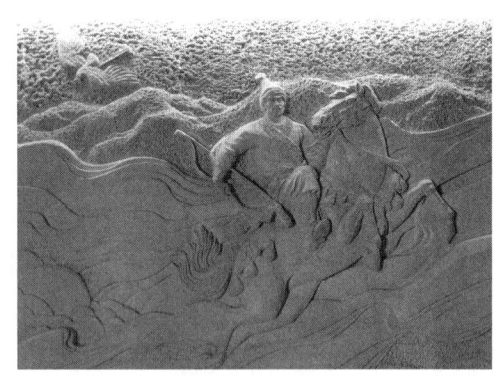

**蒙古骑兵**

之前曾留下遗言，要自己的子孙利用宋金的世仇借道于宋，进而联宋灭金。成吉思汗三子窝阔台遵循父亲的遗嘱，与宋朝联合，开始了对金朝的进攻。

公元1231年，窝阔台分兵三路进军金国。先拿下了宝鸡，进逼开封。当年五月，开封城内暴发了一场大瘟疫，九十万人因病而死，蒙古军马上趁机发起进攻。

但汴京久攻不破，蒙古只好同意和谈。结果蒙古的使者在返回大营途中，被金人所杀。蒙古军气急败坏，放弃了和谈的打算，再度以更为猛烈的攻势发起进攻。金哀宗见情况危急，只好逃出了汴京，留元帅崔立守城。

金哀宗刚走不久，崔立便发动了政变，进而掌管了开封大权。蒙军攻城后，崔立立即投降。

逃到归德的金哀宗派使者向宋朝求援，并陈述了唇亡齿寒的道理。但宋朝不但不予理睬，反而与蒙古人商议，等消灭金朝之后，宋要求占有洛阳、开封和归德。

公元1234年，金哀宗完颜守绪见回天无力，便把皇位传给了元帅完颜承麟，自己则上吊自杀了。没过多久，蒙古人便攻破了金朝最后的防线，杀死了完颜承麟，至此，金朝在蒙宋的联合之下灭亡了。

## 元军征日

公元1241年，窝阔台去世，蒙哥即位，不久之后蒙哥在

| 主线 | 事件 | 时间 |
|---|---|---|
| 蒙古的征伐 | 金国灭亡 | 公元1234年 |
| 元朝的建立和扩张 | 元朝建立 | 公元1271年 |

| 时间 | 事件 | 主线 |
|---|---|---|
| 公元1272年 | 元朝迁都 | 元朝的建立和扩张 |

征途中去世,其弟忽必烈即位成为蒙古大汗。

公元1271年,忽必烈仿效中原帝王建国称帝,国号大元。不久之后,高丽国向元朝派出使者称臣,高丽成为元朝的东藩。

在高丽之外,元朝还多次派遣使者以武力威胁日本称臣,不料遭到日本政权的拒绝。当时,日本正值镰仓时代中期,实权掌控在大臣北条氏手中。北条时宗不但坚决不投降,反而着手加强九州地区的防御。

公元1274年,气急败坏的忽必烈发起了第一次对日本的远征。当年十月初三,忽必烈任忻都为元帅、洪茶丘和刘复亨为左右副帅,统领蒙汉联军两万人、高丽士兵五千人、水手六千七百人从高丽合浦出发,两日之后抵达日本,发起了进攻。十六日,元军直逼肥前沿海诸岛,守卫的几百名日本武士战死。

**元日战争**

十九日,元军大船开进了博多湾,第二天登陆作战。在元军先进战术和火药武器的攻击下,日本军队战况十分不利。据相关史书记载,当时蒙古军队鼓声震天,惊得日本战马慌乱打转，没等日本士兵调整马首，就已被蒙古人的弓箭射中。在蒙古人的短兵和弓箭之上，还涂抹了毒液，万箭齐发之下无处可藏。那些勇猛的蒙古骑兵不仅力气极大，而且十分英勇，不惜命，在战场上进退自如。铁炮中的弹丸随着火焰从炮管中射出，一时间很多日本士兵都被击毙。激战到夜幕降临，日军节节败退，只好撤到太宰府水城。

虽然元军在平原战场上完胜日军，但是他们不擅长山地作战。九州岛崎岖的山路，阻挡着元军继续前行。再加上，日本军兵意志顽强，元军吃了不少苦头后，只好退到船上。结果万万没想到的是，当天夜里，一场巨大台风袭击了两百多艘元军兵船，忻都只好带着所剩无几的船只撤回国内。

元军虽然退了，但日本幕府知道蒙古人还会再来，于是从公元1275年起，日本政府继续加强战备。一方面组织起了九州的武士；另一方面还努力学习中原作战战术，在沿海敌人可能登陆的区域建筑堡垒和防御设施。

高丽也不想再牵扯到战争之中，便派使者多次与元朝谈判，反对再次出击日本。元朝再次派出使者，希望日本称臣，但是日本政府十分强硬，先后两次斩了元朝使者。这让元世祖忽必烈十分愤怒，于是开始了第二次远征筹备。

公元1281年春天，元朝发动了第二次对日本的远征。

| 主线 | 事件 | 时间 |
| --- | --- | --- |
| 元朝的建立和扩张 | 元军第一次征日 | 公元1274年 |

| 时间 | 事件 | 主线 |
|---|---|---|
| 公元1281年 | 元军第二次征日 | 元朝的建立和扩张 |

这次的军队规模更大，其中由范文虎、李庭等人指挥的江南军就有十多万人。势在必得的元军派出了高丽盟军先行出发，结果在马岛地区惨败而归。随后，元军主力带着高丽军队夺取了壹岐岛，接着向日本九州发起攻击。登陆之后，与日本守军发生了一些小规模战斗，随后，元军被日军赶回到船上。似曾相识的一幕再次发生了，一场持续两天的巨大台风席卷了元军船队，大部分船只在台风和海浪的袭击下被摧毁。

这场台风后来被日本人称为"神风"，他们认为是他们虔诚的活动感动了上天，进而在两场台风的帮助下大挫了强敌。台风平息之后，海面上的船只已经被卷得支离破碎，很多士兵溺死其中，大量物资损失，更为严重的是元军的士气一落千丈。日本将领马上带着数万名九州士兵，采取水陆结合的方式，发动猛烈的反击。最终，元军除了范文虎、忻都等人率领少量士卒逃回之外，大多战死或被俘虏。

## 崖山之战和南宋灭亡

金朝覆灭之后，南宋也没有了北方的保护屏障，野心勃勃的蒙古人开始向南宋发起进攻。

第一次攻宋是在公元1235年，由于宋军顽强抵抗，蒙古军被击退了。但随后的几年，蒙古接连发动了多次战争，一度占据了长江北岸一带。南宋军队奋力抵抗,使得蒙古人始终无法渡江而过,蒙古人只好选择迂回路线。

公元1259年,蒙古帝国的蒙哥汗被流矢射中死亡,其弟忽必烈听闻阿里不哥准备称汗,便马上撤军去夺取汗位。南宋趁机与蒙古人议和,以求太平。

公元1267年,即位大汗的忽必烈再次带兵南犯,攻打南宋重镇襄阳,发起了襄阳之战。南宋军兵坚守襄阳城,并依靠汉水来运送资源,勉强维持。公元1273年,被困六年的襄阳城终于失守。公元1276年,元军继续南下攻占了宋都临安,年仅五岁的宋恭帝被俘,此时的南宋已经基本灭亡了。

但还有一些南宋忠将仍在苦苦坚持,如陆秀夫、文天祥和张世杰等人就先后扶持了两位小皇帝成立了南宋流亡政权。

公元1279年,伟大的爱国将领文天祥战败被俘,写下了流传千古的《过零丁洋》。

与此同时,张世杰和陆秀夫带着小皇帝跑到了崖山,即今天的广东珠海一带。元朝将领张弘范则带着军队穷追不舍。

**陆秀夫雕像**

| 主线 | 事件 | 时间 |
|---|---|---|
| 元朝的建立和扩张 | 襄阳之战 | 公元1267—1273年 |
| | 宋恭帝被俘 | 公元1276年 |
| | 文天祥战败被俘 | 公元1279年 |

| 时间 | 事件 | 主线 |
|---|---|---|
| 公元1279年 | 崖山之战 | 元朝的建立和扩张 |
| 公元1272年 | 忽必烈迁都 | |

南宋祥兴二年（公元1279年）三月十九日，陆秀夫见大势已去，又怕小皇帝被元军俘虏受辱，便劝说小皇帝投海殉国。他先是让自己的家人跳海自尽，随后背着年仅八岁的小皇帝也跳了下去。崖山之战的失败，标志着南宋政权彻底灭亡了。

**元朝建立与扩张**

公元1206年，成吉思汗统一漠北，建立起强大的蒙古帝国。在持续不断的扩张战争中，蒙古国先后灭亡了西辽、西夏、东夏和金等国。但在成吉思汗铁木真去世之后，蒙古国开始进入分裂阶段。

直到公元1260年，忽必烈在与阿里不哥的汗位之争中胜出，建元"中统"。经过数年积累，忽必烈在公元1271年改国号为"大元"，第二年迁都燕京，忽必烈也从大蒙古皇帝转变为大元皇帝。

在迁都之后，忽必烈着力进行各种改革。在政治方面，忽必烈废除了尚书省和门下省，保留了中书省、枢密院和御史台，这三个机构分别掌控着政治、军事

**元大都遗址**

和监督职权。

在经济方面,元朝商品经济和海外贸易较为繁荣,但整体的社会生产力却不如宋朝。文化方面,元杂剧和散曲流行并有创新、发展、兴盛。

在消灭南宋之前,忽必烈广泛采用汉法进行管理,建立了一套中央集权的政治体制。同时,元朝还恢复了科举制度,推崇孔子思想。元朝并没有较为统一的代表思想,但统治者更信奉萨满教和佛教。

元代的军事体系主要由戍卫京师的宿卫系统和镇守全国各地的镇戍系统组成。保留了四怯薛轮番入侍的制度,所以宿卫军主要由怯薛军和侍卫亲军构成。镇戍诸军在北部地区主要由蒙古军和探马赤军戍守,南部则以蒙古军、汉军和新附军相参驻戍。

在建立元朝之后,忽必烈还对临近各国发动了一系列战争。前已讲述,公元1274年和1281年,元军两次进攻日本遭遇台风,无功而返。公元1282年,元军进攻占城。公元1285年,镇南王脱欢发兵安南,因瘟疫被迫退师。

公元1283年和1285年,元军两次出兵缅国(缅甸),到公元1287年,已进攻到蒲甘地区。公元1292年,元军出兵爪哇,爪哇统治者投降,并邀请元军进攻敌国葛郎。在打败葛郎之后,爪哇军再次反元,元军因兵力不足退师。

连年的扩张战争不仅让元军士气大伤,同时也影响了元朝社会经济的发展。到了元朝后期,社会矛盾尖

| 主线 | 事件 | 时间 |
|------|------|------|
| 元朝的建立和扩张 | 元帝国的扩张 | 公元1271—1292年 |

| 时间 | 事件 | 主线 |
|---|---|---|
| 公元1271—1292年 | 元帝国的扩张 | 元朝的建立和扩张 |
| 公元1294年 | 忽必烈去世 | 元朝的发展和灭亡 |

锐，内乱丛生，腐败严重，这些因素最终导致了元朝的灭亡。

### 元的内乱与灭亡

在消灭南宋政权之后，元朝统治者并没有停下继续扩张的脚步，依然东征西讨，虽然帝国疆域不断扩大，但内部矛盾愈演愈烈。

连年战争加重了元朝的社会经济负担，为此，元朝政府开始利用各种方式增加国家的收入。但由于吏治腐败，很多举措都变成了横征暴敛，严重阻碍了社会经济的发展，加重了人民的负担。

公元1294年，忽必烈驾崩，元成宗铁穆耳即位。即位之后，元成宗停止对外战争，大力整顿军政，减轻部分税赋，暂时缓和了社会矛盾。元成宗在位期间，基本结束了整个帝国的动乱局面。

然而好景不长，元帝国又很快陷入了无休止的内斗当中。

元成宗死后，元武宗即位，同时立自己的弟弟（元

**元仁宗像**

仁宗）作为储君，并约定弟弟去世之后，再将皇位传给武宗的子嗣。但元仁宗却将皇位传给了自己的后代，这也导致元朝中期一系列血腥政变的发生。

南坡之变就是这些政变的开始。公元1323年，铁木迭儿的义子铁失趁元英宗去上都避暑之机，在南坡刺杀了元英宗等人。

公元1328年，图帖睦尔在大都自立为帝，是为元文宗。随后，和世㻋在和林宣布即位，是为元明宗。为了解决称帝事宜，二人约见于上都之南。元文宗在毒死元明宗后称帝。元文宗时期丞相燕帖木儿居功自傲，扰乱朝政，大大增加了元朝政府的腐败和政局的动荡。

元朝统治阶级内部的争权斗争加速了元朝的衰落，朝廷内乱导致民间动乱四起。统治阶级相互争权，使得民间起义得不到有效抑制，最终很小一部分起义军，逐渐发展壮大。元帝国正是在这种内外忧困的形势下，走向了毁灭。

**元末农民起义**

从公元1271年建立，到公元1368年灭亡，这个由蒙古人建立的中原王朝只存活了九十八年。

元朝末期，统治阶级上层内斗不止，民间则生灵涂炭，百姓走投无路，被迫加入各种反抗活动。最终，一场声势浩

| 主线 | 事件 | 时间 |
| --- | --- | --- |
| 元朝的发展和灭亡 | 南坡之变 | 公元1323年 |

| 时间 | 事件 | 主线 |
|---|---|---|
| 公元1351年 | 红巾军起义 | 元朝的发展和灭亡 |

大的农民起义,加速了元朝灭亡。

这场起义最早是在河北永年白鹿庄起事,全体义军以头裹红巾为号,被人们形象地称为"红巾军"。

起义爆发之时,社会阶级矛盾十分紧张,以蒙古贵族为主的统治阶层肆意压榨以汉人为主的劳动人民。他们不但疯狂兼并土地,还把大量的肥沃良田变成了牧场,使得很多农民无地可种,只能沦为奴婢。

官府为了压榨人民,设置了各种苛捐杂税,全国的税额已经比元初高出了二十倍。

统治阶层根本不顾下层人民的死活,整日过着挥霍无度、骄奢淫逸的生活。他们到处搜罗民间美女,还把大量的劳动产品用在了宗教活动上,仅供佛饮食一项,每年就要用去面粉四十多万斤、油七万斤。加之黄河连年失修,天灾时有发生,下层人民反抗的怒火逐渐在心中燃烧起来。

就在这种矛盾日益激化的时刻,韩山童和刘福通带着三千人发动了起义。但这次起义走漏了风声,

**元末起义军钱币**

没多久韩山童就在战斗中牺牲了。刘福通突破敌人的包围后，组织起劳苦群众，一鼓作气攻占了颍州、罗山、上蔡等地。

由于百姓早已无法忍受元朝统治，十分欢迎这种起义部队。相应地，红巾军也十分慷慨，每攻下一个城镇都要开仓散粮、赈济贫民，深得百姓拥护。因此，很多受苦的百姓都加入了起义队伍，这支队伍很快就壮大到几十万人之众。

为了推翻元朝的黑暗统治，起义军提出了以"明"斗"暗"的口号，鼓励全国人民加入与封建官员斗争的活动中。

公元1355年，刘福通攻占了亳州，将韩林儿立为"小明王"，建国号为"大宋"，年号为"龙凤"，一个与元朝分庭抗礼的农民政权正式成立。

随后刘福通兵分三路向北进军，一路上披荆斩棘，起义形势大好。公元1358年，刘福通成功攻破了汴梁，并在此建都。

此时的元朝统治者犹如热锅上的蚂蚁，胡乱派遣军队迎敌。先是派出了回军，后派出了汉军，最后御史大夫也亲自带兵上阵，但结果全是大败而归。

元朝统治者只好搜罗天下一切可以抵挡反抗力量的势力向红巾军发起攻击。就在双方进行最后的殊死搏斗时，义军的领袖刘福通遇难身亡。庞大的起义军群龙无首，很快就被

| 主线 | 事件 | 时间 |
| --- | --- | --- |
| 元朝的发展和灭亡 | 刘福通建"大宋" | 公元1355年 |

| 时间 | 事件 | 主线 |
|---|---|---|
| 公元1366年 | 韩宋政权灭亡 | 元朝的发展和灭亡 |

地主武装镇压下来。公元1366年，红巾军所建立的韩宋政权彻底灭亡。

但此时反抗元朝的浪潮已经掀起，各路义军纷纷揭竿而起，这座由蒙古人建立的统治"大厦"马上就要倾倒了。

## 附录：第十章主要参考文献

[1]邓广铭. 宋史十讲[M]. 北京：中华书局，2017.

[2]顾颉刚. 国史讲话：宋蒙三百年[M]. 上海：上海人民出版社，2015.

[3]王立群. 王立群读宋史[M]. 郑州：大象出版社，2013.

[4]张程. 脆弱的繁华：南宋的一百五十年[M]. 北京：群言出版社，2015.

[5]黎东方. 细说元朝[M]. 北京：商务印书馆，2015.

[6]王菊. 从分裂走向统一：宋元历史地图之解读[J]. 中学政史地，2007(4).

[7]翦伯赞. 中外历史年表[M]. 北京：中华书局，2008.

[8]姜越. 漫话宋元：一本书读懂宋元文明[M]. 北京：群言出版社，2015.

[9]黄仁宇. 中国大历史[M]. 北京：生活·读书·新知三联书店，2014.

[10]李治安. 元至明前期的江南政策与社会发展[J]. 历史研究，2016(1).

# 第十一章　大明王朝：封建王朝的强盛时代

- 朱元璋建大明
- 明太祖改革
- 燕王称帝
- 郑和下西洋
- 土木堡之变
- 北京城保卫战
- 南宫之变
- 弘治中兴
- 名相张居正改革
- 戚继光抗倭
- 丰臣秀吉入侵朝鲜
- 壬辰明日战争
- 第二次明日战争
- "万历三大征"
- 努尔哈赤统一女真
- 魏忠贤乱政
- 袁崇焕镇守宁远
- 李自成攻入京城

明朝是中国历史进程中的一个重要朝代，有人认为明朝时期，中国的封建社会已经由盛转衰，也有人认为明朝时期的中国依然非常强大。在这一时期，中国封建社会中央集权统治达到了前所未有的高度，封建经济进一步发展，封建文化也极为繁盛。但同时，这一时期也是中国封建社会的重要转型时期，明朝的一些政策举措对清朝产生了一定的影响，同时也影响到了中国封建社会的历史进程。因此，了解明朝时期的历史发展是学习中国历史的重要环节。

| 时间 | 事件 | 主线 |
|---|---|---|
| 公元1328年 | 朱元璋出生 | 明朝的建立及发展 |
| 公元1344年 | 朱元璋入皇觉寺 | |

## 朱元璋建大明

公元1328年,在濠州钟离孤庄村中,即今安徽凤阳境内,一个即将改变中国历史的孩子出生了。这个孩子因在家族兄弟中排行第八,因此父亲就给他起名朱重八。

朱重八的祖祖辈辈都是典型的贫农,因无法偿还税款而在淮河流域到处流窜。后来找到了一个小地方做起了佃户,过起了勉强糊口的生活。因家庭条件实在艰苦,除了最大的哥哥和自己,其他所有孩子都因无法抚养或送人或出嫁。

**朱元璋像**

这个连饭都吃不上的家庭,更没有多余的财力送孩子读书,于是朱重八从小就给地主放牛,没读过书。官府严苛的赋税加上连年的旱灾、蝗灾和瘟疫,朱重八的父亲、大哥、母亲先后都去世了,只剩下自己和二哥。贫穷的朱家甚至连一口棺材都买不起,只好用几件破烂衣服草草包裹了父母的尸体,借邻居家的坟地入葬了。

走投无路的朱重八只好出家做了和尚,在寺院能勉强吃上一口饭。可不久之后,当地因闹饥荒,连寺庙也没饭了,主持便打发小沙弥们四处云游化缘,以乞讨为生。十七岁的朱重八只好再度过上了流浪的生活。

他边走边乞讨，辗转了中原多个地区，接触了不少风土人情，同时也造就了坚强、果敢的性格。贫穷动荡的生活也让他变得十分残忍，好猜忌。

在红巾军的影响下，全国各地纷纷爆发了起义。二十五岁的朱重八在儿时好友汤和的邀请下，加入了郭子兴的义军，开始了军旅生活。朱重八在战场上表现得十分勇敢，而且为人机灵聪明，又粗懂些文墨，很快就引起了郭子兴的注意。随后朱重八渐渐成了郭子兴的心腹，郭子兴还把自己的一名养女嫁给了朱重八。从此，军中就不再叫他朱重八，而改叫体面的朱公子，同时朱重八也改名为朱元璋，字国瑞。

得到郭子兴的信任后，朱元璋又迎来了多位好友名士的辅佐，如徐达、周德兴、郭英、李善长等人，朱元璋一路带兵攻下了滁州、和县等地区。在扩充军力的同时，也因军纪严明得到了民众的拥护。

公元1355年，郭子兴因病去世，韩林儿任命郭子兴的儿子郭天叙为都元帅，妻弟张天佑为右副元帅，朱元璋为左副元帅。虽说都元帅是军中最高统帅，但军中滁州和和州的军队，多是由朱元璋招募收编的，而且朱元璋有勇有谋，手下又有人才，所以，朱元璋事实上成了这支队伍的主帅。公元1356年，朱元璋占领了集庆，改集庆为应天府。公元1364年元旦，朱元璋被推举为吴王，并以"皇帝圣旨，吴王令旨"的

| 主线 | 事件 | 时间 |
|---|---|---|
| 明朝的建立及发展 | 朱元璋参加红巾军 | 公元1353年 |
| | 朱元璋被推举为吴王 | 公元1364年 |

| 时间 | 事件 | 主线 |
|---|---|---|
| 公元1368年 | 朱元璋建立大明王朝 | 明朝的建立及发展 |

名义发布命令，此时的朱元璋已经在南方建立起了一个独立政权。

公元1366年，朱元璋派廖永忠去滁州接小明王韩林儿来应天，但在瓜洲渡江时却又命人悄悄将船底凿漏，小明王因此沉于江底。接着，朱元璋不再以龙凤纪年，改次年为吴元年（即1367年）。

**洪武通宝**

至正二十八年（公元1368年）七月，朱元璋派徐达为主帅，指挥北伐大军长驱北上。元顺帝及其妃嫔、太子等皇族只好向漠北逃遁。八月，北伐军攻破了元朝大都，结束了元朝的统治。随后朱元璋建国号为明，改元洪武，定都于南京。他就是历史上著名的明太祖。

## 明太祖改革

朱元璋称帝后，采取了一系列举措，从而消除了开国元勋们起兵反叛的隐患。他还吸取了宋元两朝失败的教训，开始加强皇室的势力，分封自己的儿子们为藩王，执掌地方兵权。

其中，被封的晋王和燕王因战功卓著而颇得朱元璋的器重。特许二王可以自行裁决军中小事，而大事则上报朝廷。这一举措使得两位藩王的权势逐渐坐大，最终威胁到了中央政府的统治。

除了分封藩王，加强中央集权外，明太祖在开国之初还采取了一系列其他举措来恢复社会生产，进而创造了明朝初年的"洪武之治"。

在政治方面，明太祖改革了官僚机构，废除中书省，并不再设立丞相。公元1382年，明太祖设立锦衣卫，主管侦察、缉捕、审判和处置罪犯等事宜，实际上，这是一个掌握在皇帝手中，监察官员行为的军事特务机构。

锦衣卫的设立对维护政权稳固起到了一定的作用，但随着其特权逐渐膨胀，也制造了一系列冤假错案。朱元璋在晚年时逐渐废除了锦衣卫的一些特权，同时也废除了明朝初年订立的一些严酷刑法。

在地方上，明太祖改革废除了行省制度，设立承宣布政使司、都指挥使司和提刑按察使司，共行中书省职责。三者相互分立，又彼此关联，可以有效防止地方权力过重，威胁

| 主线 | 事件 | 时间 |
|---|---|---|
| 明朝的建立及发展 | 明太祖改革 | 公元1368—公元1398年 |
| | 明太祖设锦衣卫 | 公元1382年 |

| 时间 | 事件 | 主线 |
|---|---|---|
| 公元1368—1398年 | 明太祖改革 | 明朝的建立及发展 |
| 公元1373—1417年 | 洪武大移民 | |

到中央政权的稳定。

明太祖在政治方面的改革,一个重要方面就在于对贪官的惩处上。无论是中央的,还是地方的,只要有官吏贪赃枉法,就会受到极为严厉的制裁,贪污六十两以上银子就会被判处死刑。

为了更好地推动打击贪官的行动,明太祖制定并颁布了《大诰》和《醒贪简要录》。其中《大诰》是朱元璋亲自审讯、判决案例的记录,同时书中还介绍了朱元璋对惩治贪官的态度,以及一些具体的处置措施。这些内容不仅为各级官员查处贪官提供了依据,同时也警示了朝廷官员,让官员学会自律。

在经济方面,明太祖改革主要表现为轻徭薄赋,与民休息。同时,明太祖还注重兴修水利,赈济灾荒。为了进一步发展农业生产,朱元璋还将山西地区的居民大规模转移到中原地区,历史上将这次人口迁移称为"洪武大移民"。

作为中国历史上杰出的君王之一,朱元璋的改革为明朝近三百年的发展打下坚实基础。他创设的很多典章制度,都成为此后各时期重要的管理制度,很多制度文化甚至还影响到了清朝。

明太祖改革最为直接的影响就是促进了明初社会经济文化的发展,维护了政权的稳定,以及社会的安定。其后几代皇帝正是在他的政策纲领的基础上,才使明朝延续发展了近三百年。

## 燕王称帝

公元1392年，太子朱标因病去世，朱元璋立朱标嫡子朱允炆为皇太孙。公元1398年，朱元璋去世，温文尔雅的朱允炆即位称帝。当时地方的诸王都是朱允炆的叔叔，手中还都掌握着重兵，都一直没把这个皇帝侄子放在眼里。

特别是朱元璋的四子燕王朱棣，他早有谋反篡权的打算，一直在私底下制造兵器，印刷钱币，招兵买马，扩张势力。朱允炆召集大臣，商议应对之策。大臣们认为应马上削藩，削弱诸王的兵权。朱棣知道朝廷的意图后，并没有急着造反，而是等待更好的反叛时机。

朱棣派自己的三个儿子进京，为先祖祭祀。随后又假传自己病重的消息，让朱允炆放松警惕，打消了皇帝扣留人质的想法。接着，他又开始装疯，跑到集市上大喊大叫。就这样，朱允炆放松了对朱棣的警惕，等他下定决心歼灭时，朱棣已经羽翼丰满，迫不及待地发起了主动进攻。

朱棣是个文武双全的人。他先以尊祖训，诛"奸臣"齐

**明成祖朱棣**

| 主线 | 事件 | 时间 |
|---|---|---|
| 明朝的建立及发展 | 朱元璋去世，朱允炆即位 | 公元1398年 |
| | 靖难之役 | 公元1399年 |

| 时间 | 事件 | 主线 |
|---|---|---|
| 公元1399年 | 靖难之役 | 明朝的建立及发展 |
| 公元1402年 | 朱棣称帝 | |
| 公元1408年 | 《永乐大典》完成 | |

泰、黄子澄，为国"靖难"为借口起兵，迅速夺取了大部分城镇。随后，沉稳老辣的朱棣开始补充兵力，进一步集中力量对付朝廷。反观朝廷方面，皇帝手下几乎没什么有能力的将领，只好派膏粱子弟李景隆迎敌。

朱棣利用李景隆好大喜功、极易骄傲的特点，假装带兵离开了北平，造成一种城中虚弱的假象。李景隆一看，果然以为北平无重兵把守，贸然攻城。朱棣带主力突然返回，与城中将士内外夹击，打得李景隆溃不成军，大败而逃。

此外，朱棣还十分擅长收买人心。一位士兵在行军的路上病倒在路旁，朱棣见状，马上叫人把自己的马拉去让这个士兵骑乘，并说道："壮士是为了我才得的病！"众将士闻罢，纷纷感动得流下热泪。作战结束后，所收缴的战利品朱棣从来都不独享，而是把大部分分给作战的士兵，那些得到战利品的士兵全都感恩戴德，愿意为他死战。

建文四年（公元1402年），朱棣一路势如破竹，直逼南京城。此时，朝廷大臣慌作一团，为了保命有些大臣甚至暗中为朱棣做内应，献攻城计策。

六月初三，燕王军队挥师渡江，狂飙突进兵临南京城下，守将李景隆见毫无胜算，只好开门投降。

朱棣进城，文武百官纷纷跪拜在道路两旁。此时宫中突然起火，建文皇帝不知去向。

七月十七日，在拒绝了他的支持者们反复几天的劝进之后，朱棣终于废除建文年号，登上皇帝宝座。

朱棣就是著名的明成祖，因年号永乐，也被尊为永乐大帝。

### 郑和下西洋

燕王朱棣称帝之后，将北平改名为北京，此后又迁都于此，从此大明王朝便有了南北两个国都。

在明成祖朱棣的统治下，明朝度过了

**北京城门箭楼**

二十余年的太平发展时期，无论是在农业、商业水平上，还是在人民的生活水平上都有了很大的改善，特别是东南沿海地区已经涌现了很多繁荣的都市。

经济上取得良好发展之后，扩展海外的贸易和外交也被提上日程。此外，在对外交流的同时，还能彰显本国的实力，提高国际声望。因此，朱棣于公元1405年，任命精明能干的三宝太监郑和首次带舰队向西洋远航。

郑和是元末色目人，公元1371年生于云南，小名为三宝，虽然正史对郑和的身世没有记载，但据相关历史学者考证，郑和应是明军攻打云南时，作为元朝官员的家属被俘虏之后，遭受宫刑进入朱棣的燕王府成为侍从的。

| 主线 | 事件 | 时间 |
| --- | --- | --- |
| 明朝的建立及发展 | 明成祖迁都 | 公元1421年 |
| | 郑和出生 | 公元1371年 |

| 时间 | 事件 | 主线 |
|---|---|---|
| 公元1405年 | 郑和首下西洋 | 明朝的发展 |
| 公元1430年 | 郑和七下西洋 | |

公元1404年，郑和因功升至内官监太监，官至四品。郑和因机智聪慧又知兵习战深得明成祖的信赖，朱棣于是把这个十分艰巨的下西洋任务交给了郑和。

郑和先后共下西洋七次，第一次是在永乐三年（公元1405年）七月十一日，郑和与副使王景弘带着两万八千余人

郑和像

乘六十二艘大船从苏州刘家河出发，经福建五虎门，先后到达占城（即今越南中南部）、爪哇、苏门答腊、马六甲等地。

自公元1407年起至公元1430年，郑和又相继出海了六次，每次都在船上装载着大量金银珠宝、布帛丝绸、陶瓷器具，用来与西洋各国进行通商，交换各种宝石、香料、异兽等。

经过七次远航后，郑和到访过的国家和城市达到数十个，包括占城、爪哇、真腊、旧港、暹罗、古里等。郑和第七次也是最后一次下西洋时已是花甲老人了，尽管年迈，但他依然具备着充沛的体力和精力，成功完成了朝廷交给的航海任务。

郑和下西洋宣扬了大明国威，但也损耗了国家不少的财力和人力，据记载，建造和修补一艘巨大舰船平均需要一千六百两银子，每次出航大约要配备二百六十多艘这样的

大船，加之明朝还要应付北方的局部叛乱和敌寇入侵，终于在郑和完成第七次下西洋后，此项工作被叫停了。

公元1433年，六十四岁的郑和在返航回国的途中，因长年积劳成疾，于古里（今印度卡里卡特）去世。当年七月，船队成功回国，郑和的骨灰被葬到南京弘觉寺地宫。

### 土木堡之变

蒙古贵族自打离开大都回到草原之后，就进入了分裂混战时期。朱棣在位时期，还分派使臣与鞑靼、瓦剌通好。经过长期征战，鞑靼势力逐渐被蚕食，瓦剌逐渐强大起来。

明英宗时期，瓦剌部再次崛起，其首领脱欢统一了瓦剌和鞑靼两部。脱欢死后，他的儿子即位，进而统一了蒙古北方各部，势力逐渐壮大，开始侵犯明北部边境地区。

**明英宗**

明英宗对宦官王振十分宠信，甚至称之为"先生"，得宠之后的王振开始结党营私，残害忠良，明朝政治逐渐腐败。

按当时约定，蒙古每年可以派使团出使明朝，并与明朝

| 主线 | 事件 | 时间 |
|---|---|---|
| 明朝的危机 | 瓦剌蒙古崛起 | 公元1434年 |

| 时间 | 事件 | 主线 |
|---|---|---|
| 公元1434年 | 瓦剌蒙古崛起 | 明朝的危机 |
| 公元1449年 | 土木堡之变 | |

进行贸易，不过每年派出的人数不能超过五十人。但是，蒙古往往擅自增加人数，以获取丰厚的贸易利润，以至最后甚至派出两千余人的团队。

正统十四年（公元1449年）二月，蒙古又派两千余人前来，并谎称三千人，向明朝索要赏赐。结果王振不愿多给，只按照实际人数封赏，还减去了一部分马价。瓦剌首领也先十分不满，于是在当年的七月率军分四路向明朝国境进发。

当时，瓦剌军有一路正好要经过大同，大同距离王振的老家蔚州不远，王振在老家置了大片田产，为了防止田产被瓦剌军破坏，王振开始竭力怂恿英宗亲征。

在王振的怂恿之下，年仅二十来岁的明英宗决定亲自带兵迎战。尽管朝中忠良大臣纷纷进谏劝阻，但依然没能改变英宗的决定，英宗把自己的弟弟朱祁钰留在北京镇守，他带着王振和临时拼凑的二十万大军匆忙从北京出发了。

军队还没到大同的时候，军粮就出现了严重的短缺。加上风雨兼程的行军，军队士气低落，很多官员都劝皇帝早日回京，但英宗依然硬着头皮继续前进。

结果英宗亲征的明军被瓦剌军击败，英宗只好一面抵抗，一面撤退，一直撤到了土木堡。

实际上，当军队走到土木堡时天还没有黑，完全可以继续赶路，直到怀来城再休息，那样也能更好地抵抗进攻。但当时王振的很多装运财宝的车子还没有跟上，便命大军停下来。结果，瓦剌军很快就追上来了，把明军围困起来。

明英宗和王振带着禁军多次突围都未能成功。昔日作威作福的王振如今见大军来袭，吓得双腿发抖无法站立。禁军将领樊忠早就对祸国殃民的王振深恶痛绝。于是，他抡起大铁锤毫不犹豫地向王振的脑袋砸去，瞬间结束了王振的生命。随后，樊忠带着士兵拼命冲向瓦剌军队，被乱箭射死。

明英宗眼看无路逃生，干脆从马上跳了下来，坐在地上盘起腿等死，瓦剌士兵赶到将英宗俘虏。这就是著名的"土木堡之变"，明朝在这屈辱的一战后，开始由盛转衰。

### 北京城保卫战

土木堡之变的消息传到明朝宫廷之后，众大臣都乱作一团，皇太后和监国朱祁钰紧急召集大臣商议对策。

慌乱之中，有些大臣甚至建议迁都应天，不过兵部侍郎于谦斩钉截铁地坚持留在北京与瓦剌对战。

于谦的意见得到了礼部尚书王直和内阁学士陈循等人的支持，朱祁钰和皇太后也决心同瓦剌对抗到底。

八月二十三日，针对当时的危急局面，明廷采取了一系列措施，譬如诛除宦党、平息民愤、传檄天下率兵勤王。

此时，明英宗朱祁镇已经成为瓦剌的一张政治牌，瓦剌带着他到处威胁明朝将领。在这种情况下，明帝国紧急商议对策，决定奉朱祁镇为太上皇，让监国朱祁钰即位称帝，年

| 主线 | 事件 | 时间 |
|---|---|---|
| 明朝的危机 | 明代宗即位 | 公元1449年 |

| 时间 | 事件 | 主线 |
|---|---|---|
| 公元1449年 | 明代宗即位 | 明朝的危机 |
| 公元1449年 | 北京城保卫战 | |
| 公元1450年 | 北京城保卫战胜利 | |

号景泰，是为明代宗。

明代宗专门下令，授予于谦"提督各营军马"之权，命在京各营将领受其节制，于谦有先斩后奏之权。

于谦担负起了全权指挥北京保卫战的重任，他从各地调来兵力，日夜赶造武器装备军队，在北京周围布置兵力，严把九门。

**于谦墓**

正统十四年（公元1449年）十月，瓦剌分兵三路南下，直逼北京城。于谦亲率二十三万大军迎敌。明朝官兵们都被主帅的坚定意志所感动，斗志昂扬、士气高涨。

十月十三日，也先率兵攻打德胜门。于谦提前派石亨带精锐部队埋伏于道路两侧，一旦敌军突破而入，便左右夹击。结果瓦剌军大败，也先的弟弟孛罗被火炮炸死。也先见德胜门难以攻下，便猛攻其他城门，但是同样受到了明军的顽强抵抗，经过五天的战斗，未取得战果的也先只好带兵西撤。

也先被逼到塞外之后，并不甘于无功而返，谎称送还英宗议和，却继续对明军发动攻击。多次骚扰都被明军果断回击，瓦剌无奈之下只好撤军。

景泰元年（公元1450年）八月，也先被迫把英宗送回了北京。至此，北京保卫战以于谦的完胜而结束。

## 南宫之变

虽然瓦剌战败并送还了明英宗,但随着英宗的返朝,难题也随之而来。因为此时已经有了新皇帝朱祁钰,英宗又该置于何位呢?

本来朝廷众臣应遵循君臣之礼,以热烈的欢迎仪式迎接英宗的到来,但是朱祁钰显然不想这样做。他不仅力主仪式从简,而且还迟迟不肯派出大臣接驾。

但在群臣的一直请求下,朱祁钰只好勉强派出"一轿二马"的小排场欢迎英宗。等英宗回到北京之后,朱祁钰干脆直接把他幽禁在南宫里,不允许他与外臣接触,连他身边要好的宦官也全部替换掉。

景泰八年(1457年)正月,朱祁钰病重,将石亨召到病榻前嘱咐身后事。

石亨虽然一切都答应下来,但退出后立即派人找到了前府右都督张𫐄和宦官曹吉祥,商议要为自己谋后路。

几人商议,与其再立太子,不如请太上皇英宗复位,还能立下拥立之功。

石亨和张𫐄又连夜去找左副都御史徐有贞。徐有贞大为兴奋,于是连夜通知英

**景泰蓝**

| 主线 | 事件 | 时间 |
|---|---|---|
| 明朝的危机 | 英宗幽居南宫 | 公元1450—1457年 |

| 时间 | 事件 | 主线 |
|------|------|------|
| 公元1457年 | 南宫之变 | 明朝的危机 |
| 公元1457年 | 于谦被杀 | |

宗,并做好复位准备。

正月十六日晚,徐有贞、石亨等人顺利地到达了幽禁英宗的南宫。众人从墙洞中鱼贯而入,见朱祁镇后一齐俯伏称万岁。

其后,在朱祁镇的带领下,众人兵不血刃地进入了皇宫,并迅速将朱祁镇扶上了奉天殿宝座。徐有贞等人一起叩拜,高呼"万岁"。石亨敲响钟鼓,召集群臣到来。

群臣到来之后,朱祁镇对百官宣布道:"景泰皇帝病重,群臣迎朕复位,你们各人仍担任原来的官职。"众朝臣跪倒参拜。

此时朱祁钰正在西暖阁梳洗,准备临朝,突然听到前面撞钟擂鼓,立即问左右,左右惊愕万分。不久,宦官兴安回奏说是太上皇复位了,朱祁钰连喘了几口气,重新回到床上,面朝墙壁睡下。

朱祁镇复位后,改元天顺。当天,天顺皇帝传旨逮捕兵部尚书于谦、吏部尚书王文,以谋逆罪杀了于谦、王文等人,并迫害于谦所荐之文武官员。

二月初一,朱祁镇废朱祁钰仍为郕王,迁于西内永安宫。二月十九日,朱祁钰暴毙,以亲王礼葬于西山,其妃嫔也都被赐死殉葬。

明英宗以太上皇身份复辟,并在八年后去世,其后即位的明宪宗成化皇帝也算不上一个好皇帝。在父子二人执政的三十年里,大明帝国江河日下,国势一点点衰落了,直到明宪宗死后,大明王朝迎来了另一位明君——明孝宗弘治皇帝。

## 弘治中兴

纵观明朝统治近三百年的历史，虽然出现了几个昏君，但也有一些贤能明君，明孝宗就是其中之一。

明宪宗在位之时不仅沉溺于长生仙术，而且还宠信奸佞小人，使得朝纲大乱，很多忠臣良将遭到打压，整个政坛乌烟瘴气。

公元1487年，明宪宗去世，明孝宗即位，年号弘治。

当孝宗还是太子时，就把小人乱政看在眼里。等他上台之后，便积极开始实行改革，这个为人恭俭温和的君主首先从改革内政开始。

当时朝中有一大批善于溜须拍马、贪污腐败的官员，特别是以外戚万安为首的"纸糊三阁老"。孝宗率先罢免了这些无用之辈，以一批正直有为的士人代替。

孝宗严于律己，不仅勤于政事，早朝必到，而且还增设了午朝。大臣们因此有了更多的时间和皇帝商议国家大事，提高了行政效率。

此外，孝宗还开设了文华殿议政和经筵试讲，其目的就是能有更多的时

**明孝宗朱祐樘**

| 主线 | 事件 | 时间 |
|---|---|---|
| 明朝的振兴 | 明孝宗即位 | 公元1487年 |

| 时间 | 事件 | 主线 |
|---|---|---|
| 公元1487—1505年 | 明孝宗改革、弘治中兴 | 明朝的振兴 |

间与大臣们探讨治国之道。

在经济上,孝宗十分体恤百姓的疾苦,经常减免地方的赋税,给那些生活困难的百姓分发麦种和公牛。一旦出现险情洪灾,孝宗往往第一时间派大臣亲临现场,进行抗灾救援。苏松河道就是在孝宗的努力下消除了水患,再度成了鱼米之乡的。

孝宗在位的十八年里,他选贤举能,抑制宦官,勤于国政,使得明朝出现了一片祥和气象,再度走向了繁荣富强。后世的史学家往往把这一时期称为"弘治中兴"。

**名相张居正改革**

明孝宗的励精图治让明朝有了中兴的迹象,然而,其后即位的明武宗正德皇帝堪称中国历史上最能折腾的皇帝之一,而在明武宗之后的明世宗嘉靖皇帝又任用奸臣严嵩,让明孝宗好不容易开创的局面急转直下。

明世宗之后,懦弱的明穆宗隆庆皇帝即位,其执政后期,一位著名文官登上历史舞台,正是他主持的一次改革,拯救了大明王朝的命运,让已经渐渐衰落的大明王朝重现曙光,他就是张居正。

张居正是湖广江陵人,他从小天资聪慧,十二岁便考中了秀才,十六岁中举,二十三岁中进士,从此走上辉煌的仕途。

在翰林院任职期间，张居正目睹了京师的腐化之风，立志要成为一名改变政局的复兴良臣。怀着这样远大的抱负，张居正通过六年的韬光养晦，以国子监祭酒步入政坛。

公元1568年，张居正把自己所看到的国家时弊总结写成一封奏折，进谏给了穆宗，表达了他想为国家改革的迫切愿望，然而没有受到重视。

**张居正像**

明神宗即位，张居正出任内阁首辅，开始了一场轰轰烈烈的改革。这场改革行动涉及政治、经济、军事等国家管理的方方面面。

张居正认为，国家改革要想成功，其首要措施就是整顿吏治。在此方面，他主要做出了三项整顿。

第一，集权于首辅，使内阁的权力得以提高；第二，对官吏们的功过要赏罚分明，从而提高官员们的行政效率；第三，面对冗杂的官僚机构，必须进行整顿，做到唯才是用，清除无用官吏。

张居正在经济方面做出的贡献最为出色，施行了著名的"一条鞭法"。

"一条鞭法"主要包含两项内容：一为"摊丁入亩"，

| 主线 | 事件 | 时间 |
| --- | --- | --- |
| 明朝的振兴 | 张居正改革 | 公元1573年 |

| 时间 | 事件 | 主线 |
|---|---|---|
| 公元1573年 | 张居正推行"一条鞭法" | 明朝的振兴 |

二为"计亩征银"。具体来说,"摊丁入亩"指的是把各项徭役摊到土地上,一律以征收银两代替劳役。而"计亩征银"则指按照土地的面积大小来制定收取徭役的数量。那些广泛占有土地的地主贵族们,要支付大量的税赋,而少地的贫穷百姓则只需缴纳少量赋税,这样大大缓解了百姓的生活压力,进而缓解了阶级矛盾。

此外,这种以金钱抵付徭役的方法使得农民获得更大的生产自由,用白银交纳赋税,还大大促进了货币的流通。

在军事方面,张居正注重边防的守备。同时还要求士兵们在守卫的同时开展屯田,缓解国家粮食压力。在训练士兵的同时,鼓励修建边防要塞。此外,张居正还是个知人善任的"伯乐",由他所重用的戚继光和李成梁都在保卫国家安全和边境稳定等方面做出了非常杰出的贡献。

与历史上的那些著名改革一样,张居正的改革在缓解社会矛盾的同时,也触犯了很多贵族、地主们的利益。

早在张居正刚刚实施改革的时候,那些怀恨在心的权贵们就以张居正不为父守孝为由进行攻击。如果当时张居正按照传统守孝三年,那么改革的大业将无法贯彻实施。于是张居正顶住了巨大的压力,坚持改革,他的坚定和忠心也获得了当朝皇帝和太后的支持。

张居正在世之时,反对派们一直没能得手。张居正一去世,这些反对者就想尽办法进行打击报复。公元1582年,明神宗朱翊钧便宣布了张居正的罪行,将其家产全部没收。

虽然张居正出色的改革重振了明朝国力，但这并不能改变明朝深层次的弊病，因此明朝还是没能避免衰败的命运。

**戚继光抗倭**

倭寇之患早在明初时期就已经存在，朱元璋刚刚建立明帝国时，日本刚好进入南北朝分裂时期，那些日本的割据势力经常支持和勾结海盗商人骚扰劫掠中国沿海地区，大大影响了中国沿海地区人民的生活。

朱元璋即位之后，曾多次派遣使者出使日本，目的就是消除倭患。但是因为当时日本处于四分五裂的状态，没有强

**倭寇图卷**

| 主线 | 事件 | 时间 |
| --- | --- | --- |
| 明朝的振兴 | 张居正改革 | 公元1573年 |
|  | 倭寇横行 | 公元15—16世纪 |

| 时间 | 事件 | 主线 |
|---|---|---|
| 公元15—16世纪 | 倭寇横行 | 明朝的振兴 |
| 公元1557—1565年 | 戚继光抗倭 | |

势的政府来协助明朝,因此使者均无果而回。

公元1392年,北朝统一了日本,那些失败的南朝武士们便流亡当了海盗,经常侵扰中国沿海地区,使得洪武末年的倭患更加严重。

后来,随着大明帝国的强盛和日本国内局势的改善,倭寇问题有所缓解,但是,到了明中后期,倭寇开始再次骚扰明帝国海疆。

嘉靖年间,中国东南沿海地区的经济水平有了进一步发展,对外贸易也相当发达。很多非法海商为了牟取暴利,开始成群结党,逐渐形成了海上武装走私集团,甚至还逃亡海外,联合日本诸岛上的倭寇沿海抢劫,使得这一时期倭患越发严重。

明朝政府多次派遣军队抗击倭寇的骚扰,期间涌现了很多爱国将领和军队,其中最为优秀的要数抗倭英雄戚继光和令倭寇闻风丧胆的戚家军。

戚继光出生在山东蓬莱的一个将军家庭。他从小就目睹了倭寇对沿海人民的残害,幼小的心灵中很早就立下了荡平倭寇的志向。

长大之后,他加入山东抗倭的队伍,因作战有功被调到了倭患最为严重的东南沿海地区,主要负责宁波、绍兴、台州一带的抗倭事宜。

戚继光到浙江赴任后发现卫所的将士作战能力较弱,而金华、义乌人则比较彪悍,于是戚继光前往招募。

在戚继光的指导训练下，他招募的浙江兵将成为一支精锐的部队，被称为戚家军。

戚继光根据南方多沼泽的地理特点设计战阵，又给部队配备火器、兵械、战舰等装备，并研究创立了一种将长短兵器结合的"鸳鸯阵"。这种阵法不但灵活多变、机动性强，而且能够发挥出士兵们近身搏斗的勇敢精神。戚家军因此名闻天下。

同时，戚继光要求士兵们向岳家军学习，对百姓秋毫无犯，只做保卫国家和人民的子弟兵。因此，戚家军广受百姓们的拥戴，在战斗和生活中经常能得到百姓的配合。

公元1561年，倭寇大军进攻台州沿海一带，戚继光带着这支日夜操练的士兵前往抵抗，不到两个月的时间，就消灭了五千多名倭寇，给了敌人非常沉重的打击。

第二年，倭寇又大举来犯，戚继光再次带着戚家军参与了战斗，最终全部消灭了来犯倭寇。

公元1562年七月，戚继光带着军队转战福建，第一仗就收复了被倭寇侵占三年之久的横屿。随后戚继光一鼓作气，使用巧妙的"鸳鸯阵"一举歼灭了福建境内的所有倭寇。

## 丰臣秀吉入侵朝鲜

丰臣秀吉出生在动荡不安的日本战国时期，是个典型的

| 主线 | 事件 | 时间 |
|---|---|---|
| 明朝的振兴 | 李时珍著《本草纲目》 | 公元1578年 |
| | 丰臣秀吉统一日本 | 公元1590年 |

| 时间 | 事件 | 主线 |
|---|---|---|
| 公元1590年 | 丰臣秀吉统一日本 | 明朝的振兴 |

贫穷农家孩子。此时的日本天皇已经失去实际统治权,对日益壮大的地方势力毫无办法。后来,青年时期的丰臣秀吉投身到了织田信长的帐下,成为一名底层的武士。

随着积年累月的南征北战,丰臣秀吉靠着赫赫战功一直升到了将军之职,成为织田信长最重要的心腹之一。就在即将实现统一日本的伟大梦想之时,织田信长在一次暗杀中遇刺身亡。于是,统一日本的重任就落到了丰臣秀吉的头上。他不负众望,消灭了割据一方的北条氏一族,实现了日本的统一,成了当时日本的最高统治者。

但野心勃勃的丰臣秀吉并没有因此感到满足,他的最终梦想是征服世界。为了实现这个远大抱负,他首先要消灭日本"一衣带水"的近邻——明朝。在丰臣秀吉的眼中,明朝虽然国土广阔,但并不能称得上强大。

丰臣秀吉深知此时大明朝廷国政腐败,军队战斗力低下,加之此时日本国内的武士们正因为封地不均而愤愤不平,丰臣秀吉急需一个"受害者"来转移国内矛盾,于是这个目标最终锁定在了大明王朝身上。

公元1591年,丰臣秀吉派

**丰臣秀吉像**

出使者联系当时的朝鲜国王李昖，称自己将于次年的春天借道朝鲜攻打明朝，请求协助。

虽然语句中透露着请求之意，但丰臣秀吉实际上早已做好了两手准备：朝鲜要是答应，便可兵不血刃占领朝鲜半岛；若是不答应，便可以用藐视日本的名义出兵讨伐。

作为明朝附属国的朝鲜虽然国力衰微，但是并没有被吓到，很快就把此消息告知了明朝政府，请求援助。

没等朝鲜做出明确答复，万历二十年（公元1592年）三月，日本的十几万大军就浩浩荡荡开进了朝鲜。这十余万人被丰臣秀吉分成了九个战斗支队，由自己统一指挥。

武器和战法的落后使朝鲜军队一触即溃。日本军队没遇到任何阻力就轻松攻下了朝鲜都城。李昖见此情形逃到了平壤，派人快马加鞭向明政府求救。

与此同时，日本加快了进攻的脚步，很快又攻下了平壤，至此朝鲜的绝大部分领土都已落入日本人的手中。

但让丰臣秀吉没想到的是，虽然朝鲜陆军不堪一击，但朝鲜海军却非常善战。其中由朝鲜海军将领李舜臣所带领的海军部队多次击败了日本海军，值得一提的是李舜臣还发明了一种舰形如龟的"龟舰"。

这种舰船是专门为了对付日本的鸟枪和弓箭而设计的，在舰身的四周包裹了一层厚厚的铁板，日本的火药和弓箭根本无法射穿，藏身龟舰中的朝鲜海军可以随心所欲地打击敌人。

| 主线 | 事件 | 时间 |
|---|---|---|
| 明朝的振兴 | 丰臣秀吉统一日本 | 公元1588年 |
| | 丰臣秀吉入侵朝鲜 | 公元1592年 |

| 时间 | 事件 | 主线 |
|---|---|---|
| 公元1592年 | 丰臣秀吉入侵朝鲜 | 明朝的振兴 |

就在日朝两军相持不下时，明朝终于接到了朝鲜的支援请求，并做出了最后决定。尽管主战派和主和派就是否出兵问题吵得不可开交，但是明神宗还是力排众议决定出战。

**壬辰明日战争**

在明朝援助朝鲜的军队中，最先抵达前线的是辽东副总兵祖承训率领的五千明军。

祖承训十分自负，根本没把日军放在眼里，当他得知日军平壤守军调回京都的消息后，便带着以骑兵为主的五千部队冲进了平壤城，与日军展开了巷战。

如果是在开阔的旷野，骑兵则占据优势，但在平壤城中明骑兵吃尽了苦头。日本士兵不与之正面对抗，反而东躲西藏、暗放冷枪，使得明朝军队有劲没处使，结果五千明军被七百日军打得落花流水。

首战失利后，明将李如松率四万明军主力部队再次赶赴平壤前线。

虽然日军擅长使用射程远、威力大的鸟枪，但明军也有攻城用的强力大炮，双方你来我往，打得激烈胶着。在战斗打到白热化阶段时，连主将李如松都亲自上阵督战了，各个前线的将军们更是轻伤不下火线，明军的士气被大大鼓舞，如潮水一般不断涌向日军，日军终于无法阻挡，败逃往朝鲜都城。

占领平壤后，李如松派出辽东副总兵查大受带着三千明军到前方侦察敌情。结果，被胜利冲昏头脑的查大受冒进深入，在离朝鲜都城五十里的碧蹄馆被日军包围。

为了营救查大受，李如松亲带一千轻骑深入敌营，虽然救出了查大受，但也付出了惨痛代价，连李如松本人也险些被俘。

锐气大大受挫的李如松放弃收复朝鲜都城的作战计划，他退回平壤决定与日本和谈。

此时日本方面的处境也十分艰难，当时朝鲜各地爆发起义坚决抵抗日军，日军士兵厌战情绪蔓延。加之天气寒冷和水土不服，日本也急需一段喘息时间。

于是明朝派出了精通日语的商人沈惟敬为谈判使节与日本的小西行长在朝鲜都城举行了会谈。此次和谈达成了四点协议：

一、明朝派使臣去名古屋会见丰臣秀吉；二、明军撤出朝鲜；三、日本撤出朝鲜都城；四、交还俘虏的官吏。

协议生效后，日军撤到了朝鲜沿海地区，而明军也

**李舜臣像**

| 主线 | 事件 | 时间 |
|---|---|---|
| 明朝的振兴 | 第一次明日战争 | 公元1592—1595年 |

| 时间 | 事件 | 主线 |
|---|---|---|
| 公元1597—1598年 | 第二次明日战争 | 明朝的振兴 |
| 公元1597年 | 丰臣秀吉第二次征朝 | |

班师回朝。同时遵照合约第一条，沈惟敬也前往日本名古屋会见了丰臣秀吉，商议中日友好之事。

### 第二次明日战争

其实，合约之所以能如此顺利地进行，沈惟敬和小西行长在其中起到了非常重要的作用。日方代表小西行长是沈惟敬的旧交，为了议和，两人瞒天过海，将有争议条款私下改动，使得明廷和丰臣秀吉都以为对方答应了自己的要求。

结果纸包不住火，当日本使臣向丰臣秀吉宣读明朝的诏书时，读到"册封尔为日本国王"一句时，丰臣秀吉意识到自己被骗了。震怒之下，丰臣秀吉夺过诏书，一把摔在地上，把明朝册封的衣冠全部撕毁。随后驱逐了沈惟敬，还险些杀死小西行长。而沈惟敬自知犯下欺君之罪，不敢回朝。不过后来还是被抓获，并被处以弃市之刑。一场由明日使臣擅自导演的和谈闹剧就此宣告结束。

怒火中烧的丰臣秀吉决定发起第二次远征。公元1597年，丰臣秀吉率领十四万大军再次杀到朝鲜。但这次战斗双方的心态出现很大变化，首

**朝鲜战争**

次远征时的日军可谓雄心勃勃，有股"初生牛犊不怕虎"的劲头，结果遭遇抵抗后无功而返让他们士气低落，再次远征则已毫无斗志。反观明、朝鲜方面，则吸取了先前受挫的教训，不敢再对日军放松警惕，而是积极开展军备工作。

日军在朝鲜的推进十分艰难，被迫将战线停止在朝鲜沿海一带。更为致命的是，此时的丰臣秀吉已经是年过六旬的老人，长年的征战早已耗尽了丰臣秀吉的精力，加之战斗失利的打击和指挥的操劳，丰臣秀吉在远征中途病倒了。

相比较能否征服亚洲，此时丰臣秀吉更关心的是儿子丰臣秀赖能否顺利继承自己的伟业。万历二十六年（公元1598年）三月，第二次远征朝鲜刚刚过了半年，意识到自己时日不多的丰臣秀吉躺在病榻上向大臣们托孤，希望众臣们能像效忠自己那样效忠于儿子丰臣秀赖。

但后来的形势完全与丰臣秀吉的希望背道而驰。丰臣秀吉死后，早已无心征战的日本军队很快就投降了，如日中天的丰臣家族也被德川家康领导的德川家族所取代。丰臣秀吉的儿子丰臣秀赖在与德川家族的战斗中失败，最后被迫切腹自杀，终年只有二十三岁。

### "万历三大征"

"万历三大征"是在明神宗万历年间开展的三次大规模军事行动，包括前面提到的朝鲜战争，以及平定哱拜叛变的

| 主线 | 事件 | 时间 |
| --- | --- | --- |
| 明朝的振兴 | 第二次明日战争 | 公元1597—1598年 |
|  | 丰臣秀吉去世 | 公元1598年 |

| 时间 | 事件 | 主线 |
|---|---|---|
| 公元1592年 | 宁夏之役 | 明朝振兴 |
| 公元1599—1600年 | 播州之役 | |

宁夏之役，还有平定播州土司杨应龙叛变的播州之役。从结果上来看，这三场战役都以明朝获胜结束，通过三场战役明朝中央有力地维护了自己的统治。但从深远影响来看，这三场战役也耗尽了大明朝的国力。

《明史》有载："二十年。宁夏用兵，费帑金二百余万。其冬，朝鲜用兵，首尾八年，费帑金七百余万。二十七年，播州用兵，又费帑金二三百万，三大征踵接，国用大匮。"

这里说的"帑金"就是大明朝国库中的钱，这三场战争大约花费了一千二百多万国库款。虽然此前在张居正的改革下，明朝国库充盈，积累了不少钱粮，但经过这番折腾，基本上也就被挥霍殆尽了。

更为要命的是，这三场战争虽然解决了明朝的边疆矛盾，却并没有从根本上解除大明朝周边的危机。接下来，大明王朝还需要面对努尔哈赤所率领的女真族的进攻，这才是大明朝最为致命的威胁。

另一方面，在三场战争中，大明王朝赢得都不容易。可以说，每一场战争都是勉强赢下来的。此时虽然有戚继光、李成梁训练的军队，但从整体上，明朝的军事作战能力已经出现了问题。

除了三大征外，万历年间还发生了另外两次战争：一次是公元1583年到1606年的明缅战争，一次是公元1619年的萨尔浒之战。这两次战争最后都以明朝的失败而告终。

万历三大征可以看作是大明王朝最后的辉煌时刻,在此之后,明朝很难再拿出如此亮眼的成绩了。

## 努尔哈赤统一女真

结束援朝战争之后,大明王朝进入了短暂的安宁。但此时东北的白山黑水之间,另一股势力正在慢慢强大起来,那就是努尔哈赤率领的女真后金势力。

努尔哈赤出生于赫图阿拉(今辽宁新宾县)的一个女真族小酋长家。

十岁时,努尔哈赤的母亲便去世了,父亲渐渐宠爱继母,对努尔哈赤的关注越来越少。随后努尔哈赤带着弟弟舒尔哈齐投奔了建州卫都指挥王杲。后来王杲因造反而被明朝将领李成梁征讨,努尔哈赤与弟弟被当成了王杲的家奴而被俘虏。

此时,努尔哈赤开始为明军做事,由于为人勇敢机智渐渐得到了李成梁的赏识,后来还被李成梁当成养子一般对待。

但努尔哈赤本人却不甘心一直生活在李成梁的家中。公元1577年,努尔哈赤脱离了李成梁,回到建州自立门户。

公元1583年,李成梁在攻打古勒寨时把做客寨中的努尔哈赤的父亲和祖父杀死。为了安抚努尔哈赤,明朝不仅为两人平反,还送给了努尔哈赤不少马匹、财物,并让其袭得了

| 主线 | 事件 | 时间 |
|---|---|---|
| 后金的崛起 | 努尔哈赤出生 | 公元1559年 |
| | 古勒寨之战 | 公元1583年 |

| 时间 | 事件 | 主线 |
|---|---|---|
| 公元1583年 | 努尔哈赤进攻图伦 | 后金的崛起 |
| 公元1588年 | 努尔哈赤统一建州 | |

建州左卫都指挥使之位。

明朝的封赏虽然让努尔哈赤的实力有所增强，但他知道，此时自己的实力还远不足以报仇雪恨。为了增强实力，同时也为了报仇，努尔哈赤开始带领部队攻打自己的仇敌尼堪外兰。

尼堪外兰为了躲避努尔哈赤的追杀，开始四处逃亡。此举正中努尔哈赤下怀，他以追杀仇敌为借口，攻打了尼堪外兰所潜藏的所有地区。

随着努尔哈赤不断地征战，他的势力和领土也在不断扩大，短短几年，已经

**八旗服饰**

相继征服了董鄂部、浑河部、苏克苏浒部等，进一步统一了建州女真。

在努尔哈赤逐渐壮大的同时，他一直尽可能地维护与明朝的关系，避免明朝对他的军事行动进行干涉。明朝也丝毫没有察觉到努尔哈赤的勃勃壮志，竟然还在其统一了女真之后，任命其为建州卫都督佥事。公元1591年，明朝任命努尔哈赤为建州左都督，与此同时，努尔哈赤已经征服了长白山地区的鸭绿江部。

公元1616年，努尔哈赤通过连年的征战和苦心经营，已经统一了大部分女真部落。努尔哈赤认为起事的时机到了，便在赫图阿拉称汗，建立"大金"，史称后金。

天命三年（公元1618年）四月十三日，努尔哈赤在盛京"告天"誓师，宣读了讨明檄文，同时率两万步骑向抚顺发起进攻。抚顺城以东诸堡，大都为努尔哈赤所攻占，当得知明王朝决定增援辽东后，努尔哈赤选择在九月主动撤退。

抚顺等地接连失陷，明政府已经意识到必须对努尔哈赤采取行动，便发十四万大军讨伐，结果能征善战的努尔哈赤带着凶悍的女真士兵歼灭了六万明军，取得了决定性胜利。

公元1625年，努尔哈赤把后金都城迁到了盛京。此时，整个辽东都受到了女真八旗的威胁，明朝最强大的敌人真正到来了。

### 魏忠贤乱政

公元1620年，明朝第十四任皇帝明光宗即位，他因每日沉溺于酒色导致身体虚弱，后因服用"红丸"而死。去世时，明光宗只有三十八岁，在位时间仅一个月。明光宗的长子朱由校随即即位，年号天启，史称明熹宗。

当时明朝正值内忧外患之际，内有地方起义，外有金兵

| 主线 | 事件 | 时间 |
| --- | --- | --- |
| 后金的崛起 | 努尔哈赤起兵叛明 | 公元1618年 |
| | 努尔哈赤迁都盛京 | 公元1625年 |
| 明朝的衰亡 | 明光宗即位即去世，明熹宗即位 | 公元1620年 |

| 时间 | 事件 | 主线 |
|---|---|---|
| 公元1620—1627年 | 魏忠贤乱政 | 明朝的衰亡 |

骚扰，但即位的熹宗不顾政事，反而将全部政务委托给了宦官魏忠贤。

相传，天启皇帝是一个出色的木器艺术师。他不但喜欢制造木器，而且还十分有天赋，这个心灵手巧的"木匠"皇帝曾自己绘图设计出一款先进的轻便折叠床，比当时要十几个人才能抬动的床轻便得多。

熹宗对自己的木匠技术十分得意，并沉迷于此，经常会因做木工活而废寝忘食、通宵达旦。

就在熹宗沉迷木工不理政事之时，宦官魏忠贤逐渐扩展了自己的势力，把朝政大权揽入手中。很多对魏忠贤感到不满的忠臣良将都被迫害致死，而那些只懂得阿谀奉承的无耻小人则纷纷依附于魏忠贤。

**明熹宗**

当时，谄媚之徒纷纷给魏忠贤修建生祠，消耗了大量财力、劳力。魏忠贤的气焰最为嚣张的时候，竟自称"九千岁"，排除异己，专断国家大事。一时间，民间竟流传着"只知有忠贤，而不知有皇上"的说法，可见魏忠贤的势力一度多么强大。

公元1624年，副都御使杨涟实在无法容忍魏忠贤的丑恶行径，上书列举了魏忠贤的二十四条罪状。结果，昏庸的熹宗不但没有把魏忠贤治罪，反而下旨痛斥了杨涟。

大难不死的魏忠贤当然不会放过以杨涟为首的"反魏派"，公元1625年，魏忠贤诬告杨涟等六名东林党人。结果，此六人除一人自杀死亡外，其余五人均在牢狱中饱受酷刑折磨最终惨死。

公元1626年，魏忠贤继续以同样的手段进一步陷害了七名东林党人。后世人们为了纪念这些勇敢正直的忠臣，将前六人称为"前六君子"，后七人称为"后七君子"。

魏忠贤除去心腹大患之后，并没能逍遥多久。公元1627年，明熹宗因病去世，其异母兄弟朱由检即位，改元崇祯，史称明思宗。

朱由检素来对魏忠贤的丑恶嘴脸感到厌恶，奈何因熹宗的袒护而无法清除。如今他即位，东林党和众多忠良之臣一同上奏弹劾魏忠贤，朱由检便趁机一举将魏忠贤及其所有党羽全部抓捕治罪。

魏忠贤自知末日临头，提前畏罪自杀了。明朝的宦官政治结束了，但大明王朝早已病入膏肓，在内忧外患之下只剩下苟延残喘。

## 袁崇焕镇守宁远

在明朝内部政治斗争的同时，东北迅速崛起的努尔哈赤

| 主线 | 事件 | 时间 |
|---|---|---|
| 明朝的衰亡 | 东林党之狱 | 公元1625—1626年 |
| | 明熹宗去世，明思宗即位 | 公元1627年 |
| 明朝的衰亡和后金的崛起 | 宁远之战 | 公元1626年 |

| 时间 | 事件 | 主线 |
|---|---|---|
| 公元1626年 | 宁远之战 | 明朝的衰亡和后金的崛起 |

很快就成了明朝边境的心头大患。

在努尔哈赤的打击下,明朝所管辖的东北地区已经大部分沦丧在后金军之手,只有宁远城(今辽宁兴城)依然有明军驻守,这时戍守宁远的就是著名将领袁崇焕。

当时,因为不敌后金军,在明朝政府下令关外军民全部撤退时,袁崇焕却决心坚守孤城。

袁崇焕说:"我身为宁远城的官吏,要与宁远城共存亡。我绝不会离开宁远城半步,就算死,我也在所不辞。"结果在关外的广阔地域中,只有这一座孤城在坚守。

宁远古城

袁崇焕深知宁远城是通往关内地区的咽喉要道,宁远城一旦失守就只剩下山海关可守,那样关内便十分危险。于是,袁崇焕在城内外做了一番周密的部署,后来还向全军下拜,用慷慨激昂之词激励全军的斗志。在袁崇焕的努力下,所有将士深受感动,一时间士气大振。

在兵力方面,袁崇焕所带领的两万守军远远少于后金的二十万军队。为了增强战斗力,袁崇焕努力团结当地百姓,鼓励他们加入守卫的队伍中,很多商人和武生都颇受感动纷纷加入其中。

天命十一年（公元1626年）一月二十三日，努尔哈赤亲率二十万大军开进宁远城郊，对宁远发动了攻击。双方在宁远城下鏖战，结果是后金八旗子弟不敌明军大炮，连努尔哈赤也被炮石击中，不久便去世了。

袁崇焕凭借出色的军事才能多次击败了来势汹汹的后金军，立下了汗马功劳。但这位明朝最后的戍边大将，却遭到了明朝朝臣谗言的攻击，又中了努尔哈赤的继任者皇太极的离间之计，最终崇祯皇帝认定袁崇焕勾结后金军企图造反，将其处以残酷的凌迟之刑。

**袁崇焕墓**

袁崇焕死后，他的部队依然守卫着明帝国的辽东，其继任者祖大寿、吴三桂等人，一直坚守在抗击后金的第一线，最终也没有让八旗军用武力攻破山海关。

## 李自成攻入京城

明朝末期，政治腐败，贪官污吏对人民的搜刮可谓深入骨髓，再加上频繁的对外战争，让百姓背上了沉重的负担。

| 主线 | 事件 | 时间 |
|---|---|---|
| 明朝的衰亡和后金的崛起 | 努尔哈赤兵败宁远 | 公元1626年 |
| 明朝的衰亡 | 李自成起义 | 公元1629年 |

| 时间 | 事件 | 主线 |
|---|---|---|
| 公元1629年 | 李自成起义 | 明朝的衰亡 |
| 公元1646年 | 高迎祥被杀 | |

崇祯时期，又遭逢百年不遇的天灾，无力生存的贫苦农民还需要背负沉重的税赋，走投无路的人们纷纷起义，就这样，大明王朝在此起彼伏的农民起义中终于走到了尽头。

明末起义军多如牛毛，李自成所带领的起义军是其中非常重要的一支。公元1629年，出身银川驿卒的李自成因杀了贪官而加入闯王高迎祥的起义队伍中，成为军中的"闯将"。

公元1635年，明朝派出两路大军到陕西、山东地区夹击义军，战败的义军意识到单枪匹马很难推翻腐败但十分庞大的明王朝，必须联合一切可以联合的力量。于是，各路起义军纷纷会师于河南荥阳，联合壮大的义军有十三家、七十二营，他们很快就击败了宁州和真宁等地的明朝政府军。

公元1636年，闯王高迎祥被明军俘虏杀害，李自成被一致推选为闯王，成为义军新的领袖。

李自成带领这支军队，辗转于全国多地，攻下了不少城池重镇。在行军路上，李自成打着"均田免赋"的口号，获得了广大民众的支持，一时间，全国上下都散布着"迎闯王，不纳粮"的

**大顺通宝**

歌谣。

深得民心的李自成迅速壮大了自己的队伍，将兵力发展到了百万之众，成为农民起义中的主力军，并逐渐建立组织发行货币，政权已初见模型。

崇祯十六年（公元1643年）一月，李自成在襄阳自封为"新顺王"。当年十月，李自成攻破了重要关隘潼关，控制了陕西省。

次年一月，李自成在西安称帝，国号"大顺"。随后，手握重兵的李自成向北京进发，一路上攻下了宁武关、太原、大同等重要地区。明朝官吏要么投降，要么望风而逃，李自成军队一路势如破竹连续攻下了居庸关和昌平。

崇祯十七年（公元1644年）三月，起义军包围了北京，守城太监打开外城西侧的广宁门之后，大军涌入复兴门。

十八日，李自成派出投降的太监与崇祯皇帝谈判，结果谈判破裂。十九日清晨，当起义军彻底杀进北京城时，发现崇祯皇帝已经在煤山（今景山）自缢而死。就这样，统治中华大地近三个世纪的大明王朝灭亡了。

**附录：第十一章主要参考文献**

[1]孟森. 明史讲义[M]. 北京：中华书局，2006.
[2]吴晗. 吴晗论明史[M]. 北京：北京理工大学出版社，2016.

| 主线 | 事件 | 时间 |
|------|------|------|
| 明朝的衰亡 | 李自成建立大顺政权 | 公元1643年 |
| | 李自成攻破北京，明朝灭亡 | 公元1644年 |

| 时间 | 事件 | 主线 |
| --- | --- | --- |

[3]陈梧桐. 明史十讲[M]. 北京：中华书局，2016.

[4]黄仁宇. 中国大历史[M]. 北京：生活·读书·新知三联书店，2014.

[5]张宏杰. 大明王朝的七张面孔[M]. 广州：广东人民出版社，2016.

[6]陈俱. 明代倭寇祸患及其终结[J]. 炎黄纵横，2014(11).

[7]樊树志. 万历年间的朝鲜战争[J]. 明清史，2004(2).

[8]李金明. 论明初的海禁与朝贡贸易[J]. 福建论坛(人文社会科学版)，2006(7).

# 第十二章　清王朝：天朝上国的谢幕

- 清兵入关
- 顺治帝提前亲政，康熙帝勇斗鳌拜
- 康熙帝平定三藩
- 施琅收台湾
- 康熙帝平定准噶尔
- 雍正帝改革
- 乾隆盛世
- "嘉道"中衰
- 虎门销烟
- 外敌入侵
- 太平天国运动
- 洋务运动
- 甲午战争
- 戊戌变法
- 义和团运动
- 八国联军侵华战争
- 辛亥革命

清朝作为中国封建社会最后一个王朝，从初期经历的康乾盛世到末期签订丧权辱国条约，清朝从繁盛走向衰败的过程值得后世深思。政治上的闭关锁国让清朝的发展大大落后于同期世界上其他国家，这也是清政府在战争中不断落败的重要原因。当然，封建制度发展有其自身缺陷，这也成为清朝落后挨打的另一个原因。在了解清朝历史时，应该以客观全面的眼光去看待历史事件，这对于理解中国近代史发展进程具有重要意义。

| 时间 | 事件 | 主线 |
|---|---|---|
| 公元1644年 | 吴三桂引清兵入关 | 清朝建立及发展 |

## 清兵入关

李自成起义军进入北京，大明王朝灭亡，看似又一次农民革命式的王朝更迭，最终却在一个人的作用下改变了方向，这个人就是山海关总兵吴三桂。

吴三桂祖籍为江南高邮（今江苏扬州高邮市），其父吴襄在明末任辽东总兵，崇祯皇帝时期，辽东抗清重将祖大寿是吴三桂的舅舅，吴三桂因此被委以重任。祖大寿被俘降清之后，吴三桂率领剩余的关宁铁骑依然镇守山海关，直到北京城破。

李自成进攻北京时，崇祯皇帝曾派人招吴三桂调兵勤王，但吴三桂故意拖延，目的就是保存实力，静观其变。

等吴三桂带兵走到河北丰润时，已经传来李自成进京，崇祯帝自杀的消息。于是，吴三桂马上带着大军回到了山海关，其最初的打算是接受大顺政权的招抚。

吴三桂回到山海关不久，李自成便派来使者，送来了白银四万两并劝其投降进京，吴三桂收了犒银准备进京。

在带兵进京的路上，吴三桂接到了家人的密报称李自成将自己的家产全部没收，父亲吴襄遭到监禁，连自己的爱妾陈圆圆也被李自成掳走。

受此奇耻大辱，吴三桂怒火中烧，同时也意识到李自成一定容不下自己，因此决定借清兵之手报国仇家恨。

回到山海关之后,吴三桂派使者赶赴辽东请求清军入关,当时清廷主政的是摄政王多尔衮。在多尔衮的主持下,清军于山海关外驻扎。

**山海关**

此时,李自成刚好亲率大军讨伐吴三桂,两军在九门口大战,战争胶着之际,多尔衮引清兵加入战团,李自成军溃败。

此战之后,吴三桂携清兵一路追杀李自成军,吴清联军连战连捷,李自成军节节败退。

吴三桂向清军投降后,与多尔衮一起击败了李自成。公元1645年,奔逃一年之久的李自成终于山穷水尽,在湖北被杀。

吴三桂引清军入关之后,眼见清军一路夺城占关,自知

| 主线 | 事件 | 时间 |
| --- | --- | --- |
| 清朝建立及发展 | 清朝建立 | 公元1644年 |
| | 李自成起义失败 | 公元1645年 |

| 时间 | 事件 | 主线 |
|---|---|---|
| 公元1661年 | 南明灭亡 | 清朝建立及发展 |
| 公元1650年 | 多尔衮病亡 | |
| 公元1661年 | 顺治病逝，康熙即位 | |

大势已去，于是便彻底投降清朝，成为清朝藩王。

清廷入关之后，在多尔衮和之前降清的大学士洪承畴的主政下，逐渐站稳了脚跟，尤其是洪承畴幕后指挥，让很多明朝大臣将领都归到了清廷的麾下。

公元1661年，南明永历皇帝在缅甸被绞杀，于是明朝社稷宣告终结。

**顺治帝提前亲政，康熙帝勇斗鳌拜**

清兵入关之后第一任皇帝是顺治帝爱新觉罗·福临，然而此时大权全由摄政王多尔衮把持，顺治皇帝只是名义上的皇帝。

公元1650年，多尔衮在外出打猎的途中病死。次年，十三岁的福临亲临朝政。顺治帝在位期间，采取了"以汉制汉"的方针，任用汉人为官，提高了官吏的质量和工作效率。此外还颁布了"缓剃发"之令，奖励农耕、安顿民生，大大稳定了国家局势。

公元1661年，顺治帝病逝，时年仅二十四岁。尽管顺治帝早亡，但他为巩固清王朝的各种政策，还是为此后的康乾盛世打下了基础。

顺治帝死后，皇位由顺治帝第三子年仅八岁的爱新觉罗·玄烨继承，也就是康熙帝。康熙帝即位之初，朝政由索尼、苏克萨哈、遏必隆和鳌拜四个辅政大臣共同执掌。

索尼是四朝元老但已年老多病，畏事避祸，在很多事情上往往不多过问；苏克萨哈因受到顺治重用，在四辅臣中名列第二；遏必隆虽位在第三，但为人庸懦，遇事无主见，又属镶黄旗，常常附和鳌拜；鳌拜虽居四辅臣之末位，但由于资格老、军功高，常常以气势夺人，又擅权自重、无比骄横，最终慢慢走上了专权的道路。

康熙帝

公元1667年，鳌拜欲将户部尚书苏纳海以"藐视上命、拨地迟误"，直隶总督朱昌祚、巡抚王登联以"纷更妄奏"的罪名处死。

康熙帝心知苏纳海等三人并无大罪，意图保全，但鳌拜无所顾忌，竟矫旨将三人处死。这件事让康熙帝意识到，鳌拜不除，他的皇位永远不安。

当时，朝中大臣多是鳌拜亲信，康熙帝不敢公然对鳌拜下手，于是他物色了一批十几岁的贵族子弟，让他们担任侍卫，并每天操练摔跤。鳌拜进宫看到这些孩子打打闹闹只觉得是在做游戏，没当回事。

康熙八年（公元1669年）五月，康熙帝召见鳌拜进宫商议国事。鳌拜不知有诈，只身前往，结果刚一进殿就被这些少年侍卫团团围住。

| 主线 | 事件 | 时间 |
| --- | --- | --- |
| 清朝建立及发展 | 康熙帝亲政 | 公元1669年 |
|  | 鳌拜乱政 | 公元1667年 |
|  | 康熙除鳌拜 | 公元1669年 |

| 时间 | 事件 | 主线 |
|---|---|---|
| 公元1674年 | 吴三桂叛乱 | 清朝建立及发展 |

尽管鳌拜力壮,但双拳难敌四手,最终还是被擒入狱。之后,康熙帝让群臣调查鳌拜的罪行,大臣们罗列了三十条罪状,每一条都能处以死刑。不过,康熙帝最终网开一面,判鳌拜终身监禁。同年,鳌拜身死狱中。

经过此事,满朝文武没人再敢小觑康熙皇帝的权威。

### 康熙帝平定三藩

康熙帝亲政之后,他主要做了这样几件事:停止圈地,给贫困农民以土地;发还八旗奴隶,让人民恢复生产;大量开科取士,获得汉族士人的拥戴;修明陵,修明史,收揽明朝遗老遗少人心。但除此之外,摆在康熙皇帝面前最棘手的问题就是帝国安全,而帝国安全最大的威胁就是三藩。

所谓三藩,就是清初封的三个手握重兵的藩王,即平西王吴三桂、靖南王耿精忠和平南王尚可喜。

当年为了解决八旗子弟人数不足问题,清王朝开始广泛接受明朝降将。后来经顺治所分封的这三位藩王日益坐大。他们各个手握重兵,互相扶持,多年的苦心经营使他们的"封地"成了"国中之国",让康熙皇帝感到十分不安。

此三藩中,吴三桂的势力最为强大,他不仅手握云贵大权,还被赋予了"便宜行事"的特权,因此云贵地区的督抚都要受他的限制,他还可以随意替补官员,私自铸钱、开矿，设立税卡更是不在话下。

康熙帝亲政后，曾叹息道："朕听政以来，以三藩及河务、漕运为三大事，夙夜厪念，曾书之宫中柱上。"可见三藩问题给皇帝造成了多大的困扰。

公元1673年，康熙皇帝作裁撤三藩的试探，结果遭到三藩共同抵制。

康熙十三年（公元1674年）一月，吴三桂公然叛乱，他杀死了云南巡抚朱国治，打着"反清复明"的旗号，联合全国各地的反清势力一同反抗清廷。

在吴三桂的号召下，耿精忠、尚可喜的儿子尚之信也响应了叛乱，起兵反清。短短的一年时间，叛军就控制了云、贵、川、湘、粤五省，战乱渐渐扩大，发展到了赣、陕、甘等省。

地方叛乱未平，北京城内也"暗潮涌动"，自称"朱三太子"的杨起隆、蒙古察哈尔部王子布尔尼等人也趁机作乱。此时的清政府面临着巨大的内忧外患，形势十分紧急。

但沉稳的康熙帝并没有慌乱，他有条不紊地派兵阻击了湘、川一带的叛军，从而固守江西。随后又派出精锐部队攻打耿精忠，迫使其在康熙十五年（公元1676年）十月投降。

**吴三桂墓**

| 主线 | 事件 | 时间 |
|---|---|---|
| 清朝建立及发展 | 吴三桂叛乱 | 公元1674年 |
| | 康熙平定三藩之乱 | 公元1681年 |

| 时间 | 事件 | 主线 |
|---|---|---|
| 公元1678年 | 吴三桂称帝 | 清朝建立及发展 |

公元1677年，清政府所面临的局势已经明显好转。清军又把主力部队派往湖南，收复了大片被占领的地区。在此期间，尚可喜一直力图自保，采取观望的态度，后也被康熙帝赐死。

局面一直朝着对吴三桂不利的方向发展。康熙十七年（公元1678年）三月，不安的吴三桂匆忙在湖南衡州称帝，建号为"大周"。结果不到半年，吴三桂就因忧愤而死，他的孙子吴世璠继承帝位。在清军的攻击下，吴世璠退居到云南昆明，后于1681年城破自杀。

至此，三藩问题得到有效解决。此时，康熙帝依然没有结束征战，摆在他面前的还有台湾问题，以及西北叛乱问题。

**施琅收台湾**

在明朝名将郑成功收复台湾后，大部分清朝官员对台湾的重要地位没有清醒的认识。在朝廷里，就连大部分朝廷要员，都认为台湾不过是个"弹丸小地"。确实，台湾相比幅员辽阔的清朝大陆要小了许多，但这片小土地上，却有着当时最好的水师。

随着三藩被相继平定，康熙帝也开始对台湾问题重视起来。福建水师提督施琅看准时机，向康熙帝详细陈述了台湾与东南海防的问题，并将台湾水师屡犯福建边境之事着重上奏一番。

在施琅的谏言下，康熙帝对台湾问题的态度开始强硬起来，他命令施琅整饬军队，彻底解决台湾问题。

施琅字尊侯，号琢公，幼时虽家境贫寒，但对武艺情有独钟。少年时期，他便跟随黄道周在关外抗清。后来追随郑成功进行抗清斗争，由于战功卓著，他被郑成功提拔为将军，也成为台湾郑氏家族器重的中流砥柱。

然而世事无常，施琅为人狂傲，这正好触犯了郑成功。1652年，施琅手下亲兵曾德触犯法律，理应被斩。但曾德投奔郑成功，企图逃过惩罚。施琅疾恶如仇，当即命人将曾德抓回斩首。郑成功认为施琅对自己不敬，于是下令杀掉施琅全家。

事先得到消息的施琅侥幸逃脱，为了给家人报仇，施琅转而投降康熙帝，准备一举收复台湾。

1662年，郑成功去世，为了争夺大位，郑氏产生内乱，后郑成功长子郑经结束内乱，并打出"国复大明，光复华夏为己任"的大旗，准备自立为王。等郑经去世后，郑氏再度出现内乱，康熙帝看准时机，命施琅出任福建水师提督，负责操练福建水师。

1683年夏天，施琅在澎湖痛歼刘国轩部队，并明面上打出"招降郑氏"的旗号，令其掉以轻心，暗地里加紧操练福建水师。面对施琅的进攻，已经腐朽的郑氏集团无力抵抗，只好让施琅入驻台湾，并向清政府投降。

入驻台湾后，人人都认定施琅要斩杀郑氏集团，为自己的家人们报仇。可他没有大开杀戒，反而来到郑成功墓前亲

| 主线 | 事件 | 时间 |
|---|---|---|
| 清朝建立及发展 | | |
| | 郑成功去世 | 公元1662年 |
| | 施琅收复台湾 | 公元1683年 |

| 时间 | 事件 | 主线 |
|---|---|---|
| 公元1696年 | 施琅去世 | 清朝建立及发展 |
| 公元1690年 | 初征噶尔丹 | |

自祭拜。这一举动不仅显示了施琅的个人胸襟，也表达了清政府对台湾人民的充分尊重。

平定台湾后，施琅被封为"靖海侯"，世袭罔替。自此，施琅替清朝镇守台湾，克己奉公，鞠躬尽瘁。1696年，施琅逝世，终年76岁。

### 康熙帝平定准噶尔

准噶尔部，原本是厄鲁特蒙古的一支分部，在明末清初时，准噶尔部于巴尔喀什湖以东伊犁河一带兴起，其部族首领为噶尔丹。

噶尔丹是准噶尔首领巴图尔珲台吉的儿子，也是僧格的弟弟，即"可汗"位后，噶尔丹虽表面向清朝称臣，暗地里却是野心勃勃。

公元1679年，噶尔丹先后降服叶尔羌汗国、布鲁特、费尔干纳，最后又击败了哈萨克部落，野心也进一步膨胀。

康熙二十九年（公元1690年）五月，噶尔丹率领大军直逼京城，他打着"追击喀尔喀部"的旗号从库楞湖一路奔袭而来。清朝本就是马上得天下，又怎能看不出噶尔丹的狼子野心。

收到军报后，康熙帝决定御驾亲征，并进驻博洛和屯，准备在乌珠穆沁与噶尔丹决一死战。可出师不利，清军粮草没有跟上大军需求，清军在没有准备的情况下，被准噶尔军打得一败涂地。康熙帝见准噶尔军来势汹汹，忙着人修书给康亲王爱新觉罗·杰书，令他速带兵去往归化，阻断准噶尔军退路，而自己则整军回身掩杀准噶尔军。

八月初一，准噶尔军因承受不住清军密集的炮火，放弃了"驼城"。噶尔丹见形势不利，于是表面给康熙帝送去一封求和信，私下趁夜色率军渡过沙拉木伦河往北逃去。见噶尔丹败退，清军将领福全也因粮草问题没有步步紧逼，自作主张班师回朝。

康熙虽不满福全自作主张，但奈何噶尔丹已经逃往北境，只能就此罢手。

谁料，噶尔丹逃往北境后仍然贼心不死，他召集旧部，向沙俄求援，准备再次向清军宣战。

为了防备噶尔丹的再次进攻，康熙帝加强了边境部署，同时训练了火器营。公元1694年，康熙帝为了试探噶尔丹，特意召他前来会盟。谁知噶尔丹不但没来，反而举兵攻伐喀尔喀草原。

康熙帝大怒，决定再次出征噶尔丹。康熙三十四年（公元1695年）九月，噶尔丹扬言沙俄给自己提供了六万鸟枪兵，同时率骑兵三万，准备与喀尔喀蒙古车臣汗部决战。次年，康熙帝及时把握时机，向噶尔丹发兵十万企图一举将其歼灭。

康熙帝将清军分为三路，在克鲁伦河一带将准噶尔军包围，并一举将其歼灭。噶尔丹遥望清军势众，只能率军退至

| 主线 | 事件 | 时间 |
|---|---|---|
| 清朝建立及发展 | | |
| | 二征噶尔丹 | 公元1695年 |

| 时间 | 事件 | 主线 |
|---|---|---|
| 公元1697年 | 三征噶尔丹 | 清朝建立及发展 |
| 公元1708年 | 康熙皇帝第一次废太子 | |

特勒尔济。康熙帝知道，只有将噶尔丹诱出，才有可能彻底消灭心腹大患。于是，他命令纳兰明珠将粮草全部运出，又令费扬古将大军藏入林中。噶尔丹求胜心切，终于掉入康熙帝布下的陷阱。

在这场战役中，噶尔丹妻子被清军击毙，但遗憾的是，噶尔丹率领几十名残兵再次逃脱。

经过这两次战役，噶尔丹与准噶尔部均元气大伤。公元1697年，康熙帝令噶尔丹率部投降，但噶尔丹仍然负隅顽抗。康熙帝决定彻底将其剿杀，于是亲率大军前往北境。

面对浩浩荡荡的清军，噶尔丹自知末路已到，于是含恨服毒自杀。康熙帝三征噶尔丹，终于大获全胜。

康熙帝平定准噶尔势力，不仅解决了北部的边患问题，也对西藏地区起到了"敲山震虎"的作用，维护了清朝的安定。

**雍正帝改革**

康熙帝性格仁厚，待人宽和，因此导致晚年帝国官场出现了巨大的腐败问题，而与腐败问题同在的是对帝国继承权的争夺。

其实，最早在康熙十四年（公元1675年），康熙帝就立二儿子胤礽为太子，当时胤礽还只有两岁。

但康熙帝在位时间实在是太长了，太子党们急于夺权，做了不少出格的事情，使得康熙帝很不满意，于是在康熙四十七年（公元1708年）以"不法祖德，不遵朕训，惟肆恶虐众，暴戾淫乱"为由废黜了皇太子胤礽。

皇太子胤礽被废，使得其他皇子们都觊觎起皇位来。

**雍和宫**

大阿哥胤禔虽然在顺位上十分靠前，但自小就不受父皇的喜爱，深知自己即位无望，便站到了老八胤禩的队伍中。

大阿哥主动向康熙帝提出立老八为太子的建议，并以相面大师曾说胤禩面相富贵为由。随后还声称要为父杀掉前太子胤礽，以示忠心。

结果，康熙皇帝非但没有听从老大的建议，反而对胤禩也心生疑窦。后来，老三胤祉揭发老大加害胤礽之事，随后老大胤禔被康熙帝关押起来。老八也因此遭到牵连彻底失去了争夺储位的希望。

此后，康熙皇帝复立了前太子胤礽，但仍在胤礽、老八胤禩和皇十四子胤禵之间摇摆。

任谁也没想到的是，在这三人争得头破血流之际，皇四子最终获得康熙皇帝青睐，并一步步被默认为皇位继

| 主线 | 事件 | 时间 |
| --- | --- | --- |
| 清朝的建立及发展 | 康熙皇帝第一次废太子 | 公元1708年 |
|  | 圆明园开建 | 公元1707年 |
|  | 康熙皇帝第二次废太子 | 公元1712年 |

| 时间 | 事件 | 主线 |
|---|---|---|
| 公元1722年 | 康熙皇帝病逝，雍正皇帝即位 | 清朝的建立及发展 |
| 公元1735年 | 雍正皇帝去世，乾隆皇帝即位 | |

承人。

公元1722年，康熙帝病逝，遗诏命皇四子胤禛即位，是为雍正帝。

即位后的雍正皇帝果然没有让康熙皇帝失望，虽然他在处置政敌上过于心狠手辣，但在严惩贪污腐败、打击不法官僚、恢复农业生产、充实国库、治理黄河等方面都做得十分出色。

雍正皇帝还是历史上有名的勤政皇帝，他在位十三年，平均每天工作超过十六个小时，正是在他的勤奋工作下，大清官场一改康熙帝晚年的懈怠，重新恢复了朝气。

雍正皇帝是康乾盛世承前启后的角色，正是因为他的存在，才让康乾盛世变成了现实。

**乾隆盛世**

若论统治时长，乾隆帝可谓前无古人，虽然他的祖父康熙帝在位六十一年，比乾隆帝多一年，但乾隆帝退位之后还当了三年太上皇，实际掌握最高权力长达六十三年四个月之久。

此外，乾隆帝还是一位长寿的皇帝，他生于公元1711年9月25日，去世于公元1799年2月7日，活了八十九岁，在中国皇帝长寿排行榜上名列前茅。

在他苦心经营的六十余载，清朝延续了康熙、雍正两朝所创下的辉煌成就,被并称为康乾盛世。

公元1735年,一场意外发生了。勤政能干的雍正帝在他执政的第十三个年头,离奇暴毙了,享年五十八岁。

关于雍正的真实死亡原因可谓众说纷纭,有"吕四娘刺杀"说、"宫女谋害"说、"丹药中毒"说等各种版本。虽然真相很难考证,但总而言之,二十五岁风华正茂的爱新觉罗·弘历即位了,史称乾隆皇帝。

**乾隆帝**

乾隆皇帝即位之后,实行了"宽严相济"的治国方略。他调节与官员之间的矛盾,改善政坛各方面的关系,大大缓解了雍正年间紧张的政治气氛。

在经济方面,乾隆帝施行了奖励垦荒、兴修水利、减免赋税等利国利民的政策,使得国家经济水平大大提高,经济总量居世界第一。

在军事方面,乾隆帝多次用兵边疆,平定了多次叛乱,譬如平定西北地区的大小和卓叛乱,阻击了廓尔喀对西藏的

| 主线 | 事件 | 时间 |
|---|---|---|
| 清朝的建立及发展 | 雍正皇帝去世,乾隆皇帝即位 | 公元1735年 |

| 时间 | 事件 | 主线 |
|---|---|---|
| 公元1772年 | 编撰《四库全书》 | 清朝的建立及发展 |
| 公元1782年 | 《四库全书》编撰完成 | |

入侵，加强了对边疆地区的控制和管理，使得多民族组成的大清帝国得到了稳定的发展。

在文化方面，乾隆皇帝亲自组织大臣，合力编修了中国历史上规模最大的一套丛书——《四库全书》。

《四库全书》虽然堪称一场文化盛事，但乾隆皇帝以"稽古右文"为名推行文化专制政策，借编撰《四库全书》之名向全国征集图书，对不利于清朝统治的书籍采取全毁、抽毁和删改的办法，销毁和篡改了大批文献，也可以称得上是一场文化浩劫。

在乾隆皇帝的统治之下，大清朝无论是人口、土地、经济、文化，还是军事实力，都达到了中国封建历史的鼎盛水平。康乾盛世更是能与"文景之治""贞观之治"和"开元盛世"相媲美。

当然，乾隆皇帝也做过一些不利社会发展的错事。大兴文字狱可以说是乾隆执政生涯的一大污点，这种恐怖的文化压制虽然树立了清王朝的权威，但也造成了社会恐怖，禁锢了思想，迫害了不少无辜文人。而且乾隆皇帝统治后期，宠信并纵容大贪官和珅，也对朝政纲纪的败坏起到了推波助澜的作用。

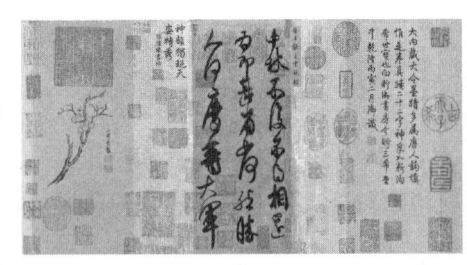

**乾隆皇帝真迹**

## "嘉道"中衰

经历了康乾盛世之后，到嘉庆和道光年间，清朝开始逐渐走向腐朽和没落。此时，清政府财政极度匮乏，土地高度集中，吏治腐败，军备废弛。在这些因素的共同影响之下，社会矛盾和民族矛盾迅速激化，一系列社会危机随之产生，帝国面临着严重的内外危机，史称"嘉道"中衰。

公元1820年，嘉庆皇帝去世，道光皇帝即位，此时朝廷中枢已经发现了这些危机，也为此采取了一系列措施，企图重振清王朝的繁荣。

虽然道光皇帝厉行节俭，事必躬亲，但社会危机依然没有解决。

清政府的贪污腐化问题，早在乾隆年间就已经出现。乾隆时期六度南巡耗资巨大，在庆祝皇太后八十寿辰和自己的六十寿辰时，举办了繁盛的庆典。这些奢靡行为在嘉庆、道光时期愈演愈烈。

除了皇室生活奢靡，官场之中的奢靡之风也越刮越盛。据史料记载，清朝河督的奢侈与帝王不相上下，为了烧一碗猪肉，需要宰杀五十余头猪，取其背肉一脔，剩下的部位全部丢弃。

与贪污腐化并肩而行的就是吏治败坏，相比于贪污腐化，清王朝吏治败坏

**道光通宝**

| 主线 | 事件 | 时间 |
|---|---|---|
| 清朝的衰亡 | 嘉庆皇帝去世，道光皇帝即位 | 公元1820年 |

| 时间 | 事件 | 主线 |
| --- | --- | --- |
| 公元1820年 | 嘉庆皇帝去世，道光皇帝即位 | 清朝的衰亡 |

的时间更长，破坏性也更大。

清朝中期，由于大批官员昏聩无能，庞大的封建官僚机构无法正常运转。嘉庆时期，广东英德县知县陈寅玩忽职守，使得一件案件持续数年时间，导致数十名人犯在押病毙。

贪污腐败和吏治败坏的直接后果就是军务废弛、起义不断。清王朝的军队自乾隆后便失去了强大的战斗力。嘉庆年间八旗和绿营都已腐败，失去了作战能力。在平定白莲教的过程中，八旗兵更成了四处抢劫的主力。

清朝中期的没落和腐朽，让清政府根本无力镇压民间起义，更没有办法去应对外敌的坚船利炮。当已经步入资本主义社会的西方人叩响中国国门时，腐朽的清帝国最终就只能成为西方列强"刀俎下的鱼肉"了。

### 虎门销烟

清中后期，有鉴于明倭寇问题和外贸的钱荒问题，政府开始闭关锁国。

就在清帝国闭关锁国做着天朝美梦时，欧洲众多资本主义国家已悄然崛起。

19世纪二三十年代，英国已经基本完成了工业革命，代表了当时最先进的生产水平。当时，英国有大批工业产品急待倾销，而中国可以说是最理想的出口市场，因为这里不仅拥有庞大的人口资源，还有大量的财物可以掠夺。

但中国自给自足的自然经济,加上奉行的闭关锁国政策,一直使中国在贸易上处在顺差的地位。

英国人试图以正当方式打开中国国门失败之后,便想到另一个方法,那就是向中国走私鸦片,用毒品打开中国大门。

具体来说,英国人先是把纺织品运送到印度,再把印度种植的鸦片运送到中国,最后再把中国的茶叶、生丝等产品运回英国,这种三角式的贸易让英国商人马上扭转了不利的贸易局面,大获暴利。

中国方面则完全相反,大量白银流向外国,彻底扰乱了清政府经济的发展和货币的流通,时时刻刻都有崩溃的可能。

更让人痛心的是,肆意泛滥的鸦片还严重损害了国人的身心健康。无数的"瘾君子"耗尽家财,过上了行尸走肉般的生活。

**林则徐**

公元1839年4月,湖广总督林则徐被道光皇帝委任为钦差大臣,入广州禁烟。

广州地区当时是烟患最为严重的地区,因为这里是清朝政府当时唯一开通的通商口岸。抵达广州之后,林则徐看到这里的烟患远比想象中严重。他明白要想彻底改变这种局

| 主线 | 事件 | 时间 |
|---|---|---|
| 清朝的衰亡 | 虎门销烟 | 公元1839年 |
| | 鸦片战争 | 公元1840年 |

| 时间 | 事件 | 主线 |
|---|---|---|
| 公元1840年 | 鸦片战争 | 清朝的衰亡 |
| 公元1860年 | 中英、中法、中俄《北京条约》签订 | |

面,就要先查处惩治那些走私鸦片的官员。

一番调查后,林则徐惩处了二十多位以贩烟牟取暴利的贪官,并抓捕处死了部分贩烟的奸商。随后,林则徐下令限外国商人们在三天之内上交所有鸦片。

时年6月3日,林则徐带领广州文武官员们将征缴的鸦片全部在虎门海滩销毁。此举不仅打击了外国殖民者的嚣张气焰,还大大鼓舞了国人的士气。

然而,英国殖民者马上对林则徐的销烟行为进行了报复,悍然发动了对清帝国的战争,史称"鸦片战争"。

腐败的晚清政府完全无法抵挡船坚炮利的英国殖民者,无奈之下,道光皇帝只好与英国议和,签订了中国近代历史上第一个不平等条约《南京条约》。从此,中国开始走上了半殖民地半封建社会的艰苦旅程。

**外敌入侵**

鸦片战争以后,清帝国更加衰落。

公元1856年,为了进一步打开中国市场,英法联军再次向清帝国发起进攻。在这场战争中,被迫逃跑的皇帝和大臣、付诸一炬的圆明园,都表明了清王朝的衰败和无能。

公元1883年至公元1885年,法国在进攻越南之后,又发起了对清政府的战争。在战争初期,清政府成功抵挡了法国的进攻,并在镇南关战役中取得了胜利。

但由于清政府的腐朽懦弱，战后主动向法国求和，与法国签订了《中法新约》，严重损害了中国的利益。这对于法国来说，是一场不胜而胜的战役。

外敌入侵让清王朝的统治逐渐陷入危局，一份份不平等条约的签订也让清政府的财政越来越入不敷出。

为了满足西方列强的侵略要求，清政府只得继续加大对人民的掠夺和剥削。这又进一步加深了清朝的社会危机，让清王朝一步步走向衰败和灭亡。

## 太平天国运动

为了支付战争赔款，腐朽的清政府越发加紧了对人民的搜刮，加之自然灾害，水深火热之中的穷苦百姓更加绝望。在此情形下，全国多地爆发农民起义，其中影响最大的莫过于太平天国运动。

太平天国的领导者是一个名叫洪秀全的读书人，他出生在广东花县的一个耕读世家，成年后屡试不第，于是走上了另一条道路。

公元1836年，洪秀全在前往广州应试期间收到了基督徒梁发的《劝世良言》，这本书中所描述的基督教教义触动了洪秀全。1843年，洪秀全重读《劝世良言》，把书中的内容和此前生病时所看到的幻觉相比较，认定自己便是上帝派到凡间的"救世主"。

| 主线 | 事件 | 时间 |
|---|---|---|
| 清朝的衰亡 | 中法《中法新约》签订 | 公元1885年 |
| | 金田起义 | 公元1851年 |

| 时间 | 事件 | 主线 |
|---|---|---|
| 公元1851年 | 金田起义 | 清朝的衰亡 |

洪秀全

于是，洪秀全回到家中后根据自己的理解和想象向人们宣传基督教教义，还成立了所谓的"拜上帝会"，自称为上帝的次子、耶稣的弟弟。

经过一番宣传，不少追随者加入他的队伍当中，其中包括了日后太平天国的骨干成员冯云山、杨秀清、萧朝贵、韦昌辉等人。在这些人的努力之下，"拜上帝会"日渐壮大，人数与日俱增。

公元1851年，广西暴发了有史以来最为严重的一场旱灾，很多饥民饿死在乞讨的途中。敏锐的洪秀全很快就意识到了"革命的良机"，他带着自己的追随者们在广西桂平县金田村聚众起义，建立了"太平天国"，这场起义史称"金田起义"。

从此，一场浩浩荡荡、改变清王朝命运的农民起义运动拉开序幕。

太平天国的政治目标十分明确，就是要推翻清政府的统治。凭借太平军旺盛的斗志，公元1851年3月就攻下了广西永安州。

随后，太平军用了半年的时间进行休整，洪秀全正式封王，制定军纪，并使用了自创的历法——《太平天历》。

休整之后，太平军整装出发，于公元1852年4月5日北上围攻桂林，但并未成功，随后转攻全州。5月19日，太平军攻入湖南，9月攻打长沙，经过三个月的攻坚战未能取胜，被迫撤出长沙。

第二年1月，太平军攻陷武昌。此时，太平军的兵力已经迅速增加到了五十万。武昌是太平军攻下的第一座省城，士气由此大受鼓舞。接着，太平军一鼓作气攻下了南京，并定都于此，改名为"天京"。

拿下南京是洪秀全始料未及的，成功的喜悦蒙蔽了太平军，南京的花花世界更让太平军陷入腐化当中。

此时，清政府再也不敢轻视这支农民起义军，命各地组织乡勇团练，对太平军进行围剿。

在汉人士大夫如曾国藩、左宗棠、胡林翼等人的夹攻下，太平军接连惨败，伤亡惨重。

就在这危难之际，太平天国又爆发严重内讧。东王杨秀清居功自傲，结果被北王韦昌辉杀害。没过多久，洪秀全又杀死了韦昌辉，连翼王石达开也遭到了猜忌。于是，石达开

| 主线 | 事件 | 时间 |
| --- | --- | --- |
| 清朝的衰亡 | 金田起义 | 公元1851年 |
| | 太平天国攻下永安州 | 公元1851年 |
| | 太平天国定都南京 | 公元1853年 |

| 时间 | 事件 | 主线 |
|---|---|---|
| 公元1864年 | 太平天国失败 | 清朝的衰亡 |

愤而率部队逃离天朝，远赴外地独立作战，在公元1863年6月覆灭于四川大渡河。

内讧平息后，太平军也因此士气低落、元气大伤。公元1864年6月，清军趁太平天国内讧之际，集中攻打南京。

就在太平天国摇摇欲坠之时，洪秀全因病去世，而南京也很快在清军的围攻之下失守了，这个公开与清政府为敌的农民革命政权，就此宣告灭亡。

**洋务运动**

太平天国运动让腐朽的清政府开始有所觉醒，尤其是朝廷内部一些开明派，纷纷提出改革主张。主张的内容是学习西洋，因此改革派又被称为洋务派，改革派的首脑是当时权倾朝野的恭亲王奕䜣。

辛酉政变之后，慈禧太后登上清王朝的统治中心，为了能够稳固

李鸿章

自己的地位，其对奕䜣等人发起的洋务运动，采取了扶植的态度，这在很大程度上确保了洋务运动的开展和顺利进行。

洋务运动前期主要以"自强"为口号，创办了一批近代军事工业。江南机器制造总局、金陵机器局、福州船政局等一批近代军事工业相继问世，只用了短短几年时间，中国就已经具备了生产各种军工产品的能力。

为了装备军队，洋务派还开办了天津北洋水师学堂、广州鱼雷学堂、威海水师学堂、江南陆军学堂、上海操炮学堂等军事学校，为清朝的国防做出重要贡献。

在一系列改革措施中，北洋海军的建立可以算是洋务运动最为突出的成就之一。在北洋海军的建立过程中，中国的近代军事工业也随之发展起来。

洋务运动后期，为了解决资金、燃料和运输方面的困难，洋务派打出了"求富"的口号，开始创办一些民用工业。

上海轮船招商局是洋务派兴建的第一个民用企业。招商局开办仅三年，就为清政府收回了一千三百多万两白银，同时还将业务发展到了国外。此后，中国近代矿业、电报、铁路、邮政和一些轻工业也相继发展起来。

在洋务运动的推动下，中国民用工业飞速发展。洋务运动中的一系列举措为近代化工业奠定了坚实基础。

除了促进中国近代工业发展外，洋务运动还促进了中国教育、医疗等事业的发展。在洋务运动期间，洋务派一共创

| 主线 | 事件 | 时间 |
|---|---|---|
| 清朝的衰亡 | 辛酉政变 | 公元1861年 |
|  | 江南机器制造总局创建 | 公元1865年 |

| 时间 | 事件 | 主线 |
|---|---|---|
| 公元1872年 | 上海轮船招商局建立 | 清朝的衰亡 |
| 公元1874年 | 日本进攻台湾 | |

办了二十四所新式学堂,培养了翻译、通讯、医疗等不同类型的人才。洋务派向海外派遣了两百多位留学生,为中国培养了一批新式知识分子,同时也促进了教育的近代化。

作为一场清政府的自救运动,洋务运动以甲午战争失败、北洋舰队的全军覆没而告终。

正如前面提到的一样,洋务运动虽然失败了,却留下了许多优秀的成果。洋务运动为当时封闭的社会注入了新的风气,对打破封建思想提供了重要帮助,从这些方面来看,洋务运动的意义还是非常重大的。

## 甲午战争

洋务运动让中国总算开始了迈向现代化的脚步,然而,在日本,改革却要比中国的更加彻底。

甲午战前北洋水师军舰

19世纪末,当完成改革的日本向外张望时,孱弱的中国自然就成了日本眼中的"必取之地"。公元1894年,日本悍然发动对清帝国的战争。

公元1894年按照中国干支纪年为甲午年,因此这场战争常被称为中日甲午战争。

其实早在1872年,日本便开始进攻中国附属国琉球,打算以此为跳板进攻台湾。此后日本又借琉球渔民被台湾原住民杀死事件,大举进攻台湾岛,但当时的日本在军事实力上并不如中国,加之水土不服,日军进攻屡屡失利。

最终,在美英等国的"调停"下,日本在勒索了中国五十万两白银后,撤出台湾。

公元1879年,卷土重来的日本完全吞并了琉球王国,并将其改设为冲绳县。在进攻琉球的过程中,日本在公元1876年还以武力打开了朝鲜国门,并强迫朝鲜签订了《江华条约》。这一条约将朝鲜的宗主国——清朝排除在外,引发了中日之间的冲突,也为中日甲午战争埋下了伏笔。

公元1894年7月23日,日军突然袭击汉城王宫,挟持朝鲜国王李熙,扶植国王生父兴宣大院君李昰应上台。

控制朝鲜之后,日本不宣而战,于公元1894年7月25日,在丰岛海面袭击了清朝军舰"济远"号和"广乙"号,丰岛海战由此爆发。

在海战中,日本联合舰队第一游击队的"浪速"舰击沉了清军运兵船"高升"号。至此,中日战争的引线已经被点

| 主线 | 事件 | 时间 |
|---|---|---|
| 清朝的衰亡 | 日本进攻台湾 | 公元1874年 |
| | 日本进攻朝鲜 | 公元1876年 |

| 时间 | 事件 | 主线 |
|---|---|---|
| 公元1894年 | 甲午战争爆发 | 清朝的衰亡 |

燃。公元1894年8月1日,中日双方正式宣战。

甲午战争可以分为三个主要阶段。第一个阶段主要是陆地上的平壤战役,以及海上的黄海战役。平壤之战是双方陆军第一次大规模作战,双方士兵数量不相上下,但由于清军主帅叶志超的指挥失误和临阵脱逃,导致清军全线溃败,朝鲜全境沦陷。这场战役也影响了整个甲午战争的战局。

在平壤陷落第二天,黄海海战爆发,这是继丰岛海战后的第二次海战,也是双方海军主力的强强对话。

黄海海战历时五个多小时,北洋舰队损失了包括"致远"舰在内的五艘军舰,死伤官兵数千人。日本舰队"松岛"舰等五艘军舰受到重创,死伤官兵六百余人。

黄海海战中清军的失败让日本取得了黄海的制海权,北洋舰队虽然没有完全战败,却因为李鸿章的命令躲入威海港内,最终在威海卫之战中全军覆没。

甲午战争第二阶段发生在辽东半岛上,主要有鸭绿江江防之战和金旅之战。在鸭绿江江防之战中,清军三万驻军布防的鸭绿江防线被突破。金旅之战中,在攻陷旅顺之后,日本制造了"旅顺大屠杀",四天内屠杀中国居民两万余人。

甲午战争第三阶段,日军继续在海上和陆地推进。在威海卫之战中,北洋舰队全军覆没。而在辽东之战中,日军也仅用十天时间就攻破了清军六万大军固守的防线。

战争进行到这一步,清政府被迫与日本议和,签订了屈辱的《马关条约》。

甲午战争的失败标志着洋务运动彻底破产。此后，列强掀起了瓜分中国的狂潮，中国的半殖民地化程度也进一步加深。甲午战争后，中国人民救亡图存运动进入高潮，反对外来侵略的斗争也日益高涨。

## 戊戌变法

晚清时期的中国可谓"破鼓万人捶"，先是两次鸦片战争，随后是中法战争、中日甲午战争。经过洋枪大炮的摧残，苟延残喘的清政府以出卖国家主权来续命，签订了各种不平等条约，赔款、割地更是司空见惯。

在中华民族陷入危难之际，无数爱国志士日思夜想苦寻救国之策，而统治阶级内部的开明派也有通过变革来挽救政权的愿望，于是一场救亡图存的戊戌变法拉开了序幕。

公元1895年，清政府签订《马关条约》的消息传到北京时，正赶上全国举子到北京应试。

听到这一消息，以康有为、梁启超为首的一千三百多名举人联合上书光绪皇帝，以慷慨激昂之词痛批了当前现状，提出了"拒和、迁都、练兵、变法"的主张，史称"公车上书"。

此次上书虽然未能从根本上触动清政府，却在全国上下引起了不小轰动。随后，在这些维新志士的积极宣传之下，全国议论时政的风气已经形成。

| 主线 | 事件 | 时间 |
|---|---|---|
| 清朝的衰亡 | 中日《马关条约》签订 | 公元1895年 |
| | 公车上书 | 公元1895年 |

| 时间 | 事件 | 主线 |
|---|---|---|
| 公元1898年 | 光绪帝颁布《明定国是诏》 | 清朝的衰亡 |

而在清政府中央，不甘受制于慈禧太后的光绪皇帝也想要通过政治行为，树立自己的权威。于是，公元1898年6月11日，光绪皇帝在征得慈禧同意之后，颁布了《明定国是诏》，正式宣布变法。

这次变法的涉及范围非常广泛：在经济上，提倡开办实业，设农工商局、路矿总局，修建铁路，组织商会；在政治上，广开言路，允许士民上书提议；在文化上，废八股，兴西学，创办京师大学堂，派遣留学生……

总而言之，这些改革措施的主要目的就是向西方先进国家学习，发展资本主义，建立君主立宪制，实现国家富强。

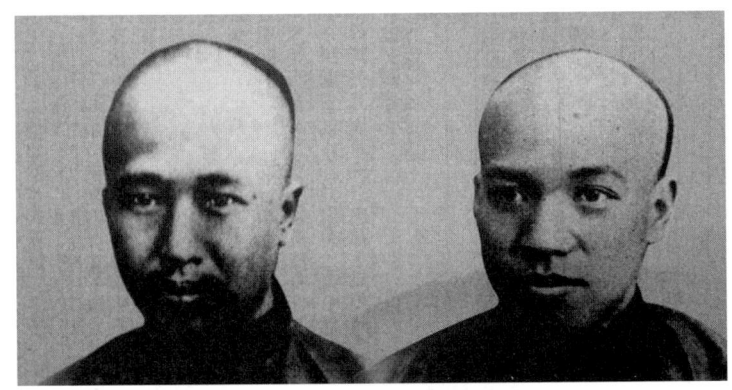

**康有为、梁启超像**

如历史上的那些改革变法一样，戊戌变法损害了封建顽固势力的利益，尤其是让开始支持变法的慈禧也转而变成了观望，最终更是站到了变法的对立面。

当慈禧不支持变法之后，年少的光绪皇帝根本不是权贵显宦的对手，这些维新党人把希望完全寄托在光绪帝一个人身上，注定了变法的失败。

公元1898年9月21日凌晨，慈禧太后突然从颐和园回到了紫禁城发动政变，直闯光绪帝寝宫，将光绪帝囚禁起来。随后发布诏书，宣布临朝训政。戊戌变法前后仅持续了一百零三天就以失败告终了，故此人们又称之为"百日维新"。

慈禧临朝后第一件事就是向全国发布通缉令，抓捕维新变法的始作俑者康有为、梁启超等人。二人听到风声后，立刻逃到了日本。以谭嗣同为首的六位维新志士不惜付出生命，以唤起人民觉醒的意识，被斩首于北京菜市口刑场。

### 义和团运动

每当一个封建王朝进入末期之后，各种秘密组织就会在民间此起彼伏地出现，清帝国也不例外。

甲午战争之后，西方列强再次掀起瓜分中国的热潮，让民间组织又披上了反抗外敌的外衣，于是一场自下而上的"义和团运动"就这样爆发了。

义和团前身为义和拳，它和白莲教同宗同源，都是在乡间由农民自行组织的互助组织。在有些地方能够起到保护乡民的作用，但在有些地方则成为地痞、流氓对普通人民敲诈勒索的帮会。因此，义和拳也是泥沙俱下、鱼龙混杂，帮会中有热血乡民，但也有流氓无赖。

| 主线 | 事件 | 时间 |
|---|---|---|
| 清朝的衰亡 | 戊戌变法 | 公元1898年 |
| | 曹州教案 | 公元1897年 |

| 时间 | 事件 | 主线 |
| --- | --- | --- |
| 公元1897年 | 曹州教案 | 清朝的衰亡 |
| 公元1899年 | 袁世凯任山东巡抚 | |

公元1897年11月，山东发生"曹州教案"，两名德国传教士被村民打死，德国乘机占领了胶州湾，引起山东人民的极大愤慨。

德国人的到来导致大量的土洋矛盾，义和拳借此机会迅速发展壮大，手段是针对洋人替乡民出气。

在这件事情上，山东巡抚张汝梅认为义和拳本属乡团，因此将其称为"义和团"，这正是义和团名称的由来。

在有了政府的支持之后，义和团开始广招团民。其招募的团民成分十分复杂，既有农

**义和团拳民**

民、手工业者和小商贩，同时也有军官、富绅和王公贵族。这种复杂的成员构成，也使得义和团的组织结构十分松散，没有真正可执行的纲领，没有统一的指挥，难以集中力量打击敌人。

公元1899年，袁世凯就任山东巡抚，此时山东义和团的活动已经影响到政府正常运作，于是他开始严格限制和镇压义和团活动，这使得义和团向直隶等地区转移。

在直隶，义和团仍然是难分善恶，他们一方面为当地乡民出头，但另一方面却又经常勒索地主大户，甚至和政府直

接对抗。

公元1900年5月，清军直隶练军分统杨福同被义和团成员设伏击杀，这让清政府大为震惊。随着义和团规模越来越大，清政府内部开始出现另一种声音：通过招安义和团来对抗洋人。

公元1900年，慈禧不顾西方列强反对，发布诏令维护义和团，清政府从镇压义和团转向扶助义和团。在这种形势下，义和团进入北京开始大肆破坏教堂和铁路等"洋物"，给北京工商界造成极大的损失。此外，有团民居然悍然进攻外国驻清使馆，结果招致世界各国对清政府的抗议和敌视，在抗议无效且义和团毫无收敛的情况下，一场民族性的悲剧终于到来。英美等八国组成联军入侵清帝国，中华民族带着屈辱的记忆进入了20世纪。

## 八国联军侵华战争

随着甲午战争清朝的战败，及其后签订的《马关条约》，本已非常不体面的清朝政府，在国际上更是颜面扫地，19世纪末期，一场瓜分中国的热潮开始了。

"覆巢之下，安有完卵"，最为悲惨的是那些生活在社会底层的穷苦百姓。在西方列强的侵略之下，他们的生活每况愈下，因此全国上下普遍产生了仇外的情绪。

正是在这种仇外情绪下，打着"扶清灭洋"旗号的义和

| 主线 | 事件 | 时间 |
| --- | --- | --- |
| 清朝的衰亡 | 义和团攻击外国使馆 | 公元1900年 |
|  | 义和团兴起 | 19世纪末期 |

| 时间 | 事件 | 主线 |
|---|---|---|
| 公元1900年 | 八国联军侵华战争 | 清朝的衰亡 |

**八国联军**

团组织兴起了，他们杀洋人、毁教堂、拆铁路、割电线，甚至在北京攻击使馆，这自然招致各国不满。

面对义和团的破坏，各国大使纷纷向清政府抗议，要求取缔义和团。但清政府当时实在太过昏庸，加之早已恨透了外国人，一些所谓的"清流派"也想借此机会出气，非但没有阻止义和团行动，反而加入义和团的破坏行列当中。

公元1900年6月，昏庸的慈禧太后悍然发布《对万国宣战诏书》，向世界各国宣战。而此时，英美等八个国家的联军实际上已经集结，朝北京开来了。

6月中旬，一支由八国组成的联军部队企图从天津大沽登陆，这支部队的长官是来自俄国的海军中将基利杰·勃兰特，在他的指挥下，十余艘军舰向大沽炮台发起了猛烈的轰击。尽管天津总兵罗荣光率领三千兵勇进行了顽强的抵抗，但还是因为寡不敌众，在六小时的激战之后大沽被攻破。

大沽口失陷之后，俄、英、德、美数千名士兵对天津城发起了猛攻，很快便攻下了天津。

8月中旬，两万余名联军士兵从天津出发，向北京发起进攻，次日攻占了北仓。13日，联军闯入北京城门，大举消灭城中的守军和义和团士兵。14日，北京城沦陷，慈禧太后与光绪皇帝仓皇逃走。在逃跑的过程中，慈禧太后任命李鸿章全权负责与列强的议和事宜。在得知了侵略者只是想消灭义和团之后，清政府于9月25日下令彻底铲除义和团。

皇帝、太后逃跑了，北京城内却遭受了空前的浩劫。进城后的八国联军无恶不作，公开进行了为期三天的抢劫。他们不但席卷了国库，还把大量珍宝文物带回了本国，那些不能带走的就想办法破坏，在大火的焚烧下，无数著名建筑和珍贵文物毁于一旦。

12月24日，列强草拟了"议和大纲十二条"，李鸿章立刻电告逃至西安的慈禧太后，在得知能够维持清政府的统治后，慈禧欣然同意了列强的要求。

公元1901年9月7日，清政府与英美等十一国签订了丧权辱国的《辛丑条约》。自此之后，清政府已经完全沦为"西方列强"统治中国的工具。

**辛亥革命**

丧权辱国的《辛丑条约》一经签订，清政府就彻底失去了民心，人们也看清了清王朝既丑恶又懦弱自私的真实嘴脸，加上国库空虚，列强在外又虎视眈眈，清王朝的统治可

| 主线 | 事件 | 时间 |
|---|---|---|
| 清朝的衰亡 | 八国联军侵华战争 | 公元1900年 |
| | 辛丑条约签订 | 公元1901年 |
| | 兴中会成立 | 公元1894年 |

| 时间 | 事件 | 主线 |
|---|---|---|
| 公元1894年 | 兴中会成立 | 清朝的衰亡 |
| 公元1905年 | 同盟会成立 | |
| 公元1911年 | 武昌起义 | |

谓岌岌可危。

在这种大环境下，以孙中山为代表的民族革命力量走上了历史舞台。

公元1894年，孙中山在美国檀香山创立了革命团体"兴中会"，以"驱除鞑虏，恢复中华"为宗旨，进行革命斗争。

公元1905年，孙中山在日本东京成立了中国同盟会，建立了一个全国性的资产阶级革命团体。成立后的同盟会在中国多个地区发起了武装起义，在推进革命进程的同时，也强烈撼动了清王朝的统治。

孙中山像

公元1911年10月10日，革命党人在武昌打响了辛亥革命的第一枪，发动了武昌起义。这支起义军先是攻下了驻军的军械库，随后得到了文学社和共进会等革命团体的积极支持和响应。很快，吴兆麟和熊秉坤等人带领的起义部队开始攻打湖广总督府。

次日凌晨，总督衙门被攻陷，湖广总督逃亡。随后，起义军一鼓作气以最快的速度攻下了汉阳、汉口，成功控制了武汉三镇，武昌起义取得了成功。

随后不久，全国各地纷纷响应起义，不到两个月的时间，全国就有十四个省宣布独立，脱离了清政府的统治。11月30日，各省代表参加了在汉口英租界召开的会议，共同议定在临时政府未成立之前，先由湖北军政府代行中央政府职权，由黎元洪出任总督。此外还通过了《中华民国临时政府组织大纲》，将临时政府设在南京，随后的总统选举会也在南京召开。

12月29日，十七省代表在南京投票选举临时大总统。刚从海外归国的孙中山以十六票当选临时大总统，黎元洪被选为副总统。因1911年是农历辛亥年，因此人们都把这次轰轰烈烈的革命运动称为"辛亥革命"。

| 主线 | 事件 | 时间 |
|------|------|------|
| 清朝的衰亡 | 辛亥革命爆发 | 公元1911年 |
| | 孙中山当选临时大总统 | 公元1911年 |

**武昌起义浮雕**

| 时间 | 事件 | 主线 |
|---|---|---|
| 公元1912年 | 清帝退位 | 清朝的衰亡 |

1912年2月12日，北洋军阀袁世凯逼迫清朝末代皇帝——刚刚六岁的溥仪退位，溥仪颁布了退位诏书。至此，统治中国二百六十七年的大清王朝结束了，同时也宣告了帝王专制在华夏大地的终结。

**附录：第十二章主要参考文献**

[1]赵尔巽. 清史稿[M]. 北京：中华书局，2015.

[2]孟森. 清史讲义[M]. 武汉：华中科技大学出版社，2017.

[3]人民教育出版社课程教材研究所历史课程教材研究开发中心. 普通高中课程标准历史读本：中国近现代史[M]. 北京：人民教育出版社，2017.

[4]孟森. 清朝简史[M]. 北京：台海出版社，2018.

[5]魏斐德. 洪业：清朝开国史[M]. 北京：新星出版社，2017：95-139.

[6]阎崇年. 正说清朝十二帝[M]. 北京：中华书局，2018.

[7]马勇. 从历史因果链条中分析甲午战争失与得[J]. 文史天地，2014（9）.

[8]唐德刚. 从晚清到民国[M]. 北京：中国文史出版社，2015.

[9]蒋廷黻. 中国近代史[M]. 武汉：武汉出版社，2012.

[10]李国荣. 千年科举的功劳与罪过[J]. 北京档案，2012(10).

[11]宗泽亚. 清日战争[M]. 北京：北京联合出版公司，2014.